実録
メジャーリーグの法律とビジネス

LEGAL BASES Baseball and the Law

ロジャー I. エイブラム 著
大坪正則監訳／中尾ゆかり訳

大修館書店

Legal bases: baseball and the law
by Roger I. Abrams
Copyright © 1998 by Temple University

Japanese translation rights arranged with
Temple University Press, Philadelphia
through Tuttle-Mori Agency, Inc., Tokyo.

Taishukan Publishing Co., Ltd., Tokyo, Japan 2006

まえがき

　高々と打ち上げたボールがレフトの柵を越え、私は意気揚々とベースを一周した。まだリトル・リーガーだったが、野球が人生で重要なものになることがわかっていた。野球をしながら培った闘争本能とチームワークの精神のおかげで、ダイヤモンドではなく法律の道に進んだが、野球はつねに人生になくてはならないものだった。野球と法律を一つの課題に結びつけることで、この元リトル・リーガーの夢がかなうのである。

　ニュージャージー州ニューアークにあるラトガーズ大学法律大学院の学部長として、私は法的手続について教えたり、書いたりするのはもとより、ハドソン川を渡ってヤンキースの試合を観戦する機会にもめぐまれていた。学術論文は労使仲裁手続を中心に書いてきた。労使仲裁は、裁判沙汰にしないで紛争を解決するために労働組合と経営者が生み出したすばらしい私的判決制度である。1984年からはスポーツ法の講義を行い——ケースウエスタンリザーブ大学の法学教授から出発して、ノヴァサウスイースタン大学の学部長となり、現在はラトガーズ大学の学部長を務めている。野球ビジネスに正式に関わるようになったのは1986年で、この年、年俸仲裁人を仰せつかり、メッツとロン・ダーリング、インディアンズとブレット・バトラーの争議を解決し、セトンホール・スポーツ法ジャーナルに野球と法律に関する論文を発表した。「春のキャンプ」の訓練の一環として、本書に登場する野球にまつわるさまざまな話の調査を行い、さらに広い範囲にわたって教材として役立つよう、話を発展させ、精査した。

　ここ20年、野球ビジネスは抜本的な改革の苦しみを経験してきた。重大な局面を迎えるたびに、テレビやラジオ、新聞や雑誌などの活字メディアは、背景にある法律問題を、法律の門外漢にも理解できることばで一般の人びとに説明する仕事を私に依頼してきた。フリーエージェント制度、仲裁、独占禁止法、サラリーキャップ、ピート・ローズの球界追放——こういった話を取りあげるのはスポーツ欄にかぎらない。本書は法律と野球について一般の人びとに説明してきた経験から誕生した。

アメリカの法制度は弁護士と判事だけでなく、私たちみんなのものである。私たちは私的・公的な法律の作成、契約、不法行為、刑法について知る権利がある。一般の人びとに法的手続について教えるのは、この制度の守護者たる法律家の責任と言える。本書は、私がこの責任をはたす一つの方法でもある。

　社会が将来の世代に文化を伝える方法はさまざまあり——もっとも重要なことだが——高等教育もその1つである。法的手続の教科書はたいていが無味乾燥な説明を並べたて、つまらないことといったら敬遠のフォアボールにひけをとらない。勉強は背景の話がおもしろいときにいちばんよく身につき、とりわけ、国民的娯楽の歴史のように話がもともとおもしろいときには、よく分かる。野球は教材としてうってつけで、色とりどりの個性豊かな人物と進行中の法的手続の申し分ない例がたくさん詰まっている。

　どんな本でも同じことが言えるが、『実録 メジャーリーグの法律とビジネス』はいまだに完成途上の作品である。野球は続き、新たな法律問題が発生する。時間の制限のない試合であることも、野球の法律の大きな魅力である。今日始まった試合が、いつまでも続くこともあるだろう。さしあたって、本書は私の第1打席になる。私が楽しんで書いたように、みなさんが法的手続のベースを楽しく一回りすることを願っている。

実録 メジャーリーグの法律とビジネス
目　次

まえがき　iii

始球式 ――――――――――――――――――――――――― 1

第1章　野球草創期の法的手続 ――――――――――――― 7
1. 組織野球の起源とナショナル・リーグの結成………9
2. 野球のルールと法的手続………10
3. 職業化とビジネス………12
4. 19世紀の組合活動………15
5. プレーヤーズ・リーグ………17
6. 野球草創期の法的手続………21

第2章　契約の履行 ―――――――――――――――――― 25
1. 選手契約………27
2. ラジョイ訴訟………28
3. 契約の履行………34
4. ラジョイ裁判の奇妙な影響………37

第3章　野球の独占禁止法免除 ―――――――――――― 41
1. 州と連邦の裁判制度………42
2. 保留制度の経済学………45
3. 独占禁止法………47
4. 保留制度の正当化………49
5. フェデラル・リーグとフェデラル野球裁判………52
6. フェデラル野球裁判の分析………57
7. トゥールソン訴訟………59

v

8. 議会の怠慢………60
  9. 先例拘束の原則と保守的な司法制度………61
  10. フラッド訴訟………63

第4章　団体交渉 ——————————————— 69
  1. 国の労働政策………72
  2. 労働委員会の司法権………74
  3. 団体交渉の慣行………76
  4. 球界の交渉………79
  5. 対立の始まり………80
  6. 年俸仲裁………84
  7. 団体交渉の影響………86

第5章　オーナーとコミッショナー ——————————— 89
  1. 野球事業の管理機構………91
  2. 野球のファーム制度………94
  3. 公法と私法の限界………99
  4. 球界の人種差別廃止………100
  5. アメリカの人種………103
  6. フリーエージェント制度………104
  7. コミッショナーの権限………107
  8. リッキーとフィンリーの比較………112

第6章　保留制度の終焉と労使仲裁 ——————————— 115
  1. メッサースミスの苦情申し立て………116
  2. 苦情申し立て仲裁………118
  3. メッサースミス仲裁………122
     1) 仲裁可能性　122
     2) オプション条項　124
     3) 上訴　126

4. メッサースミス事件裁定の分析………127

第7章　共同謀議 ───────────── 131
　　1. 共同謀議禁止条項………133
　　2. 共同謀議事件………134
　　3. 共同謀議の証明………136
　　4. 第2、第3の共同謀議………141
　　5. 共同謀議の終結………143
　　6. 交渉への復帰………144

第8章　球界の犯罪 ───────────── 147
　　1. 賭博と野球の歴史………148
　　2. ローズとコミッショナーの対決………152
　　3. ローズ訴訟………156
　　4. 刑事、民事、私的訴訟手続………157
　　5. 野球と不法薬物………160
　　6. ドク・グッデンの勝利と悲劇………164
　　7. 野球殿堂………165

第9章　1990年代の球界労使紛争 ───────── 167
　　1. 野球ビジネス………168
　　2. 選手会の商売………171
　　3. 経営陣の戦略………172
　　4. サラリーキャップ………174
　　5. 交渉開始………177
　　6. ストライキ………178
　　7. 全国労働関係委員会の介入………184
　　8. 交渉の必須項目………186
　　9. 裁判所の決定………187
　　10. 和解………189

11. 新協約………191

　12. 終結………194

延長戦とあとがき ——————————— 197

　1. 独占禁止法免除の終結………197

　2. 戦いのない平和………199

　3. その他の問題………200

　　1) 知的財産　200

　　2) 収用権と球団のフリーエージェント　201

　　3) 男女平等　202

　　4) 世界進出とその将来　202

　　5) ステロイド疑惑　203

　4. 最後に………205

日本語版の監修を終って………212
訳者あとがき………213

始球式

　1939年6月12日、ケネソー・マウンテン・ランディス判事が乗った車が、ニューヨーク州クーパーズタウンの中央通りで行われたパレードを先導した。その日、野球殿堂に「不滅の11人」が祀られた。11人の顔ぶれは、ベーブ・ルース、ホーナス・ワグナー、タイ・カッブ、グローバー・アレキサンダー、トリス・スピーカー、ナポレオン・ラジョイ、ジョージ・シスラー、ウォルター・ジョンソン、エディー・コリンズ、コニー・マック、サイ・ヤングである（タイ・カッブは列車が遅れて式にまにあわなかった）。その時判事であり、球界の独裁者である、初代コミッショナーは落成式で、「この博物館をアメリカに、そして、さわやかなスポーツマンシップと健全な肉体と清らかな心を愛する人びとに捧げたいと思います。こういったものが野球の原理なのです」と宣言した。
　組織的なプロ野球をアメリカの国民的娯楽と言い張り、その主張を裏づけるものは山ほどある。野球はアメリカの自己像、すなわち、チームのメンバーである個人のあいだで繰り広げられる技とスピード、そしてときには策略のぶつかり合いに相通ずるところがある。野球は、スパイクシューズ、時々の口論、飽くことのない欲、さまざまな醜聞が汚しうる——いかにもアメリカらしい美しい事業である。野球は、大人を子どもの遊びで熱狂させ、歓喜に包み、絶望のどん底に突き落とすこともある。プロ野球は、ときには、悪人や愚か者といったいまわしい連中の手にかかって荒廃したこともあるが、それでもなお、アメリカの心とともに勢いを盛り返しつつある。
　野球がアメリカの心であるなら、法的手続はその心臓を支える筋肉と言える。法的手続があったからこそ、1876年にシカゴの実業家ウィリアム・ハルバートは、球団を所有する「経営者」をニューヨーク市内のホテルに集めて、ナショナル・リーグを結成できたのだし、それから90年後に、マービン・ミラーが経営者が出資する野球選手の親睦会をアメリカで最強の労働組合に仕立て上げる

ことができたのである。野球ビジネスに独占禁止法を適用しないという1922年の変則免除と、選手を保留制度の拘束から解放した1975年の仲裁制度は法的手続から生まれた。1990年代半ばには、オーナーと選手が法的手続を使ってプロ野球をあやうく崩壊させるところだったが、一方で、法的手続がすんでのところで国民的娯楽を救ってくれた。

　アメリカの法的手続は法律と呼ばれる一連の原則の中で機能し、さまざまな行政や社会の機関によって行使される。しかし、対象範囲は正式な法律体系にとどまらない。自己の利益のために行動する個人の集団が下す私的な意思決定も対象範囲に含まれる。ハーバード大学法学大学院の故ヘンリー・ハートとアルバート・サックスの両教授が「私的秩序」と名づけたものである。こういった私的な状況では、法廷や行政機関、労働仲裁人はしばしば二次的な役割、つまり、まとめ役をはたすにすぎない。とはいえ、正式な法的手続がなければ、私的な合意は、結局は、強制力を持たず、したがって意味をなさなくなる。

　法律家は野球事業の歴史でひときわ目立つ役割をはたしてきた。法曹界で一目置かれていたことからプロ野球の統治機構を運営する仕事に抜擢された、ケネソー・ランディス連邦判事のような人もいれば、ランディスの宿敵でセントルイス・カージナルスとブルックリン・ドジャースの幹部を務めたブランチ・リッキーのように、法律家の手腕にものを言わせて野球商売を立て直した人びともいるし、ほかには、野球の歴史を形成するうえでそれほど芳しい活躍をしなかった法律家もいる。たとえば、アーサー・ゴールドバーグ元最高裁判所判事は、1972年に独占禁止法をめぐるカート・フラッドの裁判で高等裁判所の以前の仲間の前で弁護したときに、とんでもないへまをやらかした。コロンビア大学で法学の学位を取得した投手で内野手のモンテ・ワードは、1890年に選手の反乱を指導したが、反乱は無惨な結果に終わった。

　法律家と法的手続が球場の内外に与えた影響力はどれほど大きかったのだろうか。アレクシス・ド・トツヴィルは150年以上も昔にアメリカの社会を鋭く分析したが、その分析は一顧の価値がある。

　　アメリカには貴族も文人もいないし、国民はえてして金持ちを信用しない。その
　　結果、法律家が政治階級の最上層と社会でもっとも文化的な部分を形成すること

になる。……アメリカの貴族をどこに位置づけるのかと問われたら、富裕層ではないと私はためらうことなく答えよう。富裕層は共通の絆で結びつけられていない。貴族とは、法曹界を占領している連中である。

　野球の歴史には、こういったアメリカの「やんごとない貴族」があふれている。弁護士もいれば、経営サイドで法律関係の仕事にたずさわる者もいる。トツヴィルが合衆国を訪れたころ、東部のあちこちの大都市で若者の集団が野球の規則を作っていた。こういった規則もまた——文言はしばしば保険の案内書に負けずおとらず難解だが——スポーツと法律の結びつきを物語っている。内野フライの複雑な規則に歓びをおぼえるのは、弁護士くらいのものだろう。

　野球ビジネスは、アメリカの主要な企業が発展するなかで法律、法律機関、私的秩序がはたしてきた役割を述べる絶好の機会を与えてくれる。本書が野球を取りあげているのは、野球がアメリカ人の歴史や一体感、そして、文化を映す鏡だからである。野球はビジネスでもあり、それゆえに、野球ビジネスを知れば、娯楽分野の経済学の知識を深めることにもなる。

　本書は、多様性に富んだこの国をつなぎとめているもの、すなわち、法と法制度についても取りあげている。法の原則は社会における権利と義務を定義し、権利や義務は公的機関と私的機関の両方で発生する。世界のほとんどどこでも野球といえばアメリカを意味するので、野球はアメリカの法的手続の働きを説明するさいに役に立つ。野球と法的手続の両方を引き合いに出して述べれば、いい意味でも、悪い意味でも、現行の法律が明らかになる。事実、法的手続に参加することは、ほんものの国民的娯楽としての野球を法的側面から知ることにもなる。

　野球にはまた、いちじるしく対照的な神話と現実がある。例をあげるなら、1939年にランディスがクーパーズタウンに野球殿堂を奉納したのは、ニューヨークのひなびた村で陸軍将校が考案してみごとに開花したスポーツの発明100周年を記念するのが目的だった。歴史を書きかえた初期の例では、アルバート・スポルディングがアブナー・ダブルデイの神話をかつぎ出し、野球がアメリカ生まれのスポーツであることを確立したことだ。ところが、野球はイギリスの球技ラウンダーズの子孫である。たとえ実際には違っていても、球界

は野球発祥の地をクーパーズタウンの球技場にしたかったのである。野球の歴史を通して、作り話と史実は交錯してきた。

　法律と野球ビジネスの発展の物語を語るために、本書では、野球法律史上で中心的な役割をはたした9人の男性と1人の女性に焦点を当て、「野球法律オールスターチーム」のメンバーとして登場させる。野球史で右に出る者のいない2塁手、ナポレオン・ラジョイのような名選手もいれば、ソニア・ソトマイヤー連邦判事のような選手以外の人物もいる。ソトマイヤー判事は1995年にオーナーたちに差し止め命令を出し、この命令が球界を自己崩壊から救った。野球という事業の話であるからには、オールスターチームにはオーナーが1人いてほしいところだが、オーナーは1人どころか、ブランチ・リッキーとチャールズ・フィンリーの2人がいる。この2人は、投手が右腕か左腕かで野手が起用されるように、私たちのチームで1つのオーナーのポジションにつく。野球の企業連合と対決して成功を収めた不屈の選手会指導者、マービン・ミラーも先発メンバーに名前をつらねている。

　野球法律オールスターチームの先発メンバーで見あたらない超大物が1人いる。初代コミッショナー、ケネソー・ランディスだ。ランディスが野球ビジネスに与えた影響は一つの章ではとても語りつくせない。ほぼ四半世紀にわたって球界に憂鬱の種をばらまいた人物として、ランディスが与えた影響は本書のあちこちで見られる。野球法律オールスターチームに監督を置くなら、ランディス・コミッショナーになっていただろう。

　野球と法的手続の関係が生まれたのは、組織野球の草創期にさかのぼる。ニューヨーク市の若者がフェリーでハドソン川を渡ってニュージャージー州ホーボーケンに着き、エリージャン・フィールズ・クリケット場で野球をした日である。チームは正式な賃貸借契約を結び、球場の使用料として75ドルを支払った。法律や法律家など消えてくれと野球ファンが願う日々もある一方で、法的手続があるからこそ野球という事業が成り立っていると言える。法的手続のおかげで、選手契約や球場賃貸借が保証され、関係者は確実に公正な扱いを受けることができ、球界は行政が介入することなく自らを管理できるのである。

　本書では、アメリカの法的手続の中心部分、私的・公的秩序、契約の実施、先例の効力、紛争の代替的な解決策、憲法の原則、刑法を取りあげ、労働仲裁、

団体交渉、行政機関の役割に焦点を当てる。法律、法律機関、経済、社会学、政治理論が本書のあちこちで交差している。クーパーズタウンの野球殿堂博物館図書館は、野球史のすべてがわかる貴重な情報源である。団体交渉協定と仲裁の意見書は、ニューヨーク市に事務所があるメジャー・リーグ機構とメジャー・リーグ野球選手会でも入手できる。

　シカゴの大陪審は、賄賂を受け取って1919年のワールド・シリーズでわざと負けたシカゴの「ブラック・ソックス」の起訴から戻ってきたときに、野球を社会のほかの機関と区別する報告書を提出した。

　陪審は、野球が国民の精神と気質を示す指標であるという事実に感銘を受けた。アメリカの精神の原理と公正なプレーはあまねく普及しなくてはならず、最下層の選手から最上層の首脳部にいたるまで、試合が清廉潔白であることは重要である。……野球は国民的スポーツにとどまらない。アメリカの一制度であり、国民の生活できわだって重要な位置を占める。

それから、2名の選手の供述が突如として消失したあとで、小陪審は社会に対する詐欺行為の容疑からシカゴの選手を無罪放免にした。野球が「国民の精神と気質を示す指標」であるから、法的手続が150年のあいだその物差しになってきたのである。

第 1 章

野球草創期の法的手続

ジョン・モンゴメリー"モンテ"ワード
　メジャー・リーグ史上ただ1人、投手として100勝をあげ、打者として2000本安打を達成したモンテ・ワードは、コロンビア大学で法律を学んだ法律家でもあり、最初に選手から成る組合を組織し、ナショナル・リーグに対抗して1890年にプレイヤーズ・リーグを結成したが、リーグは不幸な運命をたどった。

組織野球と法的手続の歴史は、人びとと組織の物語である。野球はアメリカにとって重要な意味を持ち、今ではきわめて大きなビジネスになっているが、かつてはかならずしもそうではなかった。誕生したころには、事業は組織化されておらず、混沌としていたと言ってもよい。野球が産声をあげた最初から、法的手続は、ひとつの娯楽である夏の楽しみを商業的事業に変身させるうえで重要な役割をはたし、事業を運営したのは、試合に出る才能豊かな若者ではなく、資本を供給する企業家だった。

　組織野球の誕生を理解するには、モンテ・ワードに的をしぼるのがいいだろう。ワードはプロ野球が誕生した最初の数十年に重要な役割をはたした選手で、私たちの野球法律オールスターチームで1番打者を務める。経営者から野球事業の支配をもぎ取ろうとしたワードの試みは失敗し、その後、野球ビジネスの構造は1世紀以上にわたって固定したが、ワードは、選手組合を最初に組成し、選手が自分たちの手でリーグを運営するという最初で最後の試みを行って、組織野球草創期の歴史に大きく貢献した。

　ワードの野球選手としての素質は早くから認められていた。初の野球記者ヘンリー・チャドウィックが、1870年代後半に、まだ10代の投手だったワードについて記している。モンテ・ワードは投手として選手生活をスタートし、当時の小球団に在籍した投手がたいていしていたように、登板しないときには外野を守った。ナショナル・リーグのプロビデンス・グレイズでは、入団した最初の2シーズンに、それぞれ70試合に登板。カーブを開発した投手と言われ、1880年6月17日に球史で2番目の完全試合を達成し、158勝102敗の成績を残して1884年にマウンドを降り、野手専門になった。

　しかし、モンテ・ワードはただの大選手にとどまらなかった。ニューヨーク・ジャイアンツでプレーするかたわら夜学に通い、コロンビア大学法学部を卒業した。5カ国語をあやつり、全国向けの雑誌にコラムを書き、1888年には若者向けの野球書『How to Become a Player』を出版した。球場でなしとげた偉業——投げては100勝、打っては2,000本安打を記録したメージャー・リーグ史上ただ1人の選手——で、1964年に野球殿堂入りを果した。グラウンドの外では、1890年に初の選手組合であるプレーヤーズ・リーグを創設し、法律家と伝道者としてその才能をいかんなく発揮した。

1 │ 組織野球の起源とナショナル・リーグの結成

　1876年、ワードがプロの道を歩きはじめる2年前、石炭の商売で財をなし、シカゴ市民に愛された球団ホワイト・ストッキングズの社長だったウィリアム・ハルバートが、ナショナル・リーグ・オブ・プロフェッショナル・ベース・ボール・クラブズを創設した。ハルバートは、野球がファンを引きつけるには、共通の規則と日程にしたがう安定した連合を組織する必要があると考えた。そのころ存在したリーグ、ナショナル・アソシエーションは、球団がそれとなく集まった団体で、10ドルの会費でどんな加入希望者でも受け入れた。賭博や八百長試合は日常茶飯事だった。1875年には、ハルバートはほかの球団から優秀な選手を引き抜いてシカゴに集めていた。その中には、ホワイトストッキングズの新人投手でキャプテン、監督だったボストンのアルバート・スポルディングや、おそらく当時の最高の野球選手だったフィラデルフィアの1塁手、エイドリアン・アンソンがいた。そしてハルバートは、1876年2月2日にニューヨーク市内のグランド・セントラル・ホテルで会議を開き、ナショナル・アソシエーションの上位7球団のオーナーを招く。オーナーたちが到着するとすぐに、ドアに鍵をかけて鍵を隠したという話もある。自称「球団経営者」連中は、部屋を出る前に、ナショナル・リーグを結成した。リーグを構成したのは、ボストン、シカゴ、シンシナティ、ハートフォード、コネチカット、ルイビル、ケンタッキー、ニューヨーク、フィラデルフィア、セントルイスの球団で、各球団は年会費としてそれぞれ100ドルを支払った。

　ハルバートと仲間のオーナーたちは、アメリカの心をすでにとらえていたスポーツの商業的側面を作り変えた。野球は――舞台は青い草の生えた広々としたグラウンドや泥の小道――見かけは牧歌的でも、芽生えたのは、東部沿岸の工業都市、それもニューヨーク市だったのである。スポーツは人間の主要な活動で、その歴史は古い。勝ち残るにはかならずチームワークを必要とした。試合では生命が危険にさらされることもあった。1840年代に入り、「野球」は、実業界で一旗揚げようとニューヨークにやってきた若者や、スポーツ愛好心を満たす手段として、試合を行う若者にとって格好のスポーツとなった。

ニューヨークの若者は球団を作り、仕事が終わったあとや休みの日に体を動かす娯楽にいそしんだ。中でも有名な球団はニッカボッカーズで、初めて相手チームと試合をしたのは、1846年6月9日、ハドソン川を渡ったニュージャージー州ホーボーケンの、エリージョン・フィールズと名づけられたクリケット場だったと言われている。50年後に球界の支配者たちは、もう1つ、野球の元祖をでっち上げ、のちに南北戦争で将軍になったアブナー・ダブルデイが、クーパーズタウンにあったエルヒュー・フィニーの牧場から牛を追いはらって最初の野球場をこしらえたというのだが、ニッカボッカーズ球団が最初の試合をしたという話のほうがもっともらしく、国民的娯楽として私たちが現在知っている試合に近いようだ。しかし、ニッカボッカーズ説も、出所はあやしい。起源はどうであれ、野球はたちまち、アメリカで人気の高い娯楽になった。

2│野球のルールと法的手続

　ニューヨーク・ニッカボッカーズが野球のルールを正式に定めた。野球はさまざまな形で1世紀以上もアメリカで行われてきた。どんなスポーツでも、試合の進行を管理するための内部の理解、つまり取り決めが必要だ。道義心だけでは人間同士の関わりを管理しきれない場合、あるいは試合を成立させるのにスポーツマン精神だけでは十分でない場合には、正式な規則が必要になる。規則がなければ、野球場は大混乱におちいる。たとえば、一方のチームが1イニングにアウトを5つとると言いだし、もう一方は15人の選手を守備につけたら、どうなるだろう。

　試合が近隣からさらに遠くに広がり、対抗戦が行われるようになれば、誰かが一通りの規則を作成しなくてはならない。書き記された規則があれば、競技者と観戦者に予見できる尺度を与えられるので、等しく公平な試合ができる。銀行の出納係で自警消防員だったアレキサンダー・カートライトは、ニッカボッカーズの創設者の1人で、このチームのルールを作成したと言われている。国中のほかのチームが、しだいに「ニューヨーク野球」の名で知られるようになったこの球技スタイルを取り入れるようになった。

　土台になったカートライトの規則は、150年たった今も、驚くほど安定して

いる。野球の「法律」、つまり試合で使われる内部規則はカートライトの時代から進化してきたが、ホーボーケンでニッカーボッカーズの試合を観戦していた人は、ハドソン川を渡ったヤンキー・スタジアムで現在行われている試合を見ても、それほど大きなちがいはないと思うだろう。塁と塁の距離はきっかり90フィート（27メートル43センチ）。1ヤード長くても短くても、試合の性質は一変し、アウトを取るのがたやすくなったり、困難になったりしていただろう。得点を、カートライトが「エース」と名づけ、選手はすべての塁と本塁にタッチして、得点となった。投手はボックス（用語は、クリケットから取り入れられたものが少なくない）からボールを投げ、打者はバットでボールを打つ。9人の選手が守備につき——とはいえ、遊撃手以外の内野手は全員、直接、塁上に立った——試合は9イニング（これもクリケットの用語）行うことになっていたが、一方のチームが21点を入れた時点で終了した。中立の審判が、グラウンドの上の選手のやりとりを管理する規則を守らせたが、19世紀の審判は、シルクハットをかぶった正装で、3塁と本塁の間のファウルグラウンドで椅子に座っていた。判定を下すのに手助けが必要な場合は、観戦者に相談してもよかった。

　野球の規則は、ある意味では、社会で発展した基本的な規則、つまり「法律」を反映している。野球の規則が試合の進行を促すように、風習や慣習、正式な宣告をとりまぜた法律は相互に依存する社会で人びとの交流をたやすくする。

　野球場では、選任された審判（つい最近まで、正装していた）が試合の規則、すなわち、野球の内部の法律を守らせ、ボールとストライク、アウトと守備妨害、内野フライといった規則を宣言する。これらの規則のいくつかは短期間、たいていは1シーズンだけ適用されたが、ほとんどの規則は1世紀の間変わっていない。規則が不適切な場合、あるいは規則の変更が試合の質を高める場合には、関係者が集まって規則を変更してきた。

　野球ビジネスでは、内部、外部のさまざまな機関——コミッショナー事務局や裁判所、仲裁人、労使交渉、行政機関、さらに場合によっては立法府——が適切な規則の制定、実施、変更を行う。それらは私的な規則（独立した企業が作成したもの）の場合もあれば、公的な規則（社会や裁判所、立法機関の法律

文書によって外部から適用されるもの）の場合もある。

3 ｜ 職業化とビジネス

　野球は参加者が純粋に楽しむ娯楽として19世紀に始まった。そのころはまだ、観客が料金を払う商業的な娯楽ではなく、ましてや、今日のような巨額の金が動く事業などではなかった。野球は発展し、世俗的宗教を求めるアメリカ人の求めに合致した。組織化され、儀式化された試合では、気持ちの集中と激しい気性を必要とした。関係者と観衆は試合が人格を形成すると考えた。

　南北戦争で戦った南北両軍の兵士は、戦いの数時間を待つ数カ月のあいだの退屈しのぎにニューヨーク市のゲームをした。帰還した兵士は、合衆国全土の故郷の町や村に野球を持ち帰った。こうして、野球は正真正銘のアメリカ人のスポーツになったのである。

　優秀な選手で実業家のハリー・ライトは、この楽しい娯楽が有望なビジネス・チャンスにもなりそうなことに気づいた。野球の試合を、商業的な見世物にすれば、金のなる木になりそうだった。優秀な選手がグラウンドで最高のレベルの技を演じるのを見るためなら、観客は料金を払うと考えたのである。また、すぐには取りかえのきかない、とてつもない才能を持つ選手の数がごく限られていることもわかっていた。

　1869年、ライトは、選手全員がプロという初のプロ野球球団、シンシナティ・レッドストッキングズでプレーをさせるために全国から超一流の野球選手を集め、金を払った。ほかの球団のなかには特定の選手——たとえば、ずばぬけた投手あるいは確実に打つ野手——に金を払っていた。しかし、全選手に金を払い観客から観戦料を取る、すなわち、選手全員がプロであるライトの球団は野球を永久に変えた。アマチュアがプレーをしつづけたのも、今日と変わらない。レッドストッキングズは、いい試合をすれば観客が料金を払ってでも見に来ることを証明した。1869年には、レッドストッキングズは希望する球団ならどこでも相手にして全国を遠征するようになっていた。その年、球団は負けなしだった。

　ライトが、唯一、プロ球団で実現できなかったのは、賭博師を追放して、当

時の社会に浸透していた公正の規範に添うリーグ作りだった。プロの球団がどんどん増えて、1871年にはついにナショナル・アソシエーション・オブ・ベースボール・プレーヤーズが結成されたが、財政の不安定と球団から球団へと渡り歩く「渡り鳥」選手によって組織が弱体化した。たいていの球団が年間予定試合を消化することさえできなかった。賭博は日常茶飯事で、中軸選手にわずかな金を払って試合を売り買いする犯罪分子がのさばっていた。野球ビジネスはもう一つ、画期的なアイデアを受け入れる機が熟していた。「組織野球」の結成である。

　1876年にウィリアム・ハルバートがナショナル・リーグを結成して、野球ビジネスは安定した。参加した球団には独占できる地域（フランチャイズ）が割り当てられた。国民的スポーツはカルテルを組成して地域を独占したので、球団はファン——当時は、ときには「クランク」と呼ばれていた——からかなり高額の観戦料を取ることができた。ナショナル・リーグの試合チケットは、1枚につき労働者が1日働いて得る賃金の半分に相当する値段がつけられ、今日の価格よりもはるかに高かった。チケットが高価なため、球場に足を運ぶ客はチケットを買う余裕のある「上流階級」に限られ、試合はすべて昼間に行われた。

　ハルバートは選手の賃金がチームで最大の経費であること、選手の移籍がファンの興味をそぐことを承知していた。そこで、1879年に、ナショナル・リーグのオーナーたちは、選手が球団から球団へと渡り歩くのを禁止した。各球団は、5名の選手を「保留する」、つまり放出しないことができ、また、ほかの各球団は各球団が保留している選手と交渉しないことに合意した。ほかの球団でプレーする選択のない選手はより高い賃金を要求することができなくなった。それは予想され、また、意図された結果だった。「オーナーは全員、いかにして賃金を低下させるかという問題が、この規則で解決するものと考えた」とシンシナティ・エンクワイアラー紙は報じている。1883年までに、ナショナル・リーグもライバルのアメリカン・アソシエーションも、各球団が11名の選手を保留することを許可した。当時、11名という数は実質的に球団の登録選手全員の人数であった。厳格な保留制度が、ほぼ1世紀にわたってメジャー・リーグ選手の移籍と交渉力を管理することになった。

ハルバートがナショナル・リーグで行った改革は、すべてのプロスポーツでリーグ運営の手本になった。このとき初めて、リーグの規則で選手という人的資源の管理が効果的に行われた。球団は、経済上のライバルがなくなり、地域独占を享受した。リーグ加入を希望する球団は、リーグに所属する全球団の承認を得なければならなくなった。試合を見に来る観客の数を確保するために、人口が7万5千人以下の都市には球団を置くことができなくなった。どの球団も、チームの規則に違反した選手をリーグから追放することができた。リーグは、球団がシーズン中にほかの球団と契約している選手と交渉することを禁じた。球団あるいはリーグの規則に違反した制裁には、除名も含まれ、除名は事実上、メジャー・リーグでの選手生活の終了を意味した。

　いかにも当時の経営者らしく、ハルバートが集めた経営者連中は、自球団の選手にほとんど関心がなかった。選手達はスポーツ選手としてはすぐれた能力を持っていても、ほとんど無学で、ビジネス経験のない連中の無秩序な集団と見られていた。経営者は協調して、選手の年俸を低く抑えることができた。それでも、球団オーナーたちは、プロ野球が誕生したころから、上手く選手の賃金を押さえ込んでも苦しい台所事情を嘆いた。事実、アルバート・スポルディングは1880年代までにはスポーツ用品会社の大物にのしあがり、リーグの顔役としてハルバートの後釜に座っていたが、1882年にシンシナティ・エンクワイアラー紙にこう語った。「プロ野球は落ち目です。選手の年俸を下げるか、なんとかして大衆の関心を増やさなければなりません。どちらかが実現しなければ、どこの球団も破産が時間の問題になります。」今朝のスポーツ欄で読んだばかりのような台詞ではないだろうか。

　オーナーのカルテルに対して選手側が示す反応もどこかで見たような気がする。1885年10月22日、ニューヨーク・ジャイアンツの9名の選手が、スター選手モンテ・ワードに率いられて、初の野球選手組合、ナショナル・ブラザーフッド・オブ・ベースボール・プレーヤーズを結成した。ワードはそれから、ナショナル・リーグのチームがあるすべての都市で、ブラザーフッドの支部を作った。

　ワードは一連の記事も発表し、野球の保留条項を精力的に攻撃した。オーナー間の合意で選手に押しつけられた禁止は、「球団側の純然たる共謀行為で

ある。これによって球団は選手のものであるはずの金を懐に入れている」と彼は言った。選手とオーナーが、野球が生む利益の分け前を奪いあう戦いが始まっていたのである。

4 | 19世紀の組合活動

野球選手が草創期に組合を結成したのは、驚くにあたらない。プロ野球の組織化と発展は、アメリカの工業の爆発的な成長を反映している。労働者が経営者と個人的な関係を築いていた小さな店は、大規模な企業に取って代わられていた。このような状況下にあって、組合活動は全国規模で支持者を獲得した。

それに、階級意識や都市化の進行によって、労働者が排他的な職業組合を通して労働の対価を管理しなければ移民の大量流入で熟練労働者に支払われる賃金が低下するという懸念が、組合活動の活発化に拍車をかけた。経営者が利益の最大化だけを追求する環境下で、労働者は、組合を結成して賃金と労働条件を守る手段を手に入れた。

保護的な職業組合を初めて結成した労働者は熟練工で、経営者が仕事を型式化して未熟な労働者を雇うことになって熟練を要する仕事の賃金が低下するのを阻止しようとした。未熟な労働者の多くは、低賃金でも働く移民だった。職業別組合は、組合員が出来高払いで得る賃金の基準表を作成した。この経済的戦略が威力を発揮するのは、すべての（あるいはほとんどの）労働者が設定された基準だけにしたがって働くことに合意したときだけである。組合は賃金設定の合意を強制するメカニズムになった。

南北戦争以前のアメリカの労働組合活動は熟練を要する業種に限られていた。そこでは、労働者は徒弟制度で修業し、共通の熟練した技術を身につけた。職人は、大量生産の企業というよりも、地域の零細産業に従事した。労働力の供給が組合に独占されるのを避けるために、経営者は、基準を撤廃する動きに出た。すると、組合は自分たちで定めた基準を保護するために、労働者を地域的に、やがては全国的に組織しなければならなくなった。1860年代までに、熟練工組合は30万人にのぼる組合員を擁し、組合員は業種別に組織された。

アメリカの産業は南北戦争後に発展して、その結果、業種を越えた新たな組

合化戦略が生まれた。活動的な組合員は1869年に労働者の秘密組織である労働騎士団を設立した。シンシナティ・レッドストッキングズが全員プロの選手で初めて試合をした年である。1886年、そのころには公になっていた労働騎士団は、鉄道界の実力者ジェイ・グールドを相手に大々的な勝利を収め、全国の会員数がおよそ70万に増加した。モンテ・ワードがナショナル・ブラザーフッドを結成したのと同じ年である。

野球選手は初期の組合員になった労働者と同じ社会階層に属していた。グラウンドの「熟練工」である。アイルランドやドイツからやって来た労働者階級の出身者が少なくない。シーズンオフには少なくとも5分の1が居酒屋で働き、野球選手のじつに8割がプロ野球を去ったあとで居酒屋の経営者になった。

モンテ・ワードが仲間の選手に団結を訴えたことは驚くにあたらない。選手は、プロの仕事がたいていはほんの数年しかないことがわかっていた。1880年代までは、名簿に登録された選手はたったの14名だった。選手の賃金はほかの労働者とくらべると高かったが、選手の仕事が一片の通知によって終わることもあった。野球選手は、スポーツ選手の正真正銘のエリート集団として、まだプレーができるうちに賃金を上げておこうとしたのである。

球団オーナーたちは、ワードの組合が突きつける脅威に対して、選手の雇用条件の管理を強化して応じた。ブラッシュ分類制度はインディアナポリスの球団社長ジョン・ブラッシュにちなんで名づけられ、1888年のシーズンオフに施行された制度で、この分類にしたがって、オーナーが選手を固定年俸の1500ドルから2500ドルまでの5段階に分類した。ワードの言葉を借りるなら、畜殺を待つ「大量の牛さながらに等級を付けられた」ので、選手はこの制度に憤りを感じた。次にオーナーたちは、保留制度の幅を広げて全選手を制度の対象にして、選手が申し出る移籍を排除した。球団は基本契約に署名するよう選手に要求した。球団の選択で更改できて、ほかのどの球団にも譲渡できる契約である。

野球ビジネスの構造は、がっちり固まった。選手を拘束する包括的な保留制度、リーグの規則を守らせるための罰金とブラックリスト、独占的な地域割り当て、賃金の標準値。ワードが組合を組織した試みは、結果的には、オーナーのカルテルを強化することになった。

5 プレーヤーズ・リーグ

　1889年、ワードのブラザーフッドはナショナル・リーグを攻撃する「声明文」を発表した。

> かつて、リーグが品位と公正な指導を意味していた時代があった。今日では、ドルとセントを意味している。……選手は、アメリカ市民ではなく羊さながらに売買され、交換されてきた。「保留」は……選手にとって、財産として扱われる所有権を表す名称になった。

選手は、オーナーたちが作り出した制度に従うか、それとも、何年もかけて技を身につけた職業を捨てるかのどちらかしかなかった。組合を組織したワードの試みでは、野球を現状から変えることができなかった。ワードは選手の雇用条件の改善がうまくいかなかったことに不満を抱き、まったく違う所で活路を開こうとした。

　1889年のシーズンに各球団がリーグの都市に遠征すると、ブラザーフッドの活動家は脈のありそうな財政支援者と面会し、ライバル・リーグを結成する計画を見せた。1889年11月4日、ワードはブラザーフッドの組織化で強まった絆を活用して、独立した野球リーグの結成を発表した。プレーヤーズリーグである。新リーグの事業は、既存のリーグが行っていた憎らしい慣習を廃止しようとした。保留条項、分類制度、ブラックリストのない運営だった。

　選手たちは、ほかの球団でプレーしないというナショナル・リーグとの契約を無視して、田舎の池にざぶんざぶんと飛びこむ子どものように新リーグに飛びついた。新球団を安定させるために、選手は、ナショナル・リーグから1888年か1889年に受け取った年俸のいずれか高い方の額と等しい年俸でプレーヤーズ・リーグと3年契約を結んだ。

　プレーヤーズ・リーグの経営構造はプロスポーツの歴史でも特異なものだった。選手たちは事業に財政援助が必要なことを承知していた。乗客を誘致するために沿線に球場を設けたいと考えていたクリーブランドの市街電車実業家アルバート・ジョンソンの働きかけで、企業家が冒険的事業に群がった。新リー

グの財政援助者、つまり「支援者」はリーグの利益を選手と分け合う計画を立てた。多くの選手が自球団の株を購入した。

　新しい冒険的事業の運営は独特でもあった。各球団には8名で構成される理事会が置かれ、8名は選手と支援者の代表で公平に分けられた。8球団から2名ずつ派遣された16名の委員で委員会が構成され、委員の半分が選手の中から、半分が支援者の中から選出され、新事業の運営にあたった。委員会は委員の中から委員長と副委員長を選出し、外部から会計を任命した。

　反乱に対して組織野球が示した最初の反応は、訴訟だった。モンテ・ワードがナショナル・リーグのジャイアンツと結んだ1889年の選手契約には、1890年のシーズン中はワードの保留権が球団に与えられる条項が盛りこまれていた。プレーヤーズ・リーグに参加するためにワードが契約を放棄すると、ジャイアンツはニューヨーク州の裁判所に訴訟を起こした。球団はワードが「原告以外のいかなる個人あるいは団体のために……野球をする」ことを阻止する差し止め命令を請求した。ワードは、「保留」という用語は、ナショナルリーグのほかの球団でプレーしないと約束したことを意味すると反論したが、モーガン・オブライエン判事は認めなかった。ところが裁判所は、保留条項が1890年に更新された契約の期間を特定していないことを発見した。ワードの1890年の年俸はどうなったのか。その年俸についてワードはどう合意していたのか。こういった中心的な問題が雇用契約で答えられていないので、裁判所は、保留条項は「不明瞭」で強制力を持たないという判決を下した。

　ジャイアンツはワードに対して差し止め命令を出すよう州の裁判所に請求していた。裁判所は、なにかをする、あるいはしないことを裁判所が命じ、違反すれば侮辱罪になる差し止め命令が強力な武器であること、そして、強力なこの救済方法を使うのは限られた状況だけであるべきことを認識していた。裁判所は、「公平な救済」が――この訴訟では差し止め命令――正当か否かを決定するために、この訴訟の「公平性」を調べた。州の裁判所はワードの裁判で次のように述べた。契約の公平な実施にとって致命的であり、公平性と相互関係の欠如は明白である。裁判所は、それから、ジャイアンツが行った契約の解釈を「とんでもないこと」と述べた。球団側の基本選手契約書の解釈によると、選手は数年間球団に拘束されるが、球団は選手に対してわずか10日間の雇用義

務しか持たなかった。相互関係の欠如でジャイアンツの法的な訴えは失敗に終わった。

　ワード裁判はナショナル・リーグの選手拘束制度の実施に関する初期の試金石でもあった。とはいえ、野球が法制度と深くかかわった最初の例ではない。1882年に、結成されたばかりのアメリカン・アソシエーションに所属したシンシナティの球団は、契約を履行しなかったとしてサミュエル・ワイズ内野手を訴えた。ワイズがレッドストッキングズで1試合にも出場しないうちにナショナル・リーグのボストンの球団に、突然、移ったからだ。マサチューセッツ州の裁判所はシンシナティの球団が出した差し止め請求を拒否し、ワイズはボストンにとどまった。

　ワード裁判や似たようなほかの裁判の結果から、当時の正式な法制度は、一方にかたよった選手契約を守らせようとする経営者の役に立ちそうにないことが明らかになった。これは経営者連中にとって厄介な展開だった。ナショナル・リーグのような集団経営事業では、長期的な成功は、オーナー間及び球団と選手の間で取り交わされた私的な合意に関する条件の実施にかかっている。ナショナル・リーグを設立するというウィリアム・ハルバートの協定によって、球団は選手を包括的に支配することができた。しかし、この協定は、署名していない者、たとえばライバル・リーグの球団、または、この場合のように自分たちのリーグを結成しようとした選手を支配していなかったし、支配できなかった。

　プレーヤーズ・リーグの法的な勝利──保留制度の条件を守らせるためにナショナル・リーグの球団が起こした訴訟のほぼすべてで勝った──は既存リーグの経営を危機にさらした。ナショナル・リーグのオーナーたちは、自分の球団に所属していた選手を使うライバル・リーグの存在を認めたくなかったが、裁判所は協力的ではなかった。これを受けて、経営者はふたたび優位な立場を確立するために、正式な法的手続ではない作戦に目を向ける。契約の履行では裁判に勝てないので、強要や賄賂といった「私的制裁」に訴えることにしたのである。

　プレーヤーズ・リーグは法廷で勝ち取った勝利をグラウンドでのはつらつとしたプレーに結びつけた。ナショナル・リーグのおよそ8割の選手が新リーグ

に移籍した。離脱者には、19世紀を代表する大打者で、16シーズン3割、1887年には4割1分7厘の打率を記録して将来野球殿堂入りするダン・ブローザーズ、野球史上初の300勝投手ジェイムズ・ガルビン、のちに10年連続で3割を打ち、1894年には4割3分8厘の打率を残したヒュー・ダフィー、史上初の1試合4本塁打を達成したエド・デラハンティーがいた。おもしろいことに、20世紀に大きく幅をきかせる球団オーナーになった2人の選手――捕手のコニー・マックと1塁手のチャールズ・コミスキー――もプレーヤーズ・リーグに飛びついた。

ニューヨーク市の支援者は、ポログラウンド球場に隣接するブラザーフッド球場にさっそく木製のスタンドを設け、ジャイアンツとの観客動員合戦に真っ向から挑んだ。1890年の開幕日には、ブラザーフッド球場で行われたプレーヤーズ・リーグの試合に2万人の観客が足を運び、一方のジャイアンツの観客数は千人だった。

プレーヤーズ・リーグは、後に、あらゆるプロスポーツで張り合うリーグが採用することになる作戦を考案した。スポーツファンの目を引き、眼鏡にかなうよう、既存リーグから有名なスター選手を引き抜いたのである。大衆の中には、こういった選手を、金に釣られてチームへの忠誠心を犠牲にする裏切り者と受け取った人もいただろう。しかしほかのファンにとっては、新しいリーグはより安い価格でより多くの娯楽を生みだしてくれた。職業生命の短いスポーツ選手に言わせれば、経済的な現実を考えると、こういっためったにない機会を利用せざるをえないのだ。既存リーグにとどまった選手にしても、使える選手が減少する中で選手を確保するために経営者が年俸を引き上げるようになり、対立関係の恩恵を受けた。

ナショナル・リーグはシカゴの実力者、アルバート・スポルディングに率いられて反撃を開始した。スポルディングはリーグのために「軍資金」を集め、経営者連中はプレーヤーズ・リーグを財政的に猛攻撃した。まず、試合日程をプレーヤーズ・リーグの試合日程とかち合うように調整し、次にナショナル・リーグの試合の無料パスを町中にばらまいた。お互いに観客動員数を水増しし、新聞紙上で宣伝合戦をくり広げた。スポルディングは、「私は食うか食われるかの戦いに賛成だ。最初は反対だったが、今ではどちらかが倒れるまで戦う」と公言した。

理想主義的なワードやワードの仲間、そして「支援者」は、スポルディングが1890年代に打ち出した手荒い経営方式を受けてたつ覚悟ができていなかった。お互いに財政的な危機に見舞われたが、より多く経験を積んでいたナショナル・リーグのオーナーたちのほうが優った。経営者連中は、宣伝、脅迫、個人的な脅し、金銭の供与といった手を使い、プレーヤーズ・リーグのどちらかというと世間知らずで経験の浅い財政支援者に謀反の大義を捨てるよう仕向けた。ワードは冒険的事業が崩壊したのは、「愚かさと貪欲と裏切り」のせいだと発表した。

　プレーヤーズ・リーグは1年間プレーしたあとで解散し、ナショナル・リーグは、ほとんどの選手を大幅な減給で受け入れた。スポルディングが、「労働と資本がくり広げる手に負えない闘争」と自らが名づけたこの危機的な小競り合いに勝ったのである。モンテ・ワードはナショナル・リーグに復帰し、ブルックリンの球団で2年間プレーしたのちにニューヨーク・ジャイアンツに移籍して、野球人生をまっとうした。のちに本職の弁護士になり、契約問題で球団ともめる野球選手の代理を務めた。

6｜野球草創期の法的手続

　社会が経営活動を組織して統制するさまざまな方法を組織野球は最初の数十年で実証した。人びとは、相互に依存する社会で暮らしているときに発生する問題を解決するために、社会を支配する正式な原則――法律――を使用する。それでもなお、法律は経営活動をたやすくするいくつかの方法のほんの一つに過ぎないが、大きな制限をともなっている。立法府や裁判所など正式な公的機関は、法律を作成して適用するが、幅広い判断の自由を個人の意志決定にまかせている。個人は「私的秩序」によって自分の人生の重要な部分のほとんどを決定する。政府は私たちの生活に介入しているという不満が蔓延してはいても、私的な経済活動と個人の主導権にしっかり基づいているアメリカの制度は、公的な介入を受けることなく機能する。

　私的な取り決めが行われる分野では、利益の衝突は避けられない。ワードと仲間の野球選手が対決した相手は、雇用のさいに好ましくない条件を押しつけ

る私的に作られたオーナーたちのカルテルだった。これに対抗して、選手は私的な意思決定の力を行使し、自分たちの自主的な組織を作った。プロ野球選手の組合である。とはいえ、個人では、あるいは組合になった集団でさえも、選手にはオーナーたちの一方的な支配を跳ね除ける経済力がなかった。代わりの方法が必要だったのだ。

　ワードはまず、世論に訴え、選手の経済力を高めようと試みた。宣伝は「威圧」の道具で、場合によっては効果があるかもしれないが、組合の声明には反響がなかった。なぜなら、すでに高額な年俸をもらっているスポーツ選手、働くというよりも、年俸を得るために試合に出る若者の訴えに大衆は少しも同情しなかった。大衆が気にかけたのは、夏の娯楽だけだった。ワードは、選手自身が運営し、スター選手をずらりとそろえたチームの巡回試合でファンの気持ちに応えた。これは、スポーツが持つ娯楽としての潜在的な価値を高めるものだった。ワードの自助的な取り組みは、ストライキを打って選手の試合参加を中止するよりも、はるかに多額の経費をオーナー連中に払わせた。選手はナショナル・リーグに所属する球団でプレーしないばかりか、リーグにとって永続的に経済活力をおびやかすライバルになろうとした。

　ウィリアム・ハルバートとアルバート・スポルディングのナショナル・リーグは、厳格な内部規則と独立施行という手段をそなえ、当時の典型的な私的産業だった。組織野球は辞書が定義するカルテルにあてはまる。すなわち、一般大衆に同じ製品、この場合には、プロ野球という商業的娯楽を供給する個人、且つ、私的な企業の連合である。私的秩序を通して、オーナーは自分たちの競争活動に制限を設け、地域独占を利用して観客を割り振り、選手の年俸を支配下に置いた。限られた数の「会社」（野球のチーム）が、広範囲な市場に訴える商品の供給を管理したこのような連合には強力な指導者が必要だ。ハルバートとスポルディングは事業に方向性を持たせ、会員にも外部にもカルテルの規則を守らせた。

　大衆は球団を競争者と考えている。なんと言っても、球団は、毎日、グラウンドでたがいに戦っている。ところが、この印象はビジネスの現実とは正反対である。現代のスポーツチームが経済面で戦うのは、法的、政治的な力に強いられたときだけだ。リーグ内で経済的に協力しなくては、個々の球団は生き残

れず、そうなると大衆は球団が提供する娯楽を奪われることになる。球団はその一方で、全面的に協力することによって、地域の独占的な支配を手に入れ、選手という人的資源を奪いあう競争をなくし、投資に対して最高の収益を上げることができる。球団間の協力があれば野球は何年もつづくのである。

　組織野球の草創期には、オーナーも選手も、関係を意図的に作り上げたり、「権利」を表明したりするために正式な法制度に訴えることはなかった。むしろ、経済的な提携を私的に整えようとした。オーナーは法廷ならたしかに安心できただろう。企業家として、契約や不法行為、地権争いでしょっちゅう訴えたり訴えられたりしていたからだ。それにひきかえ、選手は労働者階級と同じで、正式な法制度に不信感を抱き、法廷は金銭上の利害に支配されていると考えていた。ということは、プレーヤーズ・リーグを結成する契約に選手がとびついて、オーナーが訴訟に持ち込んだ時に、裁判所がオーナー側の一方的な合意を強制しなかったのは特筆に値する。とはいえ、オーナーたちは最終的には勝ったが、行使した手段は、正式な法的機関での法的な権利ではなく、超法規的な経済力と脅しだった。

　野球草創期の訴訟では、裁判所は、契約を守らせるために制定されている法基準を適用した。判事の中には、個人的に、オーナーの利益に肩を持つ者もいただろうが、既存の判例はオーナーに不利な方向に向かった。先例が、かならずしも、判事の判断を不変のものにするに至っていなかった。次の章で見るように、わずか10年後には、選手の契約履行に対する判事の取り組み方は、ナポレオン・ラジョイのかかわった重要な裁判で変化し、こんどは、野球カルテルの力をさらに強化した。

　プレーヤーズ・リーグの冒険的事業が失敗したのは、大規模な事業を起こして維持するときに頼りになる資本という資源が欠けていたからだ。選手は球場を建設し年俸をやりくりしなければならず、理想に燃えた熱意や野球に対する情熱ではなく、おもに利益が目当てだった財政的支援者に助けを求めた。

　アルバート・スポルディングは経済畑出身でモンテ・ワードよりもすぐれた将軍だった。スポルディングに率いられたナショナル・リーグは、経済戦争に勝つためならどんな手を使うこともいとわなかった。既存のライバル・リーグが目的を達成するために法廷のさらに先まで手を伸ばしたときに、プレーヤー

ズ・リーグの敗北が確実になった。法律以外の力には、すぐれた交渉力、習慣、個人の能力で行われる駆け引きにはじまり、はては不法行為さえもあり、経済面での勝利を手にしたいときには、しばしば法律よりも強力な武器になる。ナショナル・リーグはこういったありとあらゆる強要手段を駆使して勝利を収めたのである。それからの70年間、球界の大きな戦いは、2つの場でくり広げられることになる。才能に恵まれたスポーツ選手のチームが戦うグラウンドと、試合で得る利益に関心のある企業家のチームが戦う会社のオフィスだ。選手組合は、1960年代になるまで、重要な役割を演じることは二度となかった。

　1世紀以上も前にモンテ・ワードがグラウンドの外で行った活動は、プロ野球経営に変革を起こす選手組合の役割の先駆けとなったが、ワードが作ったプレーヤーズ・リーグの試みは、野球経営を経営者抜きで労働者が所有することが夢物語であることを示した。

　19世紀が最後の10年を迎えるころには、野球事業の基本的な構造はしっかり固まっていた。球団のオーナーは、それぞれの地域で独占的に事業を運営した。選手は労働者で、基本契約にしばりつけられた。契約を無視した「渡り鳥」選手にはブラックメールという脅しがあり、選手はきびしい保留制度の下で球団に拘束された。野球事業は強固に安定し、ファンはアメリカ生まれのスポーツを受け入れた。

第2章

契約の履行

ナポレオン"ナップ"ラジョイ
　球史で最高の名2塁手、ナポレオン"ナップ"ラジョイ、「ビッグなフランス人」は、1901年にナショナル・リーグのフィリーズから誕生まもないアメリカン・リーグのアスレチックスに移籍した。その訴訟に発展して、選手という人的資源を支配するオーナーのカルテルが強化されることになった。

野球ビジネスは、メジャー・リーグの球団オーナー達の間、及び、球団オーナーと選手、野球場、球場内販売業者、球場内販売員（売り子）、メディア、マイナー・リーグのチーム、野球関連「商品」の購入者（卸・小売）との間で合意に達した私的契約の寄せ集めでもある。統一選手契約書は各チームが選手を確保するための、事業の中心的な法律文書である。20世紀に入る前までは、これまで見てきたように、裁判でも、一方的な内容の標準的な選手契約書を球団オーナーが強制できるかどうか明確でなかった。野球事業の安定をはかるには、経営者は、自信を持って契約上の取り決めを守らせる必要があった。名2塁手ナポレオン・ラジョイの裁判で、経営陣は待ち望んでいたものを手にすることになる。

　野球法律オールスター・チームの2番打者はナポレオン"ナップ"ラジョイである。身長1メートル86センチの「大柄なフランス人」は、メジャー・リーグに在籍した21年間の通算打率が3割3分8厘で、当時もっとも優秀で、もっとも人気のある選手の一人だったことは疑う余地がない。1896年に、フィラデルフィアを本拠地とするナ・リーグの球団、フィリーズでプロの道を歩みはじめた。新しくフィラデルフィアにできたア・リーグの球団、アスレチックスにごく短期間在籍したのち、1903年から15年までクリーブランド・ナップスでプレーし、兼任監督を務めた時期もあった。チーム名称はラジョイのニックネームにちなんで付けられた。

　ラジョイは2塁で後世に語り継がれる偉業をなしとげ、フィラデルフィア・ナショナルズの看板選手になった。フィラデルフィア・ナショナルズという名称は、地元のファンがフィリーズにつけたあだ名である。その後の1901年に、新設されたアメリカン・リーグのアスレチックスで、14本塁打、125打点、打率4割2分2厘（いまだにア・リーグ記録）の3冠王に輝いた。その年には、シングル・ヒット、2塁打、打点でもリーグの首位に立ち、野球殿堂が創設されて2年目の1937年に、殿堂入りする。クーパーズタウンにあるラジョイの銘板には「大打者、時代を代表する最高に優雅で有能な2塁手」と記されている。1939年にクーパーズタウンに殿堂が建立されたとき、野球殿堂はラジョイを不滅の11人の1人として迎えた。

　20世紀になるころには、ナ・リーグのオーナーたちは、一流選手に対する年

俸を2500ドル以下に制限することで合意していた。とはいえ、何人かの選手には、闇取引でそれ以上の額の年俸が支払われていた。当時フィリーズに在籍したラジョイは、のちに殿堂入りする外野兼1塁手のエド・デラハンティに支払われた「ボーナス」と同額の500ドルの昇給を要求した。フィリーズのオーナー、ジョン・ロジャーズはリーグで最初の保留条項と統一選手契約書を起草した弁護士で、ラジョイの要求を即座に拒否した。ラジョイが、要求を出したのが1年前であったならば、すなわち、ア・リーグが出現する前だったならば、選択肢は二つしかなかっただろう。野球をやめるか、ロジャーズが押しつける条件をのむかの二者択一だ。ところが1901年には、三つ目の選択肢があった。契約を無視して、新生のライバル・リーグ、アメリカンリーグの球団に移ることだ。

　アメリカン・リーグはバン・ジョンソンの発案で誕生し、ジョンソンは20世紀の最初の20年間に組織野球を牛耳ることになる。ジョンソンはシンシナティのスポーツ記者として出発した。シンシナティの球団オーナー、ジョン・ブラッシュはでしゃばりな記者を町から追い出すために、ジョンソンにマイナーのウエスタン・リーグの会長職を推薦した。ナ・リーグの経営がおそまつなところにもってきて、1890年代の常勝球団ボルティモア・オリオールズとボストン・ビーンイーターズの面白くも無い試合に大衆がすっかり幻滅したことが重なり、ジョンソンはさっそくチャンス到来と見てとった。ナ・リーグが観客数の減少を理由に球団数を12から8に減らすと、見捨てられた都市にすぐさま球団を設立し、さらに、アルバート・スポルディングの本拠地シカゴにもう1つ球団を置いた。それからウエスタン・リーグを「アメリカン・リーグ」に改名し、メジャー・リーグの地位を求めると発表した。次に、ジョンソンと共同経営者は、ナ・リーグ球団に所属する選手に触手を伸ばし始めた。

1 選手契約

　どんなスポーツ事業でも、大衆の注目を集め、長いあいだ関心を維持するには、選手、それもスター選手を確保しなければならない。球団は各選手と個別契約を結ぶ。契約は3つの重要な要素を含む。1）その球団でプレーするという

選手の約束　2）ほかの球団でプレーしないという選手の約束　3）球団が随意に契約を延長することを認める条項である。

今日では、統一選手契約書はメジャー・リーグ野球機構とメジャーリーグ野球選手会との交渉で生まれる。期間が広義に解釈できるナポレオン・ラジョイの契約と異なり、現行の選手契約書には、指定された時間枠、つまり「期間」が記載されている。選手は、契約期間中にプレーできる健康を維持するために、「第1級の健康状態」であることを保証しなければならない。しかし、19世紀末の選手契約書と同じように、現行の契約書でも、球団経営者は、選手が「チームの一員としてふさわしくない、あるいは継続するのに十分な技能あるいは競争能力に欠ける」と判断した場合は、契約をうち切る権利を持っている。野球選手には職業の保証がほとんどないのだが、球団は決して選手を「解雇する」ことはなく、球団は選手を契約から「解放する」のである。これは、しばしば神話が事実と同じくらい重要になる球界にふさわしい婉曲的な表現である。

2 ラジョイ訴訟

ナ・リーグの多くの球団が衰退し、年俸に上限が設けられたので、19世紀末の野球選手は徐々に不満をつのらせていた。1900年になると、選手は2度目の組合、プレーヤーズ・プロテクティブ・アソシエーションを結成する。この組織は、モンテ・ワードのブラザーフッドと同様に、威力を発揮できなかった。しかし、バン・ジョンソンは選手がナ・リーグに抱く不満をうまく利用してア・リーグに選手を集め、上手く正当性を主張して、このリーグを正真正銘のメジャーリーグにしてしまった。

ジョンソンとア・リーグの仲間は魅力的な年俸を提示してナ・リーグから超一流の選手を引き抜いた。熱意あふれる新入団選手はたちまちリーグの信頼性をうち立ててくれた。1901年のア・リーグ所属球団の選手名簿に登録された182名の選手のうち、111名は元ナ・リーグの選手だった。名声のあるスター選手が年俸のほんの数ドルの昇給のためにナ・リーグの選手契約をすっぽかしたのだ。既存リーグに手を付けるア・リーグを正当なリーグに仕立てあげたジョンソンの戦略は成功の手本になり、20世紀を通じて、バスケットボール、フッ

トボール、ホッケーで新規参入リーグが見ならった。

ア・リーグのフィラデルフィア・アスレチックスはフィリーズにしてみれば町の向こうのライバルで、若きオーナー、コニー・マックはこの戦略に沿って、ラジョイに2万4,000ドルの3年契約を提示した。フィリーズのオーナー、ロジャースはもっといい条件——来期から2万5,000ドルの2年契約——で対抗したが、1901年のシーズンに500ドル上乗せするというラジョイの要求には一歩も譲ろうとしなかった。ラジョイはマックの提示を受け入れ、1901年の戦いに向けてア・リーグのアスレチックスに移籍した。

スター選手の2塁手を取り返すのに、フィリーズはどんな手が使えただろうか。選手契約書違反による損害賠償の裁定を求めて、ラジョイを裁判所に訴えてもよかっただろう。しかし、そんなことをしても、ラジョイがフィリーズの内野に帰ってくるわけではない。訴訟でかなりの金を勝ち取れば、ほかの選手と契約するのに十分な資金にはなったかもしれないが、ラジョイほどの能力をそなえた選手はすぐには手に入らないし、1世紀前といえども、訴訟は終了するまでに時間がかかった。損害賠償の請求にはもう一つ問題があった。裁判所はどうすればフィリーズが蒙った損失額を数量化できるのだろうか。

どのくらいの数のファンがナ・リーグの球団の試合から離れて、ア・リーグの新生球団の試合に足を運んだのだろうか。フィリーズの損失見積りは、単なる憶測にすぎなかった。

フィリーズに必要なのはラジョイの働きで、ラジョイ（あるいはコニー・マック）の金ではない。そこで、フィリーズは自球団でプレーするようラジョイに強制する命令を裁判所に請求して、2塁手を取り返そうとした。10年前のモンテ・ワードと同様に、ラジョイは、他球団でプレーしないという約束をしていた。まさに、そう約束していたのだ。球団がラジョイの雇用を望むかぎり、ラジョイは既存契約の条項の下で球団に拘束されているとフィリーズは主張した。

フィリーズは州予審裁判所に、ラジョイにフィリーズとの契約を遵守する履行命令を出すように請求した。裁判所が最初にした仕事は、関連のある先例、すなわち、球団の請求に応じるにあたって適用するべき法の一般原則を見つけることだった。裁判所は、ほかの裁判所が似たような問題で採用した根拠にた

よった。

　予審裁判所は、作曲家リヒャルト・ワーグナーの娘でオペラ歌手のヨハンナ・ワーグナーがかかわった有名なイギリスの判決を大いに参考にした。ヨハンナ・ワーグナーはロイヤル・イタリア・オペラで歌う約束をして、ロンドンのハー・マジェスティーズ・シアターとの契約に違反した。シアター側は、個人的労務提供契約の「特定履行」を要求した。すなわち、ワーグナーがシアターで歌うよう裁判所に強制してもらおうと考えたのである。イギリスの裁判所は、不履行の救済手段は金銭的賠償で十分であるという理由で、命令を求めるシアター側の要求を拒否した。裁判所は、ワーグナーが約束していても、シアターで歌うことを強制しようとしなかった。ところが、契約では、ワグナーは、契約期間中は同一地域でほかの人に雇われて歌わないことも約束していた。「競争制限特約」である。裁判所は協定のこの部分を守らせた。大オペラスターは、ほかの人に雇われて歌うことができない、そして、金を稼ぐために歌いたいなら、当然、ハー・マジェスティーズ・シアターで歌わざるをえない。ワーグナー裁判は、今日でも、娯楽産業で個人的労務提供契約を強制する基準になっている。

　「競争制限特約」も含めたいかなる形式でも、差し止め命令を出すには、適正な代替物が見つからないことが条件であり、既存の判例では、個人的労務提供は「代替不可能」であるから、金銭的賠償では申し立てられた契約不履行の十分な救済にならない、と裁判所が結論を下す必要があった。

　行政機関と異なり、裁判所には命令を強制するための軍隊がない。裁判所の力は、大衆がその正当性を認識し、命令に自発的にしたがうところから生まれる。裁判所は社会の要素となる共通の価値、たとえば約束を守るといったことを擁護する者の役割をはたす。それゆえ、人民が裁判所に対して敬意を失わないよう、司法の力はかなり抑制して行使されなければならない。従って、裁判所は、当事者が侮辱罪に問われる行動をしかねない命令を出すのをためらうものである。

　裁判所が野球選手に自分の球団でプレーするよう強制する履行命令を出したら、強制の悪夢が生じるだろう。選手が履行命令の条項を満たしているのかどうか、裁判所はどのように判断するのだろうか。プレーができる準備をして球

場に出てくることを選手に要求することはできても、選手が最大の努力をしているかどうかを裁判所が知るのは不可能なことだ。しかし、経営者が選手の年俸とひきかえに購入したのは、まさにこの最大の努力なのだ。首位打者といえども、3回打席に立って1回以上ヒットを打つことはめったにない。打撃のスランプが意図的なのか、そして、それが履行命令の侮辱になるのか、裁判所はどうやって見わけられるだろうか。裁判所はまた、個人的労務提供契約のもとで「不本意の労役」と思われるものを強制するのもためらった。

　ペンシルバニア州の裁判所も、ラジョイ事件のいくつかの事実を再確認した。再確認作業は、陪審なしで行われるどんな裁判でも、判事の責任が問われる重要な部分だ。そして、陪審は履行命令を求める裁判では公聴しない。予審裁判所は、ラジョイ事件の事実がワーグナーの裁判で決定的だった部分を満たしていないと判断した。すなわち、ラジョイに代わる者がいないわけではなく、命令を出す正当な理由になるほど十分に特異、つまり「代替不可能」ではない、つまり、彼の代わりになる者がいるので、ほかの球団で野球をしてはならないと命じるのではなく、損害賠償で十分である、というのである。

　予審裁判所に続く控訴裁判所も、選手契約書の特定の条項の公平性に疑義を唱えた。たとえば、フィリーズはラジョイを10日間の通告で解雇できたが、ラジョイには契約の義務を回避する同等の権利がなかった。裁判所はそういった不公平な取り決めにお墨付きを出さない。適用可能な法律と関係する事実の解釈に基づいて、裁判所はフィリーズの履行命令請求を拒否した。

　フィリーズがペンシルバニア州最高裁判所に上訴するあいだ、ラジョイは1901年のシーズンをア・リーグでプレーして、永遠に破られることのないであろうシーズン打率リーグ記録をうち立てた。しかし、フィリーズは州最高裁判所に上訴して勝った。1902年4月21日、裁判所は、フィリーズの要求を満たすべきだったとの判決を下したのである。

　最高裁判所は、ワーグナー裁判を参考にしうる判例とする予審裁判所の考え方を認める一方で、既存の法の原理を下級裁判所よりもはるかに狭義に解釈した。原告はラジョイが「代替不可能」であることを依然として証明しなければならなかったが、2塁手であるスター選手の代わりの選手がたやすく見つからないことを証明できるなら、裁判所はこの必要条件を満たすことができるとい

う判決を下した。ラジョイはこの基準を満たしたのだろうか。

　裁判所はラジョイを次のようにみなした。ラジョイは何年間もともにプレーしてきておりチームの一部になっていた。「彼は球団のほかの選手の動作や流儀にすっかりなじんでおり」、ラジョイの働きは「球団が必要不可欠とするチームワークにおいて欠かすことのできないもので、彼の役割は高く評価できる」、また、この2塁手は「有名で」あり、「その守備力はファンの間でも定評があって、一般大衆にとっても、きわめて魅力的な人気者」であった。

　州最高裁判所はラジョイが比類のない存在である必要はないと述べた。現存する労働市場でフィリーズがラジョイほどの力量を持つ選手を見つけるのが困難であれば、差し止め命令を出すことができると判断した。彼の能力分析を行い、ラジョイが「すぐに取りかえのきく選手」かどうかに焦点が絞られた。大方の予想通り、球界で最高の内野手はどんなに金を積んでも簡単には手に入らないことがわかった。

　一般論として、裁判所の決定には確かな事実に基づく裏付けが必要である。しかし、この州最高裁判所の判決の場合、結論に至るまでに、どんな証拠があったのか、過去の記録を見ても明らかではない。2塁手として、ラジョイは併殺で中心的な役割をはたした。併殺は19世紀末の時代でも内野の重要なプレーで、投手にとってありがたい「親友」だった。ホワイトストッキングズの元外野手ビリー・サンデーは、ラジョイについて、「コーリスのエンジンのように静かに仕事をして、困難なプレーを簡単にこなし、ピンチのときには頼りになり、けっして気落ちしない」選手と述べた。1900年には、ラジョイは、職人肌の遊撃手、モンテ・クロスと組んで69個の併殺を行い、ナ・リーグ併殺記録のトップに立った。2人が2塁をはさんでコンビになって3年目のことだった。

　裁判所は、「代替不可能」という要件で法的障害を簡単にクリアしたが、予審裁判所で受理されたラジョイの申し立てに取り組まなければならなかった。すなわち、ラジョイは、雇用契約が相互性に欠けるために不公平であると主張していたのだ。これは、12年前にモンテ・ワード裁判でニューヨークの予審裁判所が取り上げた論争でもあった。ラジョイの契約では、球団は10日間の通告で雇用を終わらせるか、あるいは3年間のオプション契約を更新することができた。

ペンシルバニア州最高裁判所の定義による相互性は、各当事者がまったく同じ権利あるいは救済手段を持たなければならないことを意味しなかった。契約書の条項の下に当事者に認められた権利はじつに多様で、双方ともこれらの権利の法的な履行を求めることができ、この裁判所に言わせると、これで十分だった。

　相互性の問題で判決を下すにあたって、ペンシルバニア州最高裁判所はラジョイの契約の第18項に救済の方法を見つけた。

> ここに記された条件、契約、保証、約束が誠実に履行されることを考慮して、……解除と更新を選択する譲歩を含めて……［球団］は件の期間の役務に対する2,400ドルの支払いに合意する。

さらに、契約書の第5項は、差し止め命令の発令がこの契約履行を「公平」と規定していた。ペンシルバニアの裁判所はニューヨークで行われたワード裁判の先例を無視し、不公平な条件のせいで契約が無効になることはないという判決を下した。球団は随意に契約を終わらせる権利の埋め合わせとして「高額の賃金」を払っている、と裁判所は述べた。(ラジョイの年俸は、本人が望んでいたほどたくさん支払われていなかったとはいえ、実際には、当時の平均的な労働者の年間所得の10倍以上はあった。)

　ペンシルバニア州最高裁判所の見解が、野球というゲームの性質と、「野球ビジネスに必要な役務の独特の性質」に焦点を絞ったことは興味深い。野球にはチームワークが必要で、グラウンドでチームが能力を発揮するには、メンバーの定着が必要である。同時に、野球の経営者は、選手がメジャー・リーグの基準に見合う能力を維持しているかどうかを判断するにあたっては、慎重な態度で臨まなければならない。このように、野球の性質上、球団は短期間で契約を終了できるが、必要ならば選手の役務を無制限に保持できる権利が必要になる。

　裁判所は、ラジョイがフィリーズを去ろうとしたときに契約を部分的に履行していたこと、つまり契約期間の一部をすでにフィリーズでプレーしていた事実も考慮した。そういう情況下で選手を取りかえるのは、代わりになるのにふさわしい選手がすでにほかの球団と契約しているため、困難になると判断した。

別の口で働くことを裁判所が強制するのを禁じたワーグナー裁判の先例にしたがって、裁判所はフィリーズでプレーすることをラジョイに命じるのを拒否した。そのかわりに、ほかの球団ではプレーしないという約束——契約に記載されている「競争制限特約」——を守らせた。

　ラジョイ事件がペンシルバニア州の裁判所まで行ったのは、契約の当事者が争議を私的に解決できなかったからだ。私的な処理——契約交渉とラジョイが契約不履行で訴えられたこと——で生じた問題が裁判所に持ちこまれ、解決され、判決が下されたのである。裁判所は当事者が持ちこんだ裁判しか取り扱わない。

　救済のために社会問題を解決したり選択したりしようとして争議を見つけだすわけではないのだ。

3 │ 契約の履行

　一般に、裁判所は、「互いの立場が対等な」二者間の善意の交渉を通して到達した契約——交わされた約束——を守らせるものである。集団生活の利益をはぐくみ、人間の能力の発育を促すために、裁判所が合意を認め、違反があったときには救済措置をはかるとの信頼に基づいて合意事項が成立するものである。社会では、社会の成員全体の満足を最大にする方法として約束を守ることが重視される。契約の当事者には、私的合意を守らせる方法として裁判所という機関がある。契約を結ぼうとする決意が社会の進歩に必要なやる気を生み、社会の正式な機関が私的提携をたやすくするのに必要な環境を整えてくれる。契約に関する法律は、裁判所が私的合意を守らせる状況を一般的に述べたものである。

　契約を結んでいる当事者のそれぞれの思惑に基づいているので、法律は、当事者が合意することを強制していない。しかし、ある状況の下で形成された合意だけが法的に有効となる。たとえば、裁判所は強迫されて成立した契約を守らせることはない。公的な干渉や公的機関の介入がなくても、契約が公的に守られそうであれば、当事者は、有効な合意に達して、それぞれの約束を守るようになる。

野球事業では、さまざまな構成員のあいだで契約が結ばれる。選手と球団のあいだで結ばれる契約は一般によく知られているが、この契約は野球のビジネスでいくつも交わされる、かつ、合意に基づく契約の一つにすぎない。リーグに所属する球団は契約に縛られている。たとえば、メジャー・リーグ規約によって、球団間、及、球団と統制権を持つコミッショナー事務局間に責任と権限が割り当てられる。現代の野球の労使関係は、団体労働協約に記載された条項に従わねばならない。団体労働協約はメジャー・リーグ野球選手会（メジャー・リーグに所属する全選手を代表する組合）と選手が所属する球団のオーナーのあいだで結ばれる契約で、とてつもなく複雑な文書になってしまい、これから見ていくように、20世紀の後半にたびたび発生する労使紛争の原因になってきた。

　野球ビジネスは、一貫して、商業的娯楽を提供してきた。球団は、球場経営者、商品販売業者、役務提供者と契約を交す。観客は入場券を購入することによって試合を見る契約を結んでいる。エリージョン球場で野球が産声をあげたときでさえ、ニューヨークからきた若者たちが賃貸借契約を結んだからこそ、ホーボーケンの丘で野球をすることができたのである。

　二者間の契約を有効に履行できるようにするには、一方の側が「提示」を行い、他方の側が提示を「受諾」しなくてはならない。さらに、取り決めに拘束力を持たせるには、「対価」がなければならない。通常はなんらかの支払いである。一方的な約束や施しよりも取り決めがすぐれていることを示している。

　ラジョイ裁判でペンシルバニア州最高裁判所が下した判決は、野球選手が球団と契約を結ぶ方法をまったく無視したものだった。ラジョイの契約書、つまり球団が裁判所に提出した申し立ての根拠は、交渉によって成り立っている文書ではなかった。それどころか、それは、選手が「受諾するか拒むか」しかできない形態である「附合契約」だった。年俸でさえ、交渉の余地がなく、リーグの経営者が集まって定めた共謀協定で決められた。模範的な契約とは異なり、双方ともに受諾可能な成果をともなう純粋に相互的な交渉の産物ではなかった。

　一方が他方に押しつけた契約は、合意の根拠に欠ける。強要あるいは「不当な威圧」の結果到達した合意を裁判所が守らせることになれば、強い立場のものだけが得をすることになる。ラジョイの契約書はリーグでは標準的なもので、

どの選手の契約書にも記載されている決まり文句ばかりだった。契約の締結は、ラジョイに言わせれば、意味のある選択をした結果ではなく、むしろ、交渉力が大いに不平等だったために生じた結果だった。社会はそんな取り決めを重視するわけにいかないし、裁判所はふつうならそんな強制的な契約を守らせたりはしない。

　しかし、契約を結んだ当事者双方が、契約の条項を履行する際に、まったく同等の権利を有する必要はないとするペンシルバニア州最高裁判所の判断は正しかった。法律は、契約が純粋に相互の行為を反映している限り、そして、その契約が「均衡の取れた」あるいは「公平な」ものならば、その履行に制限を加えない。しかし、ラジョイ裁判で、この附合契約は、20世紀初頭といえども、もっと大きな法的関心を巻き起こしてもよかっただろう。ラジョイは、メジャー・リーグで野球をしたかったら、フィリーズが提示した条項を受け入れるよりほかに選択がなかったからだ。

　この紛争では、関係者の誰もが過ちがないわけではなかった。ラジョイは、どんなふうに正当化しようとも、そこには私欲があったし、フィリーズに対する契約の義務を怠っていた。条項に不満を抱いてはいたが、契約に拘束されていることは承知の上だった。それでも自分で交わした約束を傲慢に無視したのである。新規参入したアスレチックスも誉められたものではなかった。スター選手と所属チームのあいだで結ばれていた既存の契約に割り込んで、入場者を増やし財政的に有利にしようと目論んでいたからだ。どんな事業も契約が誠実で履行可能であることで成り立っている。それから考えると、ペンシルバニア州最高裁判所がラジョイ裁判で出した結果を全体的に考えてみると、すべての関係者に均衡の取れた判断をしたのかもしれない。

　ア・リーグによるナ・リーグの選手登録名簿に記載された選手獲得によって発生した裁判は、ラジョイ裁判だけではなかった。ところが、ほかの州裁判所はワード裁判の先例にならい、ライバル・リーグに選手を奪われた球団に対する救済を拒否した。1902年のミズーリ裁判では、裁判所は、保留条項下にある選手の権利を「鋼鉄の帯でしばりつけられている」と述べた。ところが、皮肉にも、ラジョイが1901年にア・リーグで見せたみごとな活躍のおかげで、ラジョイ裁判は、野球カルテルを発展させる大きな節目になった。

4 ラジョイ裁判の奇妙な影響

　ラジョイ裁判は、現代のプロ野球事業と野球法律の発展にきわめて重要な役割をはたした。この判決で、プロ野球選手が独特の存在であるという考えが確立し、差し止め命令の発令が平等な救済であることが認められた。この2塁手の裁判で、裁判所が、野球の人事制度の中核をなす一方に片寄った統一選手契約書を支持することが明らかになったのである。

　ラジョイ裁判で、選手に対するリーグの管理が強化された。ほかのチームでプレーをしないという誓約を守らせる差し止め命令によって、メジャー・リーグは、リーグ内だけでなく各リーグ間でも選手の移動を規制することができるようになった。ラジョイ裁判が先例となり、メジャー・リーグは選手市場を支配する一方で、必要に応じて選手を配分する力を強化した。

　ところが、この話は、ナポレオン・ラジョイにとって特異な終わり方をした。ペンシルバニア州最高裁判所の判決のあと、ラジョイがプレーできる球団はフィリーズだけになった。差し止め命令に不満を抱いたフィラデルフィア・アスレチックスは、ラジョイをア・リーグ所属のクリーブランド（オハイオ州）の球団にトレードに出した。当時、明るい色のユニフォームを着ていたところからブルースというあだ名がつけられた球団である。すると、フィリーズはオハイオ州裁判所にペンシルバニア州の差し止め命令を守らせようとした。合衆国憲法の第4条1節によると、州はほかの州の裁判所が下した判決に「全面的な信頼と信用」を置かねばならないことになっている。と言うことは、判決はどこの州でも、判決を言いわたした州と同じ効力を持つことになる。憲法で義務づけられ、しっかり確立された原則があるにもかかわらず、オハイオ州裁判所はペンシルバニア州裁判所が出した差し止め命令を守らせるのを拒んだ。まことに注目すべき判決である。

　しかし、ラジョイに対する差し止め命令はペンシルバニア州内では効力があった。クリーブランドのチームがアスレチックスと試合をするためにフィラデルフィアに遠征したときには、ラジョイは休暇を取ってニュージャージー州アトランティック市に赴き、差し止め命令の効力を回避した。

バン・ジョンソンが結成したア・リーグは活況を呈し、虫の息のナ・リーグよりも人気を集めた。ア・リーグの経済的な成功やナ・リーグの収益の減少、両リーグが協力すれば組織野球全体の利益を生みだせるという認識から、敵対する二つのリーグは経営戦争の休戦を話し合う交渉のテーブルについた。ラジョイ裁判の判決から1年とたたずに、1903年、ア・リーグとナ・リーグはナショナル協定に署名し、リーグ間の戦争を終わらせた。このナショナル協定では、「アメリカの国技として野球を永続させること、球界が誠実であることと球界の運営方法に国民が絶対的な信頼を寄せられることを保証するべく、保護対策をおこたらないこと」を固く誓った。新しいナショナル協定のおかげで、組織野球は一世を風靡する時代を迎え、かげりが出たのは1914年から1915年にフェデラル・リーグが対抗した短期間だけだった。プロ野球で球団が本拠地を移転する時代は30年続いて1903年に終わり、メジャー・リーグに所属する両リーグの各8球団は次の半世紀のあいだ、本拠地にとどまった。

　ナショナル協定の下では、ラジョイは所属するクリーブランドの球団がフィラデルフィアに遠征したときも自由に試合に出ることができた。球団はラジョイに敬意を表して、ナップスと名前を変えていた。

　1903年のナショナル協定の条項はリーグ憲章を象徴し、野球の「憲法」だった。両リーグ会長と会長から選ばれた第三者、シンシナティのオーナー、オーガスト・ハーマンの3名が構成するナショナル・コミッションが作られ、コミッションは球界のビジネスを統治した。オーナーたちは3名で構成されたナショナル・コミッションに、事業を「独自の法令」で管理する権限、司法の助けを借りずに法令を守らせる権限、外部のいかなる権威にも応じない権限を与えた。ところが、実際には、1920年代まではア・リーグ会長、バン・ジョンソンがコミッションと野球組織の両方を牛耳っていた。

　ナショナル協定には、選手権シリーズの条項が盛りこまれていなかった。選手権シリーズは19世紀にはナ・リーグとアメリカン・アソシエーション（マイナー・リーグ）の覇者のあいだで定期的に戦われていた。1903年には、ア・リーグの覇者ボストン・ピルグリムズとピッツバーグ・パイレイツが大仰にも「ワールド・シリーズ」と銘打ってシーズン終了後の試合を行い、ボストンが5勝3敗でシリーズを制した。

1904年に、ボストンをフランチャイズにするア・リーグのビーンタウナーズが、ナ・リーグの覇者ニューヨーク・ジャイアンツにシーズン終了後の試合を挑んだ。しかし、そのころジャイアンツのオーナーになっていたジョン・ブラッシュは、若いリーグを「マイナー・リーグ」とばかにして、断った。ニューヨーク市民は憤慨した。彼らはもっと試合を見たがり、ボストンの球団をやっつける機会を望んだ。ブラッシュは考えを改めたが、1904年のシーズンには間に合わず、ナ・リーグ会長に宛てた手紙で、将来、毎年行われる「ワールド・シリーズ」を管理する手順を提案した。メジャー・リーグは1905年正式に「ブラッシュ・ルール」を採用する。準備が整い、1905年のワールド・シリーズでは、ブラッシュのジャイアンツが4勝1敗でコニー・マックのフィラデルフィア・アスレチックスを下した。

第3章

野球の独占禁止法免除

カート・フラッド

カート・フラッドは、「私は自分の気持ちに関係なく売り買いされる商品ではありません」とコミッショナーのボウイ・キューンに手紙を書き、独占禁止法にのっとって保留制度を無効にする訴訟を起こした。裁判では負けたが、選手革命の英雄であり、自分の主義や尊厳は守り通した。

選手とオーナーは、1903年にア・リーグとナ・リーグのあいだで結ばれた「和平協定」のルールにしたがい、67年間、野球というスポーツ界で共存してきた。ある者にとって、この期間は、大衆の注目を独占し得たプロ野球の黄金時代でもあった。バスケットボールとフットボールはまだ国民的人気の域に達せず、ホッケーは地域的なスポーツで、行っていたのはもっぱらカナダの国民だった。ところが別の者に言わせれば、野球は不公平な事業で、選手はささやかな年俸を得るために汗水垂らし、そして球団オーナーの気の向くままに捨てられた。けれどもこの状況は、選手が法的手続を利用して強力で安定した組合を結成して、やがて変わってゆくのである。

　1970年、ワードやラジョイと肩を並べるほどの超大物ではないが偉大な選手カート・フラッドは、組織野球を相手どって訴訟を起こした。保留制度が国の独占禁止法に違反していると訴えたのである。保留制度は、フラッドはじめプロ野球の全選手が自分で選択した経営者のもとで働くことを禁止することをオーナーが定めた規則である。フラッドの訴訟は野球を法的手続で進める上での重要な転換点になった。そこで、フラッドを私たちの野球法律オールスターチームのメンバーに選んだ。訴訟は失敗に終わったとはいえ、フラッドの勇気は選手の姿勢の変化を象徴するものであった。この変化が、野球カルテルが選手と彼らの年俸を一方的管理下に置いていた古い労働制度を崩壊に導くことになる。

1 州と連邦の裁判制度

　野球法律オールスターチームの少なからぬ選手が法制度の中でその役割をはたしてきた。そこで、州や連邦、予審、控訴の裁判所が織りなす、アメリカの複雑な法制度について、簡単に説明する。

　　［監訳者注：アメリカにおける政府の権限は連邦と州の二重構造になっている。アメリカの政府権限は州政府にあって、連邦政府の管轄は合衆国憲法及び連邦議会の規制に関わる事項、すなわち、国防、外交、州際（interstate）および国際（foreign）、関係に限定される。この原則に従って、連邦の税金、特許、独占禁止法、など州にまたがる法律問題が連邦法によって規制されることになる。

これまで見てきたように、第1章のモンテ・ワード対ニューヨーク・ジャイアンツや第2章のナポレオン・ラジョイ対フィラデルフィア・フィリーズの法的争いは州の裁判所で行われた。しかし、第3章から争いの舞台が連邦裁判所に移る。]

　各州にそれぞれの裁判制度がある。州予審裁判所はあらゆるタイプの民事と刑事の訴訟について審問を行う。したがって「一般的法権限」のある裁判所である。控訴裁判所の段階では、予審段階からの上訴の審問を行う。

　予審裁判所、控訴裁判所の呼び方は、州によってまちまちである。フィリーズがスター選手であった内野手を訴えたペンシルバニア州の予審裁判所は、「民事訴訟裁判所」と呼ばれる。これに対して、ニューヨーク州の予審裁判所は「高等裁判所」と呼ばれるが、たいていの州では、最高裁判所が州で最高の控訴裁判所である。ニューヨークでは、最高の控訴裁判所を「控訴裁判所」と呼んでいる。

　連邦の予審裁判所と控訴裁判所——それぞれに地方裁判所、合衆国控訴裁判所——が審問を行うのは、連邦法、または、異なる州から起こされた控訴に関わる裁判だけである。国は12の巡回裁判区に分けられ、それぞれが1つまたは複数の州を管轄し、巡回裁判区の控訴裁判所はその州内で連邦法にしたがって裁定を下すことになる。想像できるように、巡回裁判区のあいだでは連邦法の原則を解釈する段階で意見の対立が生じることがある。こういった対立を解決する司法権を持っている裁判所は、合衆国最高裁判所だけである。

　　[監訳者注：巡回裁判区の数はその時々で変遷している。現在、13ヶ所。]

　合衆国最高裁判所は、州裁判所と連邦裁判所の両方から出された上訴を審問する。たいていの場合、連邦控訴裁判所の間で生じた意見の対立にかかわる重要な問題に関する訴訟が回ってくる。当事者は、訴訟記録を最高裁判所に送る「移送命令の令状」を請求して、最高裁判所に訴訟の審問を申し立てることになっている。最高裁判所が受諾するのは、こういった請求の2パーセント以下にすぎない。

〈アメリカの裁判制度（概念図）〉

[監訳者注]

各州裁判所（三審制の州と二審制の州が存在する。また、裁判所の呼称は州によって異なる）

- 州最高裁判所 ← 上訴 ― 控訴裁判所 ← 上訴 ― 予審裁判所
- 訴え ← 合衆国憲法に規定されていない分野の紛争 等

連邦裁判所

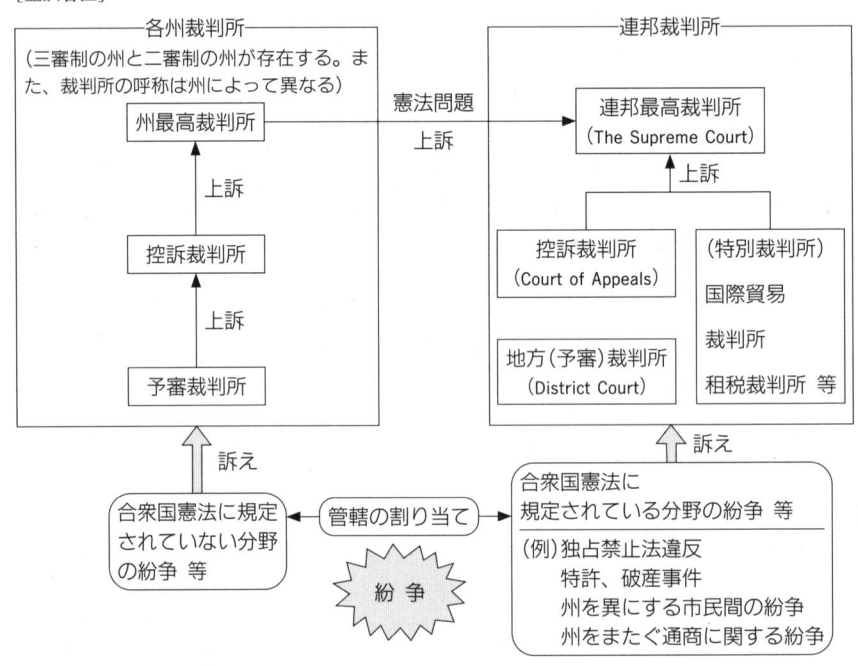

- 連邦最高裁判所（The Supreme Court）
  - ↑ 上訴
  - 控訴裁判所（Court of Appeals）
  - 地方（予審）裁判所（District Court）
  - （特別裁判所）国際貿易裁判所、租税裁判所 等
- 訴え ← 合衆国憲法に規定されている分野の紛争 等
  - （例）独占禁止法違反
    - 特許、破産事件
    - 州を異にする市民間の紛争
    - 州をまたぐ通商に関する紛争

州最高裁判所から連邦最高裁判所へ：憲法問題 上訴

管轄の割り当て／紛争

〈本書で扱う裁判の系列〉

[監訳者注]

州裁判所の系列で争われたもの	連邦裁判所の系列で争われたもの
ワード vs ジャイアンツ p.18〜19	フェデラル野球裁判 p.51〜58
ワイズ vs "シンシナティの球団" p.19	トゥールソン訴訟 p.58〜60
ラジョイ vs フィリーズ p.29〜32	カート・フラッド訴訟 p.62〜63
（ペンシルバニア州の最高裁まで行った）	フィンリー vs キューン p.108〜111
	テッド・ターナー vs キューン p.108
	メッサースミスに関する労働仲裁（サイツ）の効力を争う裁判 p.122〜127
	ピート・ローズ裁判 p.154〜157
	ソニア・ソトマイアーの裁定 p.184〜189

2 | 保留制度の経済学

　組織野球の創設者たちは1870年代に保留制度を設けた。まず、各球団が、登録名簿に5名の選手を「保留」してもよいことにナ・リーグの経営者が合意し、オーナーたちは他球団の選手を買収しないことに合意した。(当時、登録名簿に10名または11名以上の選手が登録されることはほとんどなかった。したがって、5名の選手を保留すれば、選手の定着が確保でき、選手市場を支配できた。)数年後には、オーナーたちは保留制度を拡大して、各球団の全選手を対象にした。

　保留制度が選手の年俸に与える影響は大きかった。ナ・リーグが保留制度を導入する以前は、年俸と給付金が球団収入の60%を占めていた。この割合は次第に減少し、1950年代半ばにはメジャー・リーグ所属球団の平均で15%以下まで下がった。1970年代半ばに保留制度が崩壊する(この話は第6章で詳しく述べる)と共に、年俸と給付金が収入に占める割合は増加し、1978年に28.2%、1984年には42.8%、1994年には54.9%に跳ね上がる。

　安全で安定した保留制度がオーナーたちにとって経営上都合がよかったのは、まずまちがいない。経営者なら誰でも、投資に対して最高の利潤をあげるために、市場支配力を増加させ、労働者、原料、設備にかかる経費を減らそうとする。選手の年俸は球団の予算で最大の部分を占めるので、選手の年俸を支配することが重要だったし、今でも重要である。当然ながら、賃金を大幅に削減すると、労働者の勤労意欲と生産性が影響を受け、退職率や研修費が増加して、購入者が魅力を感じる質の高い製品を利益の出る価格で市場に送りこむことが困難になりかねない。けれども、メジャー・リーグには、一握りのほんもののスター選手を除けば、代わりの野球選手はマイナー・リーグやアマチュア・リーグにいつでもごろごろしていた。

　保留制度を安定させるには、球団オーナー全員が積極的に参加する必要があった。オーナーたちに求められることは「グラウンドの上」の野球の試合の他に、「グラウンド外」での経済協力もあった。オーナーたちは、全選手が署名する標準的な様式の契約を作成することに加えて、他球団と契約を結んでい

る選手、あるいは保留されている選手とは交渉しないことを約束した。自由な市場での優秀な選手の獲得競争が年俸の高騰と利益の減少にしかならないことをオーナー達はわかっていたのである。スター選手獲得が入場者数の増加を招き、その結果、選手年俸増加を上回る利潤が生まれることが確実に見込める場合を除き、リーグ全体としては、足並みそろえて全選手の年俸を低く抑えるほうがよかった。

　保留制度では、選手が野球をするかぎり、あるいは、経営者が選手の契約を他球団に譲渡するか、選手を「放出」するまでは、選手が球団と結ぶ契約は球団の財産だった。ほかのどの球団も選手をスカウトできないため、保留制度のせいで選手の交渉力は実質的に低下した。球団は選手市場を完全に支配し、選手の契約を永久に更新する選択権を行使することができた。あるいは、選手が働けるあいだは他球団に選手の契約を売り渡すことができた。いずれの場合も、選手には、保留制度の範囲内で野球を続けるか、あるいは、メジャー・リーグレベルの野球ができずに引退するか、二つの選択しかなかった。

　カート・フラッドは、年俸交渉において保留制度が選手の交渉力を低下させることに懸念を抱いていた。とはいえ、カート・フラッドが、球界の雇用制度で確立された権力依存の関係に対して異議を唱えたのは、自分自身が心ならずも他球団に所属しなければ、愛してやまず懸命にプレーしている野球を捨てざるをえないはめになるので、憤慨したのだ。彼の懸念はモンテ・ワードとブラザーフッドが1880年代に初めて提起したものと同じ類のものである。保留制度に拘束されている野球選手には、経営者を選択するという、ほかの労働者が享受している特権がなかった。選手は1人の人間ではなく、商品だったのである。

　経済学者は選手を保留する制度を「買い手独占」と呼んだ。一つの労働市場が1人の経営者に独占されているのである。選手は、選手生活の全期間を1球団に束縛されているので、彼はおそらく1人の経営者に雇われ、彼が提供する役務の購入者はその経営者1人しかいないことになる。この場合、経営者は私的カルテルを構成する球団となる。球団は、事業に対する選手の貢献——たとえば、お金を払って見に来るファンを引きつける力——によって、選手に支払った金額よりもたくさん儲けたときには、買い手独占を不当に活用した。利益を守るためには、買い手独占を利用して選手の年俸を調整することもできた。

あるいは、球団は選手の契約を他球団に売って、儲けることもできた。契約を買った球団は選手と契約する独占権を獲得したことになる。選手がチームからチームへ移籍するのを禁止することが普遍的に認められず、また、強要されていない場合、選手は市場取引の恩恵にあずかっていただろう。したがって、経験を積んだメジャー・リーグ選手を得るために新しいチームが払う増加分を受け取るのはどちらの当事者——選手あるいはもとの球団——になるかは、保留制度が決めることになる。

　選手という人的資源を管理する私的カルテルを維持するのはなまやさしいことでなく、メジャー・リーグほどの人数を抱えているカルテルなら、なおさら困難だ。野球ビジネスを管理するために、オーナーたちには、中心になる強力なリーダーが必要だった。この役目を最初に引き受けたのは、19世紀のウィリアム・ハルバートとアルバート・スポルディング、次に20世紀の最初の20年のバン・ジョンソン、最後は、コミッショナーのケネソー・ランディスと1970年代までの後継者だった。

　破天荒な球団オーナーがカルテルに脅威を突きつけたとき、球界の指導者は、そのオーナーがメジャー・リーグ規則を破って選手と結んだ契約を無効にし、罰金を科して、異端者を制裁した。経済的な競争相手が国の独占禁止法を盾にしてメジャー・リーグの商習慣を攻撃できるとなったら、1914年から1915年に出現したフェデラル・リーグのようなライバル・リーグは、さらに大きな挑戦を突きつけただろう。ところが実際には、オーナーの権力に対抗する勢力として選手が1960年代に強力な労働組合を結成するまでは、カルテルに対する挑戦はことごとく失敗した。

3│独占禁止法

　1890年、連邦地方裁判所の判事ウィリアム・P・ウォレスは、「著名なプロ選手（アルバート・スポルディングに相違ない）が編集した最近の刊行物」を引用し、野球の保留制度が絶対的に必要で、共同謀議は経営上必要であると述べた。

経営上、球界はほかのなによりも、現在の実質的な地位をこの［保留］規則に負っている。保留制度によってチーム力が何年にもわたって損なわれることなく保持され、野球ビジネスが永続性を保つことができる。そして、それが資本投資を安全なものにする。保留規則自体は、選手の権利の侵害にあたるが、おそらく、野球ビジネスの特異な体質から必要になったもので、選手は野球の地位が改善されたことで間接的に補償されている。保留規則は、球団管理者が他球団の選手に手を出すことを抑制する力を持っているからだ。

　ところが、同じ1890年に連邦議会はシャーマン反トラスト法を制定し、「取引を規制するいかなる契約、排他的合同、あるいは共謀」を禁止した。この法律は野球の保留制度に重大な問題を提起した。保留制度は、選手獲得に際して球団間の競争を排除するために仕組まれた取り決めだったからだ。シャーマン法の下では、連邦政府は違法な共同謀議を禁止することもできたし、1914年以降は、議会がクレイトン反トラスト法を可決したことにともない、私的な当事者は、競争を抑制する行為が原因で生じた損害を償わせるための訴訟を起こすことができた。申し立てが立証されたら、連邦裁判所は法律の条項にしたがって損害賠償額を3倍にした。

　シャーマン法は19世紀末にアメリカの商業でひんぱんに行われた排他的合同と独占を禁止する施策だった。独占禁止法はアメリカ人の心に深く根ざした個人主義と経済競争も反映している。法制度は企業の主導を尊重し、強化する方法を与えることで、契約の締結を促進させる（第2章で述べたとおり）。しかし、ある時点で、契約は潜在的な競争者が市場に参入するのを妨害、すなわち、取引を「規制する」するようになる。たとえば、原料の入手を制限する契約が競争者間で結ばれると、ほかの者は製造業に参入するのが経済的に不可能になる。価格を設定したり、生産を管理あるいは減少する契約が競争者間で結ばれると、商品の自由な市場流通が妨害され、製品の小売価格が上昇する結果を招く。独占、寡占が行われると、購入者が製品に支払う価格が影響を受け、購入者が別の似たような製品で代用するか、完全に買い控える時まで価格が上昇する。これに対して、競争市場では、利益を確保できる最安値まで価格が下がる。

　立法府が出した独占禁止法の布告は一般的かつ包括的で、「取り引き、あるいは、通商を規制するいかなる契約、排他的合同、あるいは、共謀」を禁止し

ている。裁判所はこれをそのまま適用することは決してなかった。なぜなら、すべての商業契約を実質的に違法にするばかばかしい結果を招くことになるからだ。二つの会社が合意に達したときにはかならず、二者の当時者のどちらかと同じ協定を結びたかったかもしれない第三者に影響を与えることになる。とりわけ、製品の量が限られているときにはその影響は大きい。したがって、裁判所は早くから、独占禁止法が禁止するのは、取り引きにかけられる「不当な」規制だけであると主張した。決定は、規制の競争制限効果と取り決めから生じる経済上の正当性とを計りに掛けて、ケースバイケースの原則で下される。規制の中には、価格協定のように、つねに不当なものもある。こういったものについては、裁判所は、正当化を裏付ける調査を行うことなく、それ自体を独占禁止法違反として扱っている。

　独占禁止法が、労働者の獲得を競わないようにする労働役務の購入者間で結ばれた合意を対象としているのはたしかだった。だが、「球団管理者が他球団の選手に手を出すことを抑制する」ことが、正に、野球の保留制度の目的であり、効果だった。

4｜保留制度の正当化

　保留制度に対して異議申し立てがあると必ず、保留制度の恩恵を受けている球団オーナーは、制度の悪意のない目的と社会的な恩恵として、グラウンドの上でリーグ内球団の戦力の均衡を高めることだと説明してきた。戦力の均衡が最も重要なことだからだと主張した。選手を自由市場で獲得するようになれば、大きな市場を持つ裕福な球団が選手名簿に優秀な選手を豊富に書き揃える一方で、市場の小さい都市の球団にはそれ以外の選手しか残らないことになる。その結果、競争にならない試合が行われ、優秀な選手を揃えた球団も、選手獲得が思うようにいかない球団も、入場者数とファンの関心が減少することになる。しのぎをけずる試合と、はらはらどきどきさせる優勝争い——球団オーナーたちに言わせれば、この2つは保留制度の賜物——は、魅力的な商業娯楽を提供して公共の利益に役立っていると言うのである。

　ところが、事実は、保留制度で競争力の均衡が維持されているという球団

オーナーたちの主張を裏づけていない。球界で包括的な保留制度がしかれた時代にも、圧倒的な戦力を持ち、勝ち続けた球団が存在する。1890年代のボルチモアとボストン、20世紀に入って、1960年代までの長い間君臨したニューヨークの3球団、そして、ブランチ・リッキーのすばらしい経営の下で、1920年代、30年代、40年代に強かったセントルイス・カージナルスである。中には、万年敗者の球団もある——シカゴ・カブスは、1907年以降ワールド・シリーズを制覇したことがなく、ボストン・レッドソックスは1918年以降、また、クリーブランド・インディアンズは1948年以降ワールドシリーズで優勝していない。

［監訳者注：ボストン・レッドソックスは2004年にワールド・シリーズを制して、ベーブ・ルースをヤンキースに移籍させた時からの呪縛、すなわち、ワールド・シリーズで勝てないジンクスからやっと開放された。］

保留制度はこの3球団の競争力を向上させるようなことをなにもしていない。それどころか、メジャー・リーグの歴史で本当にグラウンドで競り合いが見られる時代は、保留制度の改革が行われたあとに訪れた。この話は第5章で検証する。包括的な保留制度が廃止されて以来、より大きな収益をあげる球団、とりわけジョージ・スタインブレナーのニューヨーク・ヤンキースに多くのフリーエージェント権を取得した選手が移籍した。それでも1978年から1987年の10年間のワールド・シリーズでは、異なる10球団が優勝している。

　野球史が始まったときから金持ち球団と貧乏球団は、ずっと存在してきた。保留制度のせいで、管理の行きとどいた球団は繁栄したが、管理の行きとどかない球団、あるいは市場の小さい球団は低迷した。保留制度の擁護派は、保留制度がなければ、大都市の金持ち球団がフリーエージェントになった優秀な選手と契約してしまうと主張する。ところが皮肉なことに、保留制度のもとで、まさにそういう事態が発生した。貧しい球団が、財政的な生き残りをかけて、優秀な選手の契約を裕福な球団に売ったのである。保留制度がなければ、当然ながら、貧しい球団が、選手契約を売却するだけの法的権限を有していなかっただろう。ある会社が別の会社にエース級の社員を売ることがないのと同じである。

　オーナーたちは、保留制度で、選手につぎこむ大きな投資額が守られるとも言う。球団は毎年、将来有望な選手をスカウトし、マイナー・リーグでその能

力を開花させるために、莫大な金をかけている。この投資が保護されているというなんらかの保証がなければ、球団はこういった金の使い方をしない、という論法だ。しかし、このような特別な扱いが保証されている業界など、ほかにない。事業利益の向上のために、経営者はだれでも、新しい才能の育成に依存せざるをえず、また、才能の育成には、経営者にとってなんらかの経営的リスクが伴うものである。

　厳格な保留制度はたしかに球界の全体的な収益を増加させたと考えられ、オーナーたち（選手ではない）は利益の増加分を手にした。保留制度は経営に秩序をもたらした。コミッショナーのボウイ・キューンがカート・フラッド裁判で証言して述べたところによると、保留制度の導入以前の球界では、「全体的に環境が最悪で、収益性がきわめて低かった」。経営者の管理の下で築かれた安定した労使関係が、潜在的な野球ファン層に製品である試合の売り込みを促したのだ。

　保留制度が経営者の利益に役立ったことはまちがいない。メジャー・リーグの選手数百名が反対したところで、だれが金持ちになって、だれが金持ちにならないかなど、大衆にはどうでもいいことだった。とはいえ、大衆の関心の的は試合であり、厳格な保留制度の下で、観客は娯楽の安定性を望んだ。それは、社会にとっても「良いこと」だった。

　野球は試合の性質上、保留制度が必要なのだろうか。たしかに、選手が1つの球団に長く在籍すれば、プレーの質は高くなる。選手が球団に定着していることは団体競技では重要で、ある一定期間にすぐれた技術を持つ中軸選手（たとえば遊撃手や2塁手）に限って適用されるならば、保留制度は正当化されるに違いない。しかし、試合に必要だからといって、すべての選手をプロ生活の全期間にわたって拘束する保留制度が正当化されることにはならない。その上、包括的な保留制度の下で、オーナーは選手を生涯にわたってチームに定着させる権限を行使しなかった。球団の経営者が決定権を行使して、選手の契約を他球団に譲渡したので、たいていの選手はメジャー・リーグ在籍中にいくつもの球団を渡り歩いた。

　選手が1つの球団に長く在籍すれば、ファンの関心も高まるが、選手の頻繁な出入りはファンの忠誠心を弱める。選手の忠誠心に疑問を持ったファンは、

選手の努力にも疑問を持つだろう。しかし、また、こういう懸念が、限定された保留制度を許すことになるだろう。だが、ほぼ1世紀にわたって組織野球が維持してきたのは、選手生活全般と名簿登録選手全員を対象とする制度であって、限定された保留制度ではなかったのだ。

　保留制度は、選手の定着や選手の高いレベルでの競技、そして、野球の人気化を達成するために必要とするもの以上の広範囲な領域を網羅したが、メジャー・リーグは包括的制度以外のものを実施するのは困難だったかもしれない。私的なカルテルで維持される効果的な買い手独占は、自己管理を促進するために、わかりやすいルールを必要としている。人事異動が企業に有益かどうかをケースバイケースで評価していたら、混乱を招く。めったにないことだが、コミッショナーが「野球の最大の利益」（この例は第5章で述べる）のためによくないとして、選手の移動を無効にする権限を行使したことがあるが、企業内の安定を図るには、こういった介入は規則ではなく例外にする必要がある。

　野球の保留制度は修正を加えながら、独占禁止法の監視の下で継続されてきた。たしかに、裁判所は、野球事業の中枢である保留制度について経営者に不利な判決を下すのに熱心でなかった。しかし、事態が進展して、野球選手の保留が不当な抑制にあたるかどうかを裁判所が放置しておけないようになった。

5│フェデラル・リーグとフェデラル野球裁判

　野球の独占禁止法物語は1914年のフェデラル・リーグの誕生とともにはじまる。フェデラル・リーグは、プロ野球を支配するメジャー・リーグの覇権に対抗する最後の、強力で手強い挑戦者だった。フェデラル・リーグは、バン・ジョンソンが結成したアメリカン・リーグの例にならって、1913年に「マイナー・リーグ」として出発した。同年8月には、すでに存在したシカゴ、セントルイス、ピッツバーグ、インディアナポリス、シンシナティの球団に、新たにバッファロー、ボルチモア、ブルックリンの新球団を加える計画を発表し、メジャー・リーグのスター選手に関心があることも公表した。野球ビジネスが高収益の事業だった時代に金まわりのいい実業家の財政援助を得て、フェデラル・リーグは、大衆娯楽から稼ぐ金をめぐってア・リーグとナ・リーグと競う

準備ができていた。

「もぐり」の野球リーグはほかにもあった。太平洋沿岸リーグ、トライステート・リーグ、カリフォルニア州リーグなどである。メジャー・リーグは、契約を無視しそうな選手に罰金を科すとかブラックリストに載せるといった警告をし、選手に個人的に泣きついたり、選手を金で釣ったりしたため、「もぐり」のリーグが突きつけた脅威はたちまち弱まった。規模の小さい地域的なリーグは存在しつづけたが、メジャー・リーグの人材を求めて競わないことに合意し、最後にはナショナル協定に署名した。

1910年代はまたもや、メジャー・リーグの選手のあいだで不安が生じた時代だった。タイ・カッブは1913年の開幕前に高額の年俸を要求してマスコミをにぎわせた。選手達にとって、3度目となる組合組織化運動となった、プレーヤーズ・フラタニティ（選手共同団体）は、1914年にはシンシナティで開かれたメジャー・リーグ役員との会合後にストライキの構えを見せはしたが、選手の利益を守るのになんの役にも立たないことが明らかになっていた。そのため、フェデラル・リーグを立ち上げるには絶好の時期と思われた。

プレーヤーズ・リーグやアメリカン・アソシエーションやアメリカン・リーグがその前からナショナル・リーグと敵対していたのと同じように、フェデラル・リーグは、選手の労働市場を牛耳っていたメジャー・リーグの支配に事実上の挑戦を突きつけた。労働市場に有力な経営者が登場したことから、選手には別の選択肢が生まれ、保留制度の買い手独占というきびしい経済的なしめつけが緩和されて、既存のメジャー・リーグ内で選手年俸が高騰した。

フェデラル・リーグは独特な形態の組織を採用した。球団が集まって一つの会社を作り、株は球団オーナーのあいだで分配され、各オーナーは2万5,000ドルの債権を供託し、所有する球場の賃借権をリーグに譲渡した。メジャー・リーグから選手を引きぬくために、契約金とそれほど拘束しない労使関係方針を提示した。経営者は選手に、年俸の毎年5％の増額と10年後のフリーエージェント権を保証した。同時に、フェデラル・リーグの規則で、メジャー・リーグ球団と契約中の選手と契約するのを禁止した。メジャー・リーグはこれに対して、契約期間中であるなしにかかわらず契約を無視した選手には誰であれブラックリストに載せるとおどした。なぜなら、選手は恒久的な保留制度に

しばられていたからである。

　またもや、メジャー・リーグの経営者達は離脱者に対して訴訟を起こし、選手が契約期間中に契約に違反した場合に限り、裁判で勝利を収めた。球団が保留制度のオプション条項だけを主張のより所にしている場合、裁判所は選手に差し止め命令を出すのを拒否した。（オプション条項のおかげで、球団は、契約期限の切れた選手と毎年同じ条件で更新することができた。）メジャー・リーグの弁護士ジョージ・ペッパーと、ナショナル・コミッションの会長オーガスト・ハーマンの2人が、保留制度はメジャー・リーグの球団がリーグ内の他球団から選手を盗まないようにするための内部的なメカニズムで、契約の切れた選手とライバル・リーグが契約するのを妨げるものではないと述べたのは、球団にとって迷惑千万なことだった。

　在籍するメジャー・リーグの球団と交渉するときに、ライバル・リーグから声がかかっていることを持ち出して、交渉を経済的に有利に運ぶ選手も少なくなかった。球団は選手の忠誠心をより高い年俸やボーナス、長期契約で買い取った。一流選手の年俸は1年で2倍以上に跳ね上がった。ワシントンの花形投手ウォルター・ジョンソンのように、フェデラル・リーグに移籍して、それからメジャー・リーグに舞いもどり、移籍するたびに年俸が上がった選手もいた。

　フェデラル・リーグのオーナーたちは、既存リーグへしかける経営上の攻撃を援護するために、独自の訴訟戦略を採用した。1915年1月、彼らは連邦独占禁止法に基づいて、メジャー・リーグとナショナル・コミッションの3名をシカゴの連邦裁判所に訴えた。既存の野球事業の構造は共謀と買い手独占で成り立っていると主張したのだ。裁判長はケネソー・ランディスで、やがて野球ビジネス界で最も重要な人物になる。

　ランディスは「独禁法取締官」としての評判が高く、それでフェデラル・リーグはランディスの裁判所で訴訟を起こしたのだった。ところが、どうやら、フェデラル・リーグのオーナーたちはランディスがメジャー・リーグの熱狂的なファンであることを知らなかったらしい。ランディスが法廷で、「野球と呼ばれるものに加えられる攻撃は、いかなるものでも、この法廷では、国家機関に対する一撃とみなす」と述べたときの原告の狼狽ぶりはいかばかりだったろうか。ランディスは有言実行し、1年間熟考を重ねた。1920年にメジャー・

リーグのオーナーたちから球界初のコミッショナーに指名されることになるがその資格審査にもすでに合格していた。

　ランディスが独禁法訴訟をもたつかせているあいだ、フェデラル・リーグでは入場者数が減少した。1915年までには、メジャー・リーグとフェデラル・リーグのオーナーたちは和平を話しあうためにひそかに会議を開くようになっていた。ついに、1915年12月13日、ニューヨーク市の共和党クラブで催された夕食会の席で合意に達し、4日後にウォルドーフ・ホテルで催された夕食会で合意が最終的に承認された。ランディスは、決着の知らせを受けて、独禁法訴訟を棄却した。メジャー・リーグの球団が、フランチャイズが競合するフェデラル・リーグの球団を買収した。フェデラル・リーグのオーナーの中には、シカゴのチャールズ・ウィーグマンのように、既存球団の利権を購入する機会を与えられて、たちまち悪役から仲間に迎え入れられた者もいた。メジャー・リーグの経営者は、ボルチモアにチームがないことから、フェデラル・リーグのボルチモア・テラピンズのオーナー、ネッド・ハンロンに、合意の印としてわずかな額の金を提示した。また、財政的な損害に侮辱を加えんとして、ある経営者がボルチモアを「マイナー・リーグの町で、良い所は何もない」と言って攻撃した。言うまでもなく、ハンロンは申し出を断った。

　1996年に野球殿堂入りしたネッド・ハンロンは野球に生涯を捧げた。まず、1880年から1892年までは選手として、その後の19年間、ボルチモア、ブルックリン、シンシナティの球団で監督として成功する。ハンロンはメジャー・リーグのオーナーたちにだまされ、侮辱されたと感じた。ハンロンが設立したボルチモア・フェデラル球団株式会社は、コロンビア地区の連邦裁判所（当時は地区最高裁判所と呼ばれていた）に、ア・リーグとナ・リーグのオーナー、彼らから多額の金を提示されて有利なはからいを受けたフェデラル・リーグのオーナー3名に対して訴訟を起こした。原告の申し立ては、被告の共謀が独占禁止法に違反して、ハンロンの商売に損害を与えたというものだった。

　1919年に3週間にわたって審議が行われた後、陪審団は8万ドルの賠償額をハンロンに認めた。その金額は独占禁止法の規定に従ってウエンデル・スタッフォード判事が3倍にしたものだった。メジャー・リーグの弁護士、ウォートン・ペッパーはコロンビア地区連邦控訴裁判所に訴え、独占禁止法は野球を対

象外にしていると主張した。野球は、「人間の活動の自発的な生産物であって、本質的に商取引ではない」と彼は書いている。控訴裁判所はこれを認め、「球団オーナーが大小にかかわらず、利益の源泉として野球を行っているからといって、野球の性質が変ることはない。野球の試合はそれでもスポーツで、商業ではない」さらに、試合は「始まりから終りまでフランチャイズ地域に限定した見世物である」との判決を下した。すると、ハンロンは訴えを合衆国最高裁判所に持ち込んだ。

　　　[監訳者注：連邦最高裁判所：司法府の最高峰に位置する裁判所。長官と8人の判事の9人で構成される。]

　コロンビア地区で野球シーズンが開幕する1922年4月19日、最高裁判所は、いわゆる、「フェデラル野球」裁判における口頭弁論を聴取した。長官は前大統領だった、ウィリアム・ハワード・タフトだった。彼は野球が大好きで、エール大学では3塁手だった。大統領時代の1912年、開幕日に始球式でボールを投げて、これが開幕日に大統領が始球式でボールを投げる習慣の始まりになった。1910年にピッツバーグ・パイレーツの試合を観戦している時に、堂々たる巨体をのばすために7回の途中で立ち上がると、観戦者全員が敬意を表して立ちあがったことから、「セブンス・イニング・ストレッチ」の元祖とも言われている。また、新設された野球コミッショナーの地位の申し出があったが、断ったとも報じられている。こういった経緯があったにもかかわらず、利害の対立を理由に、歴史的野球裁判にかかわることから手を引く必要はないと思っていたようだ。

　ペッパーは最高裁判所でア・リーグ、ナ・リーグ、フェデラル・リーグのオーナー側の弁護を行い、「野球の存亡が、独占禁止法の免除にかかっている」とほのめかした。国民的娯楽は危機に瀕し、裁判所は国民を落胆させてはならないというのである。

　裁判所はおよそ1カ月後の5月29日に判決を下した。オリバー・ホームズ判事は、ハンロンの訴えを退ける控訴裁判所の判決を支持して、満場一致の裁判所の意見として、「野球ビジネスの性質に関する要約書」を提出した。

　　リーグを構成する球団はたいていは別の州の別の都市に存在している。……こう

いった球団は……一般大衆が観戦する中で対戦して金を稼ぐが、試合をするために、相手の球団が州の境界を越えてやって来る。こういった試合の結果として、1球団がリーグの優勝旗を勝ち取り、もう1つの球団が別のリーグの優勝旗を勝ち取り、両者のあいだで世界選手権をめざして最終戦が行われる。当然ながら、球団はたえまなく移動をくり返すことになる。この事業は、組織によって供給され、管理され、そして、統制されているので、その意味では州の間の通商である。

ホームズ判事は、野球の試合はビジネスであっても、「もっぱら州で行われる行事」であるという結論を下した。野球の試合は、独占禁止法の対象になる州際通商に抵触しない。試合を見せるために州の境界を越えて移動するのは、「付随事項にすぎず、本質ではない」。見世物である野球は生産に関係しない。「個人の努力は通商の対象ではない」から、「通商」ですらない。したがって、議会は独占禁止法を野球に適用する意図はなかったと言うのである。10年後、批判的な連邦控訴裁判所は、最高裁判所がこの見解を公表した1922年5月29日を「判事ホームズ氏にとって最高に不幸な日だった」と批評することになる。もちろん、組織野球にとって最高にうれしい日だった。

6 | フェデラル野球裁判の分析

フェデラル野球裁判で下された判決が重大な転機となり、プロ野球の独占禁止法免除が確立された。この見解は、それ以来愚かなものとして批判されてきたが、州際通商に関する当時の考え方が反映された判断と考えられる。野球は1920年代には主要なビジネスになっていたとはいえ、ホームズ判事の法的分析は当時の法制度の背景をふまえて行われるべきである。

「フェデラル野球」裁判で裁判所が解釈した独占禁止法は、共同謀議の禁止が適用される以前に、被告が「州際通商」に関与していることを明らかにする証明が必要だった。憲法の通商条項が議会に与えた権限は、州内ではなく州際の通商に影響を与える排他的企業合同の濫用を規制するための立法措置を講じることだった。州際通商と「関係」がなくては、議会には立法措置を講じる権限がなかった。したがって、最高裁判所がこの点に的をしぼったのは、たしかに、正しかった。

政府の立法府と司法府の関係は、それぞれの機関が所有する特権の微妙な均衡を必要としている。議会が憲法で認められた権限の範囲内で活動するときは、さまざまな法的規制の中からの選択が、裁判所の意思決定を左右することになる。

　独占禁止法――1890年のシャーマン独占禁止法と1914年のクレイトン独占禁止法――をめぐる立法府の歴史は短い。議会は独占企業が勢力を増大するのに懸念を抱き、とりわけ、工業国アメリカで競争を排除する独占企業に懸念を抱いた。議員のだれかが野球事業まで想定していたという証拠はどこにもない。野球に独占禁止法の特別免除があるとすれば、最高裁判所が法律の文言から推しはからなければならなかった。なぜなら、議会がこの問題を検討することは決してなかったからだ。

　しかし、独占禁止法では、禁止を適用する為には、営業活動が州際通商に与える影響を証明することが求められていた。この規定を解釈して、裁判所は州の境界を越えて輸送される原料を使用する製造業者、あるいは州の境界を越えて完成品を流通させる製造業者を対象とするのが議会の意図だったと判断した。裁判所が一般に下す判決では、独占禁止法は、もっぱら州内で活動する製造業者を対象にしていなかった。野球は、商品の製造にはまったくかかわっていないので、これだけでも、ホームズ判事の結論はじゅうぶんに正当化されるのではないだろうか。

　1920年代の初期にはすでに、「通商」という概念はたんなる製造業の枠を越えて拡大していた。次に最高裁判所で審理された訴訟は、「フェデラル野球」裁判の健全性に深刻な問題を提起した。ホームズ判事は、巡回演芸興行の独占禁止法適用をめぐる裁判で、ふたたび最高裁判所の満場一致を代表する意見を書いた。今回は、州際通商で演芸の「舞台装置」が輸送されることは、独占禁止法を適用するじゅうぶんな誘因になるという判断を下した。どうやら、舞台装置と衣装を州の境界線を越えて移動させたことが独占禁止法を適用する誘因になったようだが、ユニフォームやバットやボールの移動は誘因にならなかった。2件の裁判の結果を納得しようと思ったら、1件は野球がらみで、もう1件は演芸がらみだという結論を出すしかない。ところが、野球も演芸も興行を生業とする事業だった。

それでは、「フェデラル野球」裁判をどう説明すればよいのだろうか。最高裁判所は、問題の事業が国民的娯楽だったから、このビジネスに配慮を見せたのだろうか。1922年といえども、そんなことを正当化する法的根拠がなかったのに、メジャー・リーグの弁護士は最高裁判所でまさにそんな論法を展開した。しかし、これからカート・フラッド裁判で見ていくように、野球は理性的な判断に影響を及ぼすのである。

7 | トゥールソン訴訟

　「フェデラル野球」裁判から30年後の1953年、最高裁判所がトゥールソン対ニューヨーク・ヤンキース訴訟で独占禁止法に取り組む機会がふたたび訪れた。ジョージ・トゥールソンはヤンキース傘下のニューアーク・ベアーズに所属するマイナー・リーグの選手だった。ヤンキースがトゥールソンをほかの球団に譲渡すると、移籍を拒み、訴訟を起こした。保留制度の下での経営者の命令は独占禁止法に違反すると言うのである。ところが、下級裁判所は、「フェデラル野球」裁判の先例に基づいて、トゥールソンの異議申し立てを却下した。

　「フェデラル野球」裁判から「トゥールソン」裁判までのあいだ、最高裁判所は州の境界線を越える見世物や演芸が関係する裁判を、1922年の先例と区別して判断した。そして、裁判の過程で州際通商の概念を拡大していった。さらに、1953年までには、野球が州際通商と切っても切れないほど絡み合った事業であることに疑問の余地がなくなっていた。そのころには、野球の試合はラジオやテレビで全国に放送されていた。それどころか、トゥールソン裁判で、ハロルド・バートン判事が提起してスタンリー・リード判事が支持した反対意見は、「フェデラル野球」裁判の先例が実態的に法的根拠を失っていることを認めるものだった。バートンは、組織野球が明らかに州際通商および商業に携わっていると書いた。ところが、最高裁判所の多数派は次の意見書でもって、「フェデラル野球」裁判の裁定を再確認した。

> 　議会は〔フェデラル野球裁判の〕裁定を検討してきたが、このようなビジネスを、立法が定めた法にあてはめるのを適切とは考えてこなかった。……こうして、野

第3章　野球の独占禁止法免除

球ビジネスは、現行の独占禁止法の対象にはならないという了解のもとに、30年間放置された。現在の裁判は以前に下された判決をくつがえすよう私たちに問いかける。……現在、野球に独占禁止法を適用するとするならば、それは立法府が行うべきと我々は考える。

裁判所は、変化が訪れるなら、それは議会しだいだ、と言明したのである。

8│議会の怠慢

　最高裁判所が「トゥールソン」裁判で、議会には「フェデラル野球」裁判に対して——新たな立法で裁定を認めるか、あるいはくつがえすかして——対処する機会が与えられていたと述べたのは正しかった。議会は、1951年に、野球の独占禁止法免除を「継続」させていたであろう4件の法案（3件は下院、1件は上院）を検討したが、どれ一つとして制定しなかった。下院の独占権限研究小委員会は、ニューヨーク州選出下院議員エマニュエル・セラーズが議長を務め、業界の証人から証言を得た。証人には数十名の野球選手がいて、保留制度を批判したのは、ただ1人、反旗を翻したオーナー、ビル・ビークだけだった。セラーズはのちに、委員会はひっきりなしのロビー活動に悩まされたと語った。「私が言いたいのは……下院に押しかけるロビー活動のなかでも組織野球のロビー活動は、私の35年の経験で最大だった。……球界関係者がイナゴのようにワシントンに押しよせてきた」

　小委員会は保留制度がおよぼす経済的な影響を認めたが、1952年に最高裁判所が「トゥールソン」裁判の判決を下すまで審議中の法案の検討を延期する勧告書を議会に提出した。「小委員会は……野球が独特の業界であると認識している。……野球ビジネスではお互いに協力しあうことが、球場でくり広げられるごまかしのないはつらつとした競争の維持にとって不可欠であることを野球の歴史が物語っている。」小委員会はさらに、保留条項を独占禁止法から免除する特別な規則を制定する必要はないと述べた。

　立派な法律顧問が、組織野球の代表となって、当小委員会に保留条項の合法性が［独占禁止法の］条理に則り検証されることを保証した。……したがって、この

時期に野球にかかわる一般的な法律を制定するのは、時期尚早と考えられる。裁判所が保留条項の妥当性を検証するまで法律は必要ない。

議会はこのようにして、裁判所が独占禁止法に照らして保留制度を検討するという球界の弁護士の誓約に基づいて、議決を拒んだ。のちに、「トゥールソン」裁判でメジャー・リーグの弁護士は、独占禁止法を野球に適用できないとホームズ判事が過去に裁定を下しているのだから、最高裁判所は独占禁止法が要求する中味の是非を問うべきでないと論じた。最高裁判所は、法律の変更は最高裁判所ではなく議会の仕事だと言って、「トゥールソン」裁判で突きつけられた独占禁止法の難問からさっさと手を引いたのである。

議会が議決しなかった、あるいは議決を拒んだのは、よく理解できる。野球は過熱した問題なので手に負えないし、議員はオーナーたちの政治的影響力を尊重しなければならなかった。議会は、政治的な手を使って反応を示しても大目に見られただろう——しょせん政治的な圧力に弱いと思われている——が、最高裁判所のおじけづいた態度や、球界の弁護士が二枚舌を使って議会をまどわせたことは、なんとしても許されない。

「トゥールソン」裁判の反対意見で、バートン判事は議会が議決しなかったことについて、多数派とはまったく異なる解釈をした。議会は、労働組合や農業組合、保険業界を相手に行ってきたように、独占禁止法から特定の活動を免除するのがどんなに特別か承知していることを明らかにしていた。したがって、野球を免除の対象にするようたびたび強く求められていたにもかかわらず議会がそうしなかったのは、免除するつもりなどもともとなかったからにちがいない、とバートン判事は言うのである。バートン判事の論法で説得されたのは、9人制の最高裁判所でリード判事1人だった。

9 ｜ 先例拘束の原則と保守的な司法制度

政治家の中には、たえず、裁判所を社会に変革をもたらす原動力と言って批判する者がいる。とんでもない話で、安定性が司法の一般的な風潮である。裁判所は基本的には保守的な機関である。私的な決断が、司法制度よりもはるか

に劇的に、社会を一つの方向、あるいは別の方向に向かわせる。たとえば、これから見ていくように、1947年にメジャー・リーグで人種差別廃止を実現させたのは、司法の決定ではなく、ブランチ・リッキーと球界の経済だった。

司法が意思決定するさいの基本方針は、「似たような裁判では同じような判決を下す」である。当然ながら、何をもって「似たような裁判」とするのかは、かならずしも明らかでない。その中には判決を下すという困難な作業が待ちかまえている。裁判所は、抽象的な特徴を道理に基づいて分析し、原則の集合体を首尾一貫して適用して、法的手続の安定性と合法性を維持しなければならない。状況によっては、以前の原則を見直すのが当然となる場合もあるだろうが、たいていは、以前の法律が将来の裁判を支配する。先例拘束と呼ばれる原則である。

私的な社会的秩序が効力を持つには、原則が安定していて、裁判の結果が予測できるものである必要がある。司法制度が保守的だから、主要な私的活動がたやすく行われ、人びとは計画を立てることができるのである。そうでなければ、私的な当事者は、合意に到達した協定を裁判所が守らせるのかどうか予測できない。裁判所は習慣的、伝統的に、似たような論争を解決するために過去に裁判所で使われた原則に支配力と権威があると考える。ある州の裁判所が別の州の裁判所の判決を指針として参考にすることさえあるだろう。とは言っても、別の管轄区域の決定にならうよう強制されるわけではない。

一般に、以前の原則を固守する慣行は、効率がよく公平である。この慣行がなければ、裁判が行われるたびに、当事者は、原則論を排して、基本となる核心を何度も法廷で一から争うことになる。たいていの論争は、実際には、原則が重複しているところから生じるものである。司法官になる人間は時がたてば変わるものであり、先例になんの抑止効果もなければ、裁判所に新しい判事が任命される度に「古めかしいゴシック体で書かれた」、つまり、長年のあいだに定着した法律が書きかえられることになる。

結果を予測できるのは、司法が先例を固守しているからだ。これが、次には、法律の安定性に対する大衆の信頼を生み、新しい判事団が編成されるたびに行われる主観的な再評価を受けずにすむ。判事が先例や伝統、習慣、政治的責務にまったく拘束されていなかったら、個人の好みに基づいて昔のものが作り直

されるのを止める手立てが何もないことになる。

　けれども、裁判の先例にできるのはそこまでである。社会の要求は時とともに変化し、慣習法は更新され、活性化されなければならない。私たちは、規則の安定性だけでなく、現代生活で絶えず変化する状況に応じるために、原則の融通性にも依存している。先例は、環境の変化に合わせて再解釈されたり、狭められたり、拡張されたりする。ときには、先例が好ましくない状況で生まれたとか、不健全だと考えられることもある。こういった場合には、裁判所は判決をくつがえし、法律を正しい針路に合わせようとする。

10 │ フラッド訴訟

　1972年、カート・フラッドの訴訟が、最高裁判所に持ち込まれた。これが裁判所が保留条項を独占禁止法免除で擁護する最後の裁判となった。フラッドはセントルイスの外野手で10年以上も活躍し、生涯打率2割9分3厘、守備率9割8分7厘の好成績を残している。連続226試合無失策の記録もある。1968年の好調なシーズンが幕を閉じると、カージナルスのオーナー、オーガスト・ブッシュに3万ドルの昇給を要求した。ブッシュは激怒して、要求を拒否し、ひそかに報復を誓った。1969年10月7日、フラッドはカージナルス球団の下っ端社員から電話でトレードを告げられた。カージナルスは、フラッド、ティム・マッカーバー、ジョー・ホーナー、バイロン・ブラウンをディック・アレン、オクタビオ・ローハース、ジェリー・ジョンソンとの交換でフィラデルフィアへトレードに出したのだ。

　カート・フラッドはフィリーズ行きを拒んだ。31歳になっていて、家族にまた引っ越しをさせるのも、セントルイスに事業を残して去るのも、また、黒人選手に手厳しいことで有名なフィラデルフィアの観衆の前で選手生活を終えるのも、望んでいなかった。

　　［監訳者注：その頃、フラッドは肖像画家としても知られており、スポーツ・イラストレーテッドが1968年に彼の自画像を表紙に使っている。］

コミッショナーのボウイ・キューンに次のような手紙を書いた。「私は12年間メジャー・リーグで野球をしてきましたが、自分の気持ちに関係なく売り買い

される商品とは思っていません。選手を商品のように売り買いする制度は、どんなものであれ、市民としての私の基本的な権利を侵害しています。」キューンは、フィラデルフィアの球団でプレーすることに合意しないのであれば、プロでプレーしないという選択もあると返事を書いた。

　フラッドは、選手会から財政支援を受けて、反撃に出た。ニューヨーク市で、元最高裁判所判事アーサー・ゴールドバーグを弁護士に立てて訴訟を起こした。選手組合がゴールドバーグを選んだのは、まずい人選だったと傍聴人は報告している。結局、カート・フラッドは、ゴールドバーグがもっと腕利きの弁護士だったら勝っていたかもしれない裁判で負けた。

　　［監訳者注：アーサー・ゴールドバーグは1961年ケネディ大統領の時労働長官に任命され、その後、同じく、ケネディ大統領に推されて最高裁判所の判事に就いた。1964年には国連代表に就任し、1969年にニューヨークの法律事務所の共同経営者になっていた。彼の経歴から判断して、当時、ゴールドバーグはフラッドにとって最高の弁護士だったに違いない。しかしながら、1970年にゴールドバーグがニューヨーク市長選挙に急遽出馬したことで、フラッドの弁護にじゅうぶんな時間とエネルギーを費やすことができなくなった。ただ、マービン・ミラーが後で述べているように、フラッドの敗因は第三者調停制度が導入されていなかったことに尽きる。第三者調停制度は1970年から始まる団体労働協約に導入された。フラッド裁判が始まった後だった。］

予審法廷と合衆国控訴裁判所のいずれも、「フェデラル野球」裁判と「トゥールソン」裁判の先例に基づいて、フラッドの訴訟を却下した。驚く結果ではなかった。

　控訴裁判所が予審裁判所の判決を支持したことで裁判は終了したと思われたが、最高裁判所が上告の検討を行うために、フラッドの事件移送命令の申請を認めた。「厄介でしかも尋常でない状況をもう一度調べるためだった。」1972年3月20日、口頭弁論が行われた。

　口頭弁論のあとで、長官のウォーレン・バーガーは旧友で同僚のミネソタの判事ハリー・ブラックマンに意見書の作成を命じた。ブラックマンは熱心な野球ファンだった。裁判所の多数を代表する意見書は、3カ月とたたないうちに提出され、下級裁判所の判決を支持して、過去の野球裁判の判例を再確認した。

　　［監訳者注：フラッド訴訟の一連の流れを記すと以下となる。告訴が1970年1月、予審裁判所がフラッドの訴えを却下したのが、1970年8月。控訴裁判所への上訴、そこでの尋

間を経て、1971年、控訴裁判所が予審裁判所を支持。1972年最高裁判所が上告の検討を認めた。差し戻しには最高裁判事の4人の支持が必要だったが、6月、5対3で控訴裁判所の判断が支持され、フラッドの敗訴が決定した。］

　ブラックマンは、1世紀にわたる野球史を飾る故事や詩を引用して前段を書いた後、「フェデラル野球」裁判以降に最高裁判所が独占禁止法に対して下した判決の中で、州際通商を問題にした判決に言及する。ブラックマンが判例を念入りに分析した結果、野球の独占禁止法免除は、まぎれもなく間違いであることが証明された。最高裁判所は、先に述べたように、「フェデラル野球」裁判の翌年、役者と舞台装置の州を越えた輸送は州際通商にあたるという裁定を下し、次に、プロボクシングとプロバスケットボールは独占禁止法の対象になるという判決を下していたからだ。しかも、フラッドの裁判の時まで、独占禁止法は1つの例外を除いて、あらゆるプロスポーツを対象にしていた。その例外とは、野球であった。

　議会が野球の独占禁止法免除を議決しなかった（このことをブラックマンは「積極的怠慢」と名づけたが、おもしろい考え方だ）ことが、またもや、司法の怠慢を正当化したことになった。ブラックマンの説では、議会は法律を制定しないことで、法律を制定したことになる。

　「フェデラル野球」裁判の奇妙な先例は、あまりにも長い間存在したために、これを作りだした裁判所の手で変えることができなくなったとブラックマンは結論づけた。これは「先例拘束の原則を遵守する」ことが合意の下での許される間違いということになる。「一貫性が無数の不一致で構成されていても一貫性には利点」があるのだ。結局、「フェデラル野球」裁判の判例は生きながらえ、フラッドは負けたのである。

　最高裁判所は、自分で決定した先例を過ちだと言ってしょっちゅう覆していたが、先例が間違っていると多数派がはっきり述べているにもかかわらず、ここではそうしようとしなかった。バスケットボール、フットボール、ホッケーが連邦法の対象になっているのに、野球がはずされているのは、どう考えても筋が通らない。最高裁判所の判事の1人、サーグッド・マーシャルは、保留制度という「実質的な奴隷制度」はあってはならない、議会はこの「忌まわしきもの」をけっして黙認していなかった、野球選手を無力にして孤立させた張本

人は裁判所なのだから裁判所がその誤りを正すべきだったと、論じた。しかし、彼の意見は少数派だった。

　全体を考えると、ブラックマンの多数派意見は、栄光の国民的娯楽である「野球」伝説、そして、クーパーズタウンの神話を持ち出して、野球ビジネスを混乱させたかもしれない。野球事業は、なんといっても、人びとがお金を払って見に来る商業娯楽の一形態で、あらゆる形で社会のすべての私的団体に適用される法律に拘束されている。球団とオーナーは刑法、土地利用規制条例、保健条例からお目こぼしを受けているわけではない。ところが、最高裁判所の先例では、野球関係者は、独占禁止法の適用を免除されている。カート・フラッドが挑戦して破れたあと、野球の保留制度を無効にするために裁判所が独占禁止法を適用することは決してなかったようだ。野球カルテルは、司法に介入されることなく選手の年俸を支配し、買い手独占を維持できた。

　裁判所には、まちがいを矯正する救済の範囲が限られている。しかし、立法府は、特定の問題に取り組むための解決方法を慎重に調整できる。問題が持ちこまれるまで待っている必要はないが、独自の主導権で勇み足になることもあるだろう。広範囲の自由裁量があり、制約は、政治、多数決原理、習慣、憲法しかない。

　裁判所と比べると、議会は、独占禁止法を野球の保留制度に適用する微調整をはるかにうまくできたはずだ。州際通商を規制する権限に基づいて、保留制度を一定数の選手に一定期間だけに限定する法律を定め、引きつづき行われていた野球の免除に条件を設けることができたはずだ。カート・フラッドの申し立ての本案について裁定を下す裁判所は、選択がきわめて限られていた。独占禁止法が適用できるか、できないか、違反か違反でないかを決定することはできたが、保留制度を作りかえることはできなかった。

　フラッド裁判の判決で「立法府ならもっとうまくできる」というこの正当化には、問題が2つあった。立法府には、大なたではなく手術用メスを使う権限がつねにある。しかし、だからと言って、裁判所は自分たちの誤った先例や時代遅れの先例をくつがえすのをつねに控えなければならないのだろうか。さらに、最高裁判所がフラッド裁判にフォアボールを与えたころには、議会は爆弾を抱えたような、きわめて政治的なこの問題に取り組めなかったし、取り組ま

ないのは明らかだった。議会は取り組むことができず、裁判所は取り組むことができたのに取り組まない選択をした。

　フラッド裁判を評価するにあたって、最高裁判所が先例の論法で自分自身をがんじがらめにしたことは認めなければならない。「フェデラル野球」裁判以降に行われたどの裁判でも、裁判所はこの先例を手元の問題と区別するのに苦労した。こういった区別はもはや有効ではなかったのではないだろうか。裁判所は、「フェデラル野球」裁判だけでなく、先例を引用するだけの裁判では同じように間違いがあったのでははないだろうか。

　トゥールソン裁判では、裁判所は、「フェデラル野球」裁判で認められた独占禁止法免除に野球業界が依存してきたという判決を下した。最高裁判所は、フラッド裁判でこれらの先例をくつがえすつもりだったなら、球団オーナーは独占禁止法免除に依存していない、あるいは依存による利益は法を修正するほど重要でないという結論を出さなければならなかった。「フェデラル野球」裁判以降、保留制度を修正するために球界のビジネスリーダーたちが自分たちではなにもしなかったことはわかっている。これは依存の証拠ではないだろうか。

　フラッド裁判は、自ら作りだした板挟みで司法が無力になっている顕著な例である。同時に、保守的な原則が暴走した具体的な教訓、そして公共の機関が改正を行う権限に限界があることを示す典型的な例になっている。最高裁判所が全面的に非難の矢面に立たされるべきではない。議会は、野球の独占禁止法適用免除の路線を変える機会、あるいはその正当性を再確認する機会がいくつもあったのだが、ダグアウトでベンチをあたためていたのである。

　カート・フラッドの試みは失敗したが、努力は重要だった。保留制度と戦い、自分の主義主張や尊厳に妥協の余地がないことを示した。1997年に喉頭ガンで世を去るころには、選手革命の先駆者として誰もが認めていた。訴訟の敗北が、何十年も前のモンテ・ワードが正しかったことを野球選手と選手会に証明した。選手が自分たちの運命を改善しようと思ったら、一般法に基づく伝統的な訴訟を通してではなく、集団での行動、経済力の強化、そして、私法的解決を通して行われることも分った。10年もたてば、組合を基盤にした戦略が選手に勝ち越し点をもたらす。選手は、団体交渉体制で、裁判所に頼らずに、交渉や仲裁という別の紛争解決方法を使い、野球ビジネスにおける力の不均衡の是正を求

めるようになる。

　「フェデラル野球」「トゥールソン」「フラッド」の3つの裁判が、最高裁判所には国民的娯楽から発生した法律問題に取り組む力がないことを顕著に示している。個々の判決の利点が何であれ、最高裁判所はその判断に誇りを持つわけにはいかない。なぜなら、多くの人がその判断は解釈しがたい、弁護の余地がないと考えているのだから。

　[監訳者注：「フェデラル野球」「トゥールソン」「フラッド」の裁判概要をまとめると以下のようになる。]

裁判名	地方裁判所	控訴裁判所	最高裁判所	備考
フェデラル野球（1922年）	原告勝訴	被告勝訴	被告勝訴	野球は州の行事 試合は独占禁止法の対象になる州際通商に抵触しない。
トゥールソン（1953年）	原告申立却下	地方を支持	控訴を支持	先例拘束の原則 法律変更は議会の仕事
フラッド（1972年）	原告の訴え却下	地方を支持	控訴を支持	先例拘束の遵守

第4章

団体交渉

マービン・ミラー
ブルックリン出身の小粋な経済専門家マービン・ミラーは、野球選手の社交クラブをアメリカで最強の組合に改造した。ミラーの指導のもとで、選手は組織野球の1世紀の歴史で初めて、野球事業が生み出す利益の大きな分け前を手にした。とはいえ、そこにたどりつくまでに、野球は断続的なストライキや経営者のロックアウトで中断されることになった。

プロスポーツ選手の労働組合結成は、プロスポーツが誕生して以来の労使関係でもっとも重要な進展だった。またもや野球が先陣を切ったのである。メジャー・リーグ・ベースボール・プレーヤーズ・アソシエーション（選手会）は、巧みな交渉、仲裁での勝利、断続的なストライキを通して野球事業を変身させたが、いずれも、球団オーナーたちを驚かせた選手達の団結があったからこそ実現できたのだ。

　1950年代の初めに野球選手の社交クラブとして出発した選手会は、アメリカで最強の労働組合の1つに成長した。この発展に1人の男が寄与した。私たちの野球法律オールスター・チームの先発「組合指導者」、マービン・ミラーだ。有能な後継者、ドナルド・フェアーも同様の押しの強さを見せ、選手会は連勝を維持している。

　マービン・ミラーの選手会は、野球選手が作った5番目の労働組合だったが、球団オーナーを相手にした交渉で大きな成功を収めたのはこの組合が初めてだった。最初の組合、1880年代のブラザーフッドはプレーヤーズ・リーグとなって姿を消した。リーグ・プロテクティブ・プレーヤーズ・アソシエーションは、ア・リーグがナ・リーグと戦争をしていた1900年から1902年までの2シーズン続いたに過ぎなかった。ベースボール・プレーヤーズ・フラタニティは1912年にデビッド・ファルツ弁護士が創設して、1918年までフェデラル・リーグの時代に存続した。4番目の組合アメリカン・ベースボール・ギルドは法律家ロバート・マーフィーに率いられて1946年の1シーズン存在した。ミラーのメジャー・リーグ選手会がなしとげた業績とそれ以前の組合の短期間の影響力とでは、その違いがはかりしれないほど大きい。ミラーの組合はスポーツ界の労使関係に耐え抜いただけでなく、革命を起こしたのである。

　長年のあいだ、選手が作った組合はほんものの組合とはほど遠かった。それどころか、オーナーが出した金が活動資金になっていて、明らかに、全国労働関係法に違反していた。ミラーの前任者ロバート・キャノン判事は、オーナーたちが設けた保留制度をかたくなに支持し、1964年に議会で、「私たちの関係は最高にうまくいっています。だから要求なんて何もありません」と証言した。

　　［監訳者注：1947年に制定されたタフト・ハートリー法は、経営者から労働組合への財政援助を禁じていた。しかし、マービン・ミラー就任前までの長い間、選手はオーナー

から活動資金を受け取っていた。]

　そして、選手会指導者たち——ロビン・ロバーツ、ジム・バニング、ボブ・フレンド、ハーベイ・キューエン——が、1965年に選手達に代わる常勤代表を新しく選ぶために資格審査委員会を設けたときには、組織の管理に不満があるようなきざしはどこにもなかった。ロバーツが一流の労働経済学者でワートン・ビジネススクールの教授、ジョージ・テイラーに助言を求めると、教授は、16年間鉄鋼労組で主席エコノミストを務めていたマービン・ミラーの名をあげた。細い口髭をたくわえた小粋な労働組合主義者のミラーは生まれながらのブルックリン・ドジャース・ファンで、この仕事に興味を持った。とはいえ、ほんものの労働組合がどういうものなのかメジャー・リーグの野球選手がちっともわかっていないのは、ミラーの目にも明らかだった。

　1966年、ミラーは選手会指導者から委員長の地位を申し出られて、引き受けた。ただし、組合員の承認を条件にした。野球選手の組合を力のある労働組合に変身させて、選手に試合で上がる利益の分け前をより多く勝ち取らせようと思ったら、一般の選手の支持が必要であることを彼は知っていた。ミラーは春のキャンプ地を回って、選手が「いだいている年金に対する不安」や球団オーナーから受ける悪い待遇について熱心に耳を傾けた。そして、489対136の投票結果で承認を得た。

　ミラーが委員長を引き継いだとき、組合の財産といえば、ファイルキャビネット1台と5400ドルの銀行預金だけだった。ミラーはさっそくコカコーラ社と交渉し、選手の写真を蓋の裏に貼るようにして、6万6千ドルを調達する。これがライセンス事業のささやかな始まりだったが、ライセンス事業はやがて野球選手に何百万ドルもの収入を生み出すことになる。

　ミラーは組合にとって最初の永続的な事務所をニューヨークのパークアベニューに設け、法律顧問としてリチャード・モスを雇った。(選手は法律顧問に前副大統領のリチャード・ニクソンを選ぶようミラーに強く勧めたが、この助言は組合指導部の認識の甘さを物語っている。) ディック・モスを選んだのは大当たりだった。モスはミラーの片腕となり、選手会をほんものの労働組合に変身させた。

1 | 国の労働政策

　連邦の労働政策は、1935年にワグナー法が可決されるまで、労働者が組合組織を結成するのをはばんでいた。連邦法で保護されることもなく、連邦裁判所と州裁判所の差し止め命令訴訟にさらされた労働組合は、経営者から断固として反対されながらも、命脈を保った。実際に、19世紀半ばには組合活動を犯罪的陰謀とみなす州がいくつもあり、指導者は逮捕される危険がつきまとった。会社は意のままに労働者を雇っては首を切ることができた。雇用条件は、労使間の交渉力の本質的な違いを反映して、会社側に一方的に有利なものだった。

　国の労働政策が大きく変化したのは、大恐慌の結果だった。議会は1930年にノーリス・ラガーディア法を制定して、組合の平和的なストライキに連邦裁判所が差し止め命令を出す脅威を取りのぞいた。それから、1935年のワグナー法の成立が、労働者が労働組合を組織し、平和的で協調的な労働者の大多数を代表する組織が経営者と誠意を持って交渉を行うことを積極的に後押しした。組合は、今や、政府が労働者に組合を結成させたがっていると唱えることがきた。議会は、団体交渉で生まれた結果を義務づけはしなかったが、組合組織の結成で労働者が交渉力を増大させ、次には、大恐慌で打撃を受けて減少した賃金を上昇させるだろうという経済的な見通しを立てた。

　ワグナー法は、社会秩序の細部の管理者ではなく、政府が私的な交流の進行役を果たす例を示した。議会は基本的な最低のレベルをこえる賃金を設定しなかった。それどころか、模範として、いくつかの業界で行われていた既存の慣行を借りた。その結果、雇用条件が公的ではなく私的な規制で決定されるようになった。法律で定めた枠組みが明白であるかぎり、行政が介入することなく、労働者と経営者は、めったにない例外を除けば、意見の食い違いを私的に調整できる。ワグナー法は、労使紛争が団体交渉という仕組みを通して紛争当事者自身の手で解決されるのを提案していたのである。

　議会は、労働者と組合の権利を宣言する法規を立法機関が制定するだけですべての紛争が解決するわけではないことも承知していて、ニューディール政策の典型的なやり方で、ワグナー法の命令を守らせる特別裁判所を設置した。1

行政機関である全国労働関係委員会（労働委員会）が、立法府によって作られた権利を保護し、経営者の特定の行為を「不当労働行為」と宣言し、法廷が強制する命令と損害賠償を通じて不当労働行為が改善されることになった。

経営者と組合の代表が業界全体のレベルで達した合意を国の立法府が法制化するヨーロッパ方式と異なり、アメリカ方式では、立法府や行政府にあまり監視されることなく、雇用の契約条件に関して分散的な意思決定が行えるようになっている。その結果、政府が押しつける解決策ではなく、交渉にかかわる当事者の相対的な力を反映する安定した契約条件が団体交渉から生まれることになる。力の強い組合は条件のいい契約を勝ち取り、弱い組合は交渉の席で苦労することになる。それが議会の意図するところだった。

ワグナー法は、後に、経営者寄りのタフト・ハートリー法案で均衡が取られ、ランドラム・グリフィン法で微調整が行われて、国の労働政策の中心になるきわめて息の長い全国労働関係法を生みだした。この法律は基本的には半世紀以上も変わっていない。国の労働政策の下では、政府の命令ではなく、個人の選択が優先される。労働者は組合を結成してもよいし、組合結成を拒んでもよい。しかし、多数決に従わねばならない。会社は、組合の賛成者あるいは反対者を差別することで労働者の自由な選択を妨害してはならない。法律はまた、組合の駆け引きを制限する。たとえば、組合は、中立な立場の顧客や納入業者を労使紛争に巻きこんで、経営者に譲歩を求める圧力をかけてはならない。労働委員会は、これまでその権限を慎重に行使してきた比較的小規模な連邦政府の機関で、連邦労働法の違反を訴える紛争ならなんでも審判することになっている。

議会は、州にまたがって行われる通商を規制する既存の法律の下でこの労働法を制定した。したがって、法規の対象になるのは州際通商に携わる経営者だけだった。労働委員会は、全国労働関係法の対象にならない経営者に雇われている人達の組織化や交渉の努力を保護しない建前となっている。たいていの経営者と労働者にとって、州際通商の必要条件は小さな障害だった。州際通商条項を拡大解釈して、最高裁判所がニューディールで定められた広範囲の法律を支持していたのである。ところが、プロ野球選手の目には、州際通商は乗り越えられない障壁に映った。

「フェデラル野球」裁判（第3章参照）では、オリバー・ホームズ判事が、野

球ビジネスは州際通商の対象にならないと判決を下した。その後、現行の法律では選手会が球界の経営者と戦うときに連邦の保護を頼りにできないことを、「トゥールソン」と「フラッド」の両裁判が再確認した。選手の一見絶望的な原因を払拭する手が、思いがけなく野球の審判員から差し延べられた。

2 労働委員会の司法権

1960年代の後半、ア・リーグの審判員は雇用契約の条件をめぐってリーグと団体交渉を行うために組合を結成しようとして、全国労働関係委員会（労働委員会）に援助を求めた。労働委員会には、不当労働行為の訴訟を通じて法規で保護されている権利を守らせる役割に加えて、組合が団体交渉で代表者になることを労働者の大多数が希望しているのかどうかを決定するために、無記名投票による選挙を行使する権限があった。選挙を行うには、組合は選挙単位（いわゆる、適正交渉単位）の少なくとも30％の労働者が組合の組織化を支持している証拠を労働委員会に提示しなければならなかった。労働者によって署名された委任状を労働委員会に提出することが、通常、組合が行う「証明」であった。

1969年に審判組合は労働委員会に陳情書を提出し、ア・リーグ審判員のあいだで選挙を行う要請をした。リーグは、独占禁止法免除の判例の下で野球は州際通商の対象にならないと主張して反対した。審判員は労働委員会が判断した好ましくない先例にも直面した。すなわち、労働委員会はその前に、競馬は労働委員会の権限にない「地方の活動」であるという結論を出して、競馬業界を管轄する司法権を拒否していた。全国労働関係法は野球ビジネスを対象にしていたのだろうか。

野球と法的手続の歴史で代表的な大混乱の一つと考えられる事件が進行する中で、労働委員会の4対1の多数派が、労働委員会にはメジャー・リーグ野球事業を管轄する権限があるという裁定を下した。労働委員会は、「フェデラル野球」裁判の先例を時代錯誤として拒絶したのである。最高裁判所が「フラッド」裁判の判決で「フェデラル野球」裁判の判決をまたもや再確認する3年前の1969年、労働委員会は、野球以外のすべてのプロの団体競技が州際通商に抵

触するとの判決を下した一連の裁判で、最高裁判所は先例を明らかに覆しているとの結論を出し、野球も明らかに州際通商に抵触する、と言明した。

労働委員会に提示する書状の中で、リーグは競馬の先例を引用し、たとえ野球が州際通商に該当するとしても、労働委員会は裁判を拒否する裁量権を行使するべきであると論じた。リーグに言わせれば、野球が州際通商におよぼす効果は実体がなかった。ところが、労働委員会に提出された証拠はオーナーの言い分と矛盾した。数百万ドルにのぼる物品と役務が州を越えて流通し、野球業界を支えていたのである。さらに、競馬裁判には説得力がなかった。競馬は野球と異なり、公認の賭博であるため、州に厳しく監視されていたのだ。

ア・リーグは、野球業界には内部的な自己規制の仕組み──コミッショナー事務局──があるのだから労働委員会が介入する必要はないとも論じた。労使紛争が州際通商に実質的な影響をおよぼすのはコミッショナーがくい止めるだろうから、労働委員会は貴重な時間を浪費すべきでない、と言うのである。労働委員会はこの仮説を拒否して、コミッショナーはオーナーが選んで、給料を支払っているのだから、中立の当事者ではなく、したがって、彼が労使紛争をくい止める、あるいは解決するとは考えられないと指摘した。いずれにせよ、経営者が一方的に設けた紛争解決制度に労働委員会の司法権をゆだねるのは、国の労働政策に違反することだった。議会が制定した労働法は、当事者の一方が自分の都合のいいように選んで給料を支払っている人物ではなく、中立の仲裁人である、労働委員会の裁定を想定していた。

見解は二つに分かれ、審判員は監督する人で、全国労働関係法2節（11）によると、議会は「監督する人」を法規の適用範囲から除外しているとリーグは強く主張した。法律では、「規律」や「指導」にあたる労働者は監督の機能を持つ者とされていた。審判員は試合で選手をアウトにして選手に「規律を守らせる」のではないのか。また、主審は、フォアボールやデッドボールを受けた選手に出塁を「命じる」のではないのかと言うのである。労働委員会はこの屁理屈にまどわされなかった。明らかに、審判員は試合のルールを守らせているだけで、試合はオーナーが設定するのである。この点から考えると、審判員は、工場警備員に類似しており、彼らは労働法の対象になると判断した。

労働委員会は野球界に権限を行使し、ア・リーグの審判員は労働委員会の職

員監視の下で無記名投票での選挙を行った。審判員の大多数が組合に賛成の投票をし、労働委員会は組合をア・リーグの審判員全員の唯一の代表として「認定」した。認定の対象はのちにメジャー・リーグの野球審判員全員に拡大された。

3│団体交渉の慣行

　全国労働関係委員会（労働委員会）の認定が労働者の自動昇給とか、ましてや、経営者との契約締結を意味するわけではない。団体交渉という池で「魚を釣る許可」が組合に与えられただけである。全国労働関係法の条項によると、経営者と労働者は会議を開いて、「雇用の契約条件」をめぐって交渉することが義務づけられている。どちらの側も譲歩するよう求められてはいないが、契約の条項に合意するために相応の努力をして、「誠意を持って」交渉を行わなければならない。相手の当事者（通常は経営者）が誠意を持って交渉に臨まなかったときは、法律によれば、不当労働行為である旨労働委員会に訴えることができる。

　「誠意ある」交渉は説明するのがむずかしい概念である。交渉中の一方の当事者の振る舞いで判断される。予定された会合を延期する、あるいは情報を求める妥当な要請を拒否するといった行為は、合意に至ろうとして、胸襟を開き、誠実な交渉をする気持ちが経営者にないことを示す。どちらの側にも、会合に出席して要求について話し合う前向きな気持ちがなければならない。譲歩する必要はなくとも、経営者は組合の要求をむげに拒むことはできない。経営者は組合の要求を受け入れなくてもよいが、交渉には関わらなくてはならない。誠意を持って交渉に臨むという義務が法律で定められているのは、合意を強制するのではなく、合意をたやすくするためである。

　経営者は、要求に応じて、交渉に関係する情報を組合に与えなければならない。情報は相応にすみやかに、組合が使えるように取り揃えなければならない。交渉の場で情報が一致していれば、交渉の質が高まり、妥結にいたる創造性と融通性が促進される。認定された組合には全組合員を「正しく代表する」法的義務があり、雇用の契約条件に関して経営者が提供する情報は、組合がこの義

務を満たす一助となる。

　このように、当事者は誠意を持って交渉を行う義務があるため、要請があれば、交渉で取る姿勢の理由を述べなければならない。会社が組合の要求をどうしても受け入れたくないのであれば、組合はどうしたらいいのかわかる。できるものなら、ストライキで経済的な圧力をかけて、経営者に合意させるよう試みなければならない。たとえば、他社の方針と足並みをそろえる必要があるなど、経営者が要求を拒否する理由がほかにもあるなら、組合は経営者の姿勢を変えるにはストライキでは十分でないことがわかり、こんどは自分の姿勢を再検討する。交渉は理屈で進行するのであって、妨害行為では進行しない。

　経営者は、組合の要求を受け入れないわけが常にわかっている。したがって、その理由を組合に明らかにするよう経営者に要求するのは、大きな負担にならない。経営者は組合の要求にひたすら譲歩したくないだけだとしても、少しも違法でない。すると協定の条件は——協定が成立するとしたら——経済的な力関係で決まる。資金不足で労働者の要求に応じる余裕がないと経営者が言った場合、組合には、経営者の財務記録を調べて「貧困の嘆願」を確かめる権利が与えられている。（第7章で述べるように、球団オーナーたちは1985年の交渉期間中に財務記録を選手会に公表した。）財務記録で経営者の主張が裏づけられるなら、組合はストライキを行っても無駄で、経営者を破産にさえ追いこみかねないことがわかる。逆に、経営者の姿勢が記録で裏づけられなければ、組合は、交渉の目標を達成するために、会社の存続を脅かすことなく、経済的な武器を使えることがわかる。交渉がほんとうに行き詰まるまでは、経営者は自分の考えている雇用条件を一方的に押しつけることはない。

　経営者と組合は合意に到達するよう義務づけられていなくても、団体交渉は経営者と組合が合意に到達するのを促進する手順である。当事者は、特定の「選択順位」を持って団体交渉に臨むものである。たとえば、ふつう、経営者は賃金の引き下げを望み、一方、労働者は賃金を引き上げたがる。当事者はそれぞれに、ある結果から、あるレベルの満足——経済学者はこれを「効用」という——を得る。たとえば、経営者は労働者に時給8ドル払いたいと思っているが、時給12ドル以上の賃金からはなにも効用が得られないとする。組合は時給16ドルを望んでいるが、時給13ドル以下の賃金からはなにも効用が得られな

いなら、両者ともに合意で満足する範囲はない。一致する「契約領域」がなく、交渉は決裂することになる。

　それでは、交渉者は効用をどのように移動させて、契約領域を作り出すのだろうか。当事者が選択順位を変えそうな情報を交換してもよい。たとえば、「このようにすれば労働者の意欲と生産性が増加するから、思っているよりもずっとよくなるだろう」とか、「この成果で会社はかならず繁盛する。したがって労働者に長期の仕事が保証できる」などだ。交渉のもう1つの方法は項目をまとめることである。たとえば「そちらがxをするなら、こちらではそれとは別のyをしましょう」。効用の組み合わせで、契約領域が広がるものだ。

　契約領域を作り出す3つ目の方法は、経済的な武器でおどすか、実際に使用して効用を強制的に移動させることだ。組合のストライキと経営者のロックアウトは、要求の交換や深夜におよぶ交渉と同様に、団体交渉の一部である。経営者は、ストライキを避けられるのなら、時給14ドルで得られる効用に気づくかもしれない。組合は、ストライキや経営者のロックアウトが行われているあいだの賃金を全額失うよりは、低い賃金をもらうほうがましなことに気づくかもしれない。当事者は、威嚇、約束、駆け引き、理屈、情報の交換をとり混ぜて、多くの場合、合意に到達できる。

　団体交渉が妥結すると、一定の年限の間、当事者を拘束する協定書が作成され、協定書で雇用契約条件が規定される。一般に、協定を結んだからといって、仕事が保証されるわけではない。しかし通常は、経営者が労働者を解雇するのは「正当な理由」があるときだけだという要件があり、雇用保障が得られる。協定で職場の規則や原則が定められ、こういった内部規定で労使関係が規制される。たとえば、昇格や一時解雇を行うさいの選択順位は、一般には年功が基準になるが、この基準の使用は、外部の一般法ではなく、団体労働協約の規約に基づいている。

　こういった規則を定めることに加えて、労働者と経営者は一般に、合意を権威あるものと解釈して適用し、紛争を解決する内部的な、私的な仕組みを確立している。公平な労働仲裁である苦情処理制度は、——野球ビジネスに革命を起こすほどの衝撃を与えた——一般には自治的な労使関係を調整する公平な手段として機能する。

4 | 球界の交渉

　ア・リーグ審判員が全国労働関係委員会（労働委員会）に話を持ちこんで成功した結果、マービン・ミラーと選手会は、連邦法に則って彼らの権利を行使すれば労働委員会が支援することがわかった。野球事業の歴史が始まって初めて、オーナーやコミッショナーを超越する所があった。それは、球界の内部的な規則などではなく、国の法律であった。連邦政府の機関が守らせる連邦法は、雇用の契約条件を改善するために組合が経営者の合意を促す手段としてストライキを行うことを認め、オーナーが雇用の契約条件をめぐって誠意のある交渉をすることを義務づけ、活動的な組合員を差別から保護してくれる。

　1968年、労働委員会が審判員に裁定を下す前だったが、ミラーは正式な団体交渉に入るよう球団オーナーを説得した。このような交渉が行われるのは、野球の歴史で初めてだった。2月には、ミラーは、控えめながら、選手会として、コミッショナーに訴える正式な苦情処理制度の確立、メジャー・リーグ選手最低年俸の7千ドルから1万ドルへの引き上げ、保留制度に関する労使合同調査（調査だけでは、この基本的な問題を解決する術がなかった）等の条項を契約書「基本協約」に挿入することを初期の目標とした。団体労働協約には、条項が球界で定めたメジャー・リーグ規則に抵触する場合は、協約が優先することも規定されていた。

　初めて作成される団体労働協約は、契約調印にまでこぎ着けることが最も困難なことで、契約に署名されれば、それだけで大成功と言える。組合に勝利をもたらすのは、少数派が組合を組織する努力しかなく、最初の交渉で契約の署名にこぎ着けるのはほぼ半数だ。有力な経営者が1世紀近くも挑戦を受けずに支配してき、そして、コミッショナーが支払もしないで選手に活動を禁じてきた業界で、選手会の設立と基本協約の作成が野球ビジネスの構造を根本から変えたのである。

　その後、交渉が行われるたびに、ミラーは選手会の地位を高め、選手の雇用条件の改善に奮闘した。1970年の協定では、球界の経営者は選手会を「メジャー・リーグ全選手の唯一の団体交渉代理人」として正式に認めた。選手会

が交渉で得た最も大きな成果の中でも、1970年の協約が画期的で、苦情処理制度が大きく変化した。未解決の紛争を双方の当事者が合同で選出した中立の永続的な仲裁人に仲裁させることにオーナーたちが合意したのである。協約では、また、最低年俸が引き上げられ、オプション年の最大減俸額が引き下げられ、選手が契約交渉で代理人を使う権利が認められた。

プロスポーツは娯楽業界に属するが、この業界の交渉は、ほかのほとんどすべての業界の団体交渉と異なり、労働者の賃金に直接関り合わない。団体労働協約では、最低賃金が設けられるだけである。選手と代理人は、団体労働協約で定められた範囲内で選手の賃金をめぐって球団と交渉を行う。選手会は、個々の選手の契約を交渉するのに必要な年俸のデータを代理人に与える。この2段階方式の交渉制度は紛争を招きかねない。たとえば、1995年にバスケットボール選手の代理人が、選手会に反抗した。しかし、メジャー・リーグ野球選手会は、選手の利益を擁護する同士として代理人と手を組もうとした。また、選手会の方針にしたがう代理人と手を組むように選手を導くようなこともした。

ほんものの団体交渉は選手にとって大きな改善だったが、保留制度のもとでの個々の選手の年俸交渉は思い通りに行かず、きびしく抑えられたままだった。選手は自分を雇う、すなわち、自分の役務の買い手が1人に制限されていたので、経営者とのあいだで年俸について紛争が起きた時、選択肢が1つしかなかった。組織野球をやめることである。ところが、契約更改を保留した選手がいる。最も有名なところでは、1966年のサンディ・コーファックスとドン・ドライズデールの共同歩調である。けれども、コーファックスとドライズデールが成功したのは、ひとえに、2人がいなければドジャースの強力な投手陣が崩壊していたからである。

5｜対立の始まり

ミラーとオーナーたちの蜜月は1972年までには終わっていた。年金と医療給付の改善を求める選手会の要求に球団が難色を示したのである。野球ビジネスで一連の経済対決となる戦いの最初の舞台が整った。

ミラーは交渉の席での成功が経済力にかかっていることを心得ていた。うま

く説得すれば経営者が応じるかもしれない一方で、「決裂の代償」という苛酷な現実を経て両者が合意に至る可能性もかなり高かった。経営者にこの代償を押しつけるために組合が昔から取ってきた手段は、組合員の役務を与えないことだった。それまで球界ではストライキといえば、本塁の上を通る投球だけだったが、ストライキで大リーグの選手の生活が変わろうとしていた。

経営者にはストライキに参加した人を入れ替える権利があり、アメリカの経済界では、経営者は近年この権利を頻繁に行使してきた。とはいえ、業務に特別な技能が要求され、適切な交代要員がすぐに用意できない業界では、ストライキが発生すると経営者は操業が続けられなくなる。ときには、経営者にとって、妥結するほうがストライキを打たれるよりも安くつく。

ストライキは参加者も犠牲を払わないわけではない。ストライキ中の労働者には給料が支払われない。1週間の操業停止に備えて積み立てられた組合のストライキ資金は短期間なら労働者の援助になるだろうが、ストライキが長期にわたると、ストライキを打つ労働者にも、その家族にも大きな犠牲が伴う。それどころか、ストライキが失敗すれば、組合は大多数の支持を失い、最後には解散という結果を招くかもしれない。さらに、経営者は労働者と戦う独自の経済的な武器を持っていないわけではない。国の労働政策では、経営者は労働者を「ロックアウト」することが許されている。球団オーナーがたびたび使うことになる作戦だ。

1972年、選手会は、交渉の席で経済力を見せつけて、威信をうち立てなければならなかった。オーナーたちは選手がストライキを支持するとは思ってもいなかった。誤ってはいるが長いあいだ信じられてきた思いこみで、この思いこみがこの先数十年にわたって野球の経営者に災難をもたらすことになる。ミラーは選手の代表者が表明した要望に従い、シーズン開始前に選手をストライキに導いた。野球の歴史で初めてのことであり、同時に、団体労働協約の交渉が合意に至らなかった結果でもあった。ストライキの威力は、組合が組合員の団結を維持する能力にかかっている。選手会に所属する全組合員（選手）の幅広い同意がなかったら、1972年のストライキは失敗していただろうし、メジャー・リーグ野球選手会は、違った歴史を残すことになっただろう。

アメリカの大衆は、高給取りの若者にストライキができること、ましてや組

合を結成できること、などとうてい理解できなかった（いまだに理解できない）。スポーツ関係のマスコミは、論調でも記事でも、声高にかつ一貫して選手会に反対した。才能に恵まれ、しばしばちやほやされている若者が、子どもの遊びを職業にする特権が与えられているのに、選手会に加入して、ストライキを打てば、ファンは選手会を支持するわけがないと言うのだ。私たちは、今でこそ、選手会が組織されたからこそ野球選手が夢に見ていたよりもはるかに金持ちになったことを知っているが、1970年代の初めごろは、野球選手の不安を無視してきた歴史を持つ野球業界はまだきびしい保留制度を維持していたので、当時はどういう結果になるのか誰も分からなかった。

　プロスポーツ界で組合の結成と結束が支持されたいちばん大きな動機は、選手が雇用の安定に不安を抱いていたことである。アメリカのたいていの労働者にとって、仕事は、たとえ見栄えはよくなくとも、安定した収入が保証されている。野球をはじめとするプロスポーツ業界では、経営者が選手の職業について事実上無限の決定権を持っており、そしてまた、こういったプロ選手の現役期間は概してきわめて短く、メジャー・リーグのレベルでは、せいぜい5年少々というところだ。経営者は、選手がメジャー・リーグのレベルの仕事をできないと判断すると選手契約を終了することができた。見直されることもなく、なんの拘束も受けないこの決定権は、えてして濫用されがちであった。

　野球選手は雇用が不安定なことに加えて、球団経営者から敬意を払われていないと感じていた。カート・フラッドがコミッショナーのボウイ・キューンに宛てた手紙に書いたように、選手たちは、あたかも「売り買いされる商品」のようだと感じていた。野球選手は、たいていの労働者のように、個人としての価値を認識してもらおうと努めた。一方、オーナーのほうは、選手の不安をやわらげるようなことは何もしなかった。

　野球選手は、選手会を結成して法手続の公平な取扱いと処理を求めた。オーナーが選手の苦情処置を無視してきたと考え、給付の改善を要求した。年金はとりわけ重要だった。なぜなら、野球をやめたあとの職業に必要な技能も持たず、ごくわずかな貯金だけを手にして球界から去っていった先輩を、1970年代の野球選手は何人も見ていた。選手時代の名声で金を稼いだり、コーチになれるのは、ごく一握りのスター選手だけであった。たいていの野球選手は、大学

の学位がなく、グラウンドで見せる非凡な才能のほかにはこれといった技能を持っていなかった。

　野球選手の間に、団結して結束すれば強い力になるとの意識がしだいに芽生えていった。1947年から、マービン・ミラーが選手会委員長に就任した1966年まで、選手には組合（選手会）がなく、オーナーたちがメジャー・リーグ野球選手の最低年俸を引き上げたのはたった一度、5千ドルを6千ドルにしただけだった。選手は、選手会を野球事業が生み出した利益の分け前をより多くぶんどる手段と考えた。なんと言っても、野球選手は大衆に売る娯楽を提供していたのである。

　しかし、それならどうして、選手会の努力で今では金持ちになった野球選手が、いまだに交渉の代理人、すなわち、選手会と手を結んでいるのだろうか。おそらく、組合員に支持された代表者がつねに目を光らせていなくては、これまでに勝ちとってきたものがなにもかも水の泡になりかねないことがわかっているからだろう。20年におよぶ組合活動で選手の経済的な地位は向上したものの、選手に対する球団オーナーの姿勢は少しも変わっていないからだ。野球選手は、前の時代の成功で職業生活が財政的に安定したことを感謝して、いまだに選手会に忠実なのである。

　こういった人びとは、ほんとうの成金なので、今でも自分たちを労働組合主義者と考えることができる。たいていは、つましい家庭の出身だ。ほぼ全員が薄給のマイナー・リーグを経験している。町から町へは、高級車ではなくバスで移動した。マイナー時代のこの共通の経験が、共同体意識を生み、メジャー・リーグレベルで選手会の団結となって開花しているのである。

　選手は自分たちの収入のために国民的スポーツをくり返し中断させて欲が深いと考えるファンも少なくない。子どものころに野球をした人も少なくないことから、ファンの多くは野球に熱心になればなるほど、選手の動機、すなわち、ストライキを打つことに不信感を抱くという逆説が生まれてくるのだ。マイナー・リーグからメジャー・リーグというピラミッドの頂点に登りつめたごく一握りの男たちが持つ、ほんとうに特異なスポーツの才能をファンはかならずしも評価していないのだ。メジャー・リーグには、何万人といるマイナー・リーグに所属する選手や何十万人もいる草野球の選手の中から這い上がってき

た、わずか700人の選手が所属するに過ぎない。それでも、ケネソー・ランディス判事は、初代コミッショナーになる前に、フェデラル・リーグがメジャー・リーグに対して起こした独占禁止法訴訟の尋問中にこう述べた。「30年間観戦してきた結果として、野球をすることが『労働』と呼ばれるのには驚きました。」

1972年の対決で、選手会が正真正銘の労働組合であることが証明された。紛争が球界から団体交渉をなくして選手会をつぶすチャンスになると考えたオーナーもいた。経営者が球界で支配を奪い返そうとしたいくつもの対決の最初のものであった。連邦政府の調停人に助けられてストライキが解除されるまでに86試合が中止になり、選手会は交渉の目標を達成し、1973年2月28日に団体労働協約が結ばれた。

このような成果があったにもかかわらず、選手の全員がストライキの重要性を正しく理解していたわけではない。ピート・ローズ（野球法律オールスターのメンバーで、賭博行為については第8章で取りあげる）は、1972年のストライキのせいで、予定されていた162試合の全部には出られなかったために、1972年の1シーズン200本安打をふいにしたと発言した。1972年は198安打で終わったのである。ところが、ローズはその年に154試合に出場しており、この数が野球史のほとんどの年の通常の試合数だったことを、記録として述べておくべきだろう。

6│年俸仲裁

1972年から73年にかけて行われた交渉で、ミラーは保留制度を終わらせるよう圧力をかけたが、球界の経営者は抵抗した。オーナーたちは選手の年俸を決定する競争市場を許そうとしなかった。そのかわりに、年俸紛争を仲裁で解決するという特異な方法を選手側に提示した。労働経済学者カール・スティーブンスが1966年に提案した方法である。1973年のシーズン後に始まった最終提示仲裁は、有資格選手の年俸をめぐる紛争を解決することになる。もはや選手はより高い年俸を無理やり要求しなくなった。この現象は当時の（そして今も）ほかのプロスポーツ界でもしょっちゅう起こることだ。

野球の特異な年俸仲裁制度では、経営者と選手会が合同で指名した中立の仲裁人が有資格選手の最終要求額、あるいは球団の最終提示額のいずれかを選択する。仲裁人は調停も譲歩もしない。決定は、24時間以内に、団体労働協約に記載されている基準に基づいて下される。結果は最終で双方の当事者を拘束する。実際に仲裁が行われるときに決定要因になる基準は、仲裁の対象になっている選手と同等の選手が得ている報酬である。

　年俸仲裁公聴会は、毎年2月にフロリダ中部か西海岸で開かれ、選手と球団の代表者が仲裁人にデータを提出し、それぞれが自分の側の見解がよりよい選択であることを立証しようとする。「同等」であると自分たちが主張するさまざまな選手の年俸額を提示して、自分たちが選んだ年俸額の理由を説明するのである。要求額をやたらと高く設定する欲の深い選手や、やたらと低い額を提示するけちな球団は、年俸仲裁で負ける可能性が高くなる。

　この四半世紀を見ると、年俸仲裁では、経営者は負ける場合よりも勝つ場合のほうが多い。それにもかかわらず、この制度で選手の賃金はじわじわと上昇した。とりわけ、きびしい保留制度のもとでの切りつめられた市場にくらべると上昇がいちじるしい。保留制度では、経営者は取るかやめるかの条件で、希望額を選手に提示することができた。年俸仲裁を利用する機会のあった有資格選手は、仲裁を受けない約束とひきかえに、さらに多額の賃上げをもぎ取った。選手の年俸が増加する傾向が見られる中で、1972年以降の交渉で、経営者は、年俸仲裁の資格基準を変えるか、あるいは年俸仲裁人が採用する契約の基準を書きかえようとした。

　年俸仲裁は当事者の期待をいくつも満たしてきた。球界では、年俸仲裁の資格がある選手で契約を保留する者はいない。年俸仲裁人はたしかに紛争を解決し、さらに交渉を行うようなしこりを何も残さない。当事者は、年俸仲裁の「最終提示」が決着を促すと予測したが、はたして、そのように機能した。球団と選手はどちらも、同等の選手の年俸を調べることによって、彼らの最終額が公正な市場価値により近づくようにしている。この力学が当事者の提示額と要求額を近づける。どちらの側も、仲裁人がどの金額を最も近いものと考えているのか予測し、その額に近づくように努力することになる。

　ほぼすべての紛争が、実際に年俸仲裁審問や裁定を行う必要もなく、解決す

る。問題が仲裁に持ちこまれるのは、選手の市場価格について当事者の認識に重大な食い違いがあるときだけで、そんな時は、経営者がほかの選手との交渉に支障をきたさずに自主的に解決できないか、あるいは選手が自分自身の価値を買いかぶっている場合である。

しかし、年俸仲裁制度が、はからずも不幸な結果を招くこともある。年俸仲裁審問中に、経営者の代表が選手が高い要求額に値しない理由を中立の仲裁人に説明する。この行為――球団の貴重な財産すなわち自分の球団に所属する選手の価値を引き下げる――は、選手の士気にいつまでも悪影響を与える。さらに、仲裁で負けた球団が、勝った選手をしばしばトレードに出すこともこれまでの経験からわかっている。

7 | 団体交渉の影響

選手が組合を結成して団体交渉を行ったことで、球界は改善されたのだろうか。あるいは選手は球界を破滅させたのだろうか。団体交渉はたしかに野球ビジネスの性質を変え、大いに選手のためになった。しかし選手会の改革運動は国民的娯楽を破壊したのだろうか。選手会は野球ビジネスの利益を再分配したが、その活動のせいで貧しくなった者はこの球界には誰もいなかった。野球ビジネスは活況を呈し、オーナーと選手はどちらも利益を享受した。

それでも、否定的な反響はあった。経営者と選手の戦いはグラウンドで行われる試合とは何の関係もなかったが、野球をアメリカで最高のプロスポーツにしている神話や予見、伝統観に打撃を与えた。野球ファンは、選手がわずかな収入しか得ていないとかゴミのように扱われていることなど、どうでもよいのだ。試合に影響がないかぎり、選手に莫大な金が支払われていても、おそらく、どうでもよかっただろう。

うなぎ登りの年俸に経営者がたえまなく上げる悲鳴など、数百万ドルの年俸ですら個人に対する侮辱だという選手の不満と同じくらい、大衆にとっては関係のないことである。ファンは選手とオーナーのあいだでくり広げられる戦いにたちまちうんざりした。第9章でくわしく述べるように、1990年代半ばの労使紛争のせいで、野球というスポーツとアメリカ人の恋愛関係はほとんど先が

見えた。

　国の労働政策で設けられた枠内で行われる団体交渉という私的な法的手続が、選手に野球の試合で実った富を刈り取る方法を提供した。フリーエージェント制は、選手会の最大の勝利（第6章で扱う）で、選手に競争の市場を作りだし、球団の均等をより高める貢献をしてきたと言えるだろう。野球選手会の歴史は、法的手続がいかにしてごくわずかな個人の行動を結集させて制度を根本的に変えることができるかを、劇的な形で見せている。

　マービン・ミラーは17年にわたって選手会委員長を務め、1983年に引退した。ほんとうの強打者で、彼は野球ビジネスを変えた。ゴロをさばいたり、すっぽ抜けのカーブをたたくことは決してなかったが、才能とねばり強さで敵に猛攻撃を加えた。団体交渉、ストライキのおどしと実行、オーナー側のロックアウトに対する抵抗を通して、ミラーは野球選手に金のなる木を作りだし、選手の分け前を大きく改善した。

[監訳者注] マービン・ミラーの主な功績

1966年7月	選手会委員長就任
1966年12月	選手会によるライセンス事業開始 （MLBは1968年にライセンス事業を行うMLBPropertyを設立）
1966年12月	団体交渉による契約（年金と健康保険）が成立
1968年	選手雇用に関する全てを包括的に扱った団体労働協約の締結 （統一選手契約書の包含、苦情申し立て調停権の挿入、最低年俸を6千ドルから1万ドルに引上げ、報酬削減率を25％から20％に低減、等）
1969年2月	1970年以降の団体労働協約締結（第三者調停制度導入）
1970年1月	カート・フラッド告訴（1972年6月最高裁判所結審）
1972年4月	プロスポーツリーグ初の13日間のストライキ（年金と健康保険が争点）
1973年2月	団体労働協約締結（年俸仲裁制度導入）
1974年	キャットフィッシュ・ハンターがフリーエージェント権獲得 （ヤンキースと5年間の375万ドルの契約。35倍増）
1975年	仲裁制度にて、メッサースミスの苦情申し立てが認められ、保留制度の束縛から解除（在籍6年でフリーエージェント資格取得）
1981年	全国労働関係委員会に経営者の交渉不履行を訴え
1982年末	委員長を退任

第5章

オーナーとコミッショナー

ブランチ・リッキー
ミシガン州で法律を学んだブランチ・リッキーは、ずば抜けた商才と人道主義的な考え方で知られている。ファーム制度をあみだし、国技から人種差別を撤廃することに成功して、野球事業の歴史に輝かしい足跡を残した。

チャールズ・フィンリー
あるスポーツ記者によると、「頭脳明晰かと思えば理不尽で、賢くてずるく、独創的にして手に負えない」人物。けちな性分からフリーエージェント選手の第1号を誕生させ、オークランド・アスレチックスのスター選手を放出しようとして、コミッショナーの権限が裁判で大々的に検証された。

私的な法的手続が、組織野球内のビジネスを統制している。野球の弁護士は、1世紀以上にわたって野球のビジネスに携わり、10得点を入れる集中攻撃の時のバットボーイに負けないくらい忙しかった。彼らの顧客は野球事業に投資した球団オーナーだ。野球は、内部の法律と規制に拘束される私的な事業である。球界を統治する私的な規則の適用をめぐってオーナーとコミッショナーのあいだで紛争が起こるのもめずらしくない。ときには、正式な公的機関、たとえば裁判所などが内紛の審判を務めるが、たいていの場合、紛争は内部で処理される。野球の管理機構は重要なため、私たちの野球法律オールスター・チームにも経営者の代表が必要になる。しかし、経営者となると多彩な個性の持ち主が山ほどいるので、その中から1人の実力者を選ぶのは一考を要する。

　有徳の士のお手本を選ぶ必要はなく——いないことはないが——むしろ、野球ビジネスと法的手続の発展で重要な役割をはたした人物がよいだろう。アルバート・スポルディングは、組織野球の形成期に選手、オーナー、事業家、指導者として生涯にわたって活躍したので、候補者にふさわしい。1890年に発生した選手の反乱を鎮圧した話はすでにした。1901年から1950年までフィラデルフィア・アスレチックスの監督とオーナーを務めた小柄なコニー・マックは、慎重に検討する価値がある。彼は、利益を上げるためにスター選手を放出することによって2度王朝を築いた。それとも、ジョージ・フォスターはどうだろう。選手からオーナーに転身してニグロ・ナショナル・リーグを創設した不屈の人物である。ニグロ・ナショナル・リーグでは、オーナーたちの「紳士協定」で肌の色を理由にメジャー・リーグから締め出されたにもかかわらず、スター選手が大活躍した。

　選択はとてもむずかしい（しかも、語りたい話がたくさんある）ので、私たちのチームには経営者代表の椅子に2名を用意しよう。ブランチ・リッキーとチャールズ・フィンリーである。前者はすぐれた経営手腕と人道主義的な見解で記憶にとどめられている大物。後者はやり手の興行師で、けちけちと出費を切りつめ、仲裁で解放された最初のフリーエージェント選手を誕生させ、分別のない貪欲な性格が災いして、野球コミッショナーが内部を取り締まる権限を裁判所にしっかり再確認させてしまった。

1 | 野球事業の管理機構

　球団は私的な自発的団体——メジャー・リーグ機構——の寄り集まりで、団体はアメリカン・リーグとナショナル・リーグの2つのリーグに分かれ、各リーグには管理と規律の責任を担う会長がいる。野球はアメリカのプロの団体競技では特異なビジネス構造をなしている。ナショナル・フットボール・リーグ（NFL）とナショナル・ホッケー・リーグ（NHL）はいずれも、野球と同様に、ライバル・リーグを併合した組織だが、運営機構を統合し、共通のルールにしたがってプレーをする。ところが野球は、ア・リーグが指名打者制度を採用する一方で、ナ・リーグは使わない。野球の独占禁止法免除に負けずおとらず奇妙な変則性を取っている。

　たいていのプロの団体競技は、野球コミッショナーのような中央集権的な事務局をそなえたリーグとして運営される。ほかのプロ・スポーツでは、テニス、ゴルフ、ボウリング、カーレースの「ツアー」のように異なる方式を使うところもある。もう一つは毎年あるいは定期的に行われる「カップ・トーナメント」で、サッカーのワールド・カップ、テニスのデヴィス・カップ、ゴルフのライダー・カップ、ヨットのアメリカズ・カップなどがある。4年に1度開催されるオリンピッ大会は、こういった国際的なスポーツの祭典で一番よく知られている。それぞれのビジネス構造は、管理、国内外の規制、独占禁止法との関り、組合対策、等それぞれ独特な問題をかかえている。

　ナショナル協定の締結でナ・リーグとア・リーグの戦争が終結した1903年から、最初のコミッショナーが任命されるまでの間、ナショナル・コミッションが球界の管理にあたった。3人制のコミッションを構成したのは、2人のリーグ会長と、会長が選出した1人でたいていは球団オーナーの計3人だった。1921年以降は、球団オーナーが任命して給料を支払う1人のコミッショナーが球界を管理した。

　1920年代の初めにブラックソックス事件（第8章で述べる）が発生すると、オーナーたちは、大衆が球界に寄せる信頼を維持するために、中立的な立場で野球を擁護する卓越した部外者の必要性を感じた。経営者たちは、ケネソー・

ランディス判事に白羽の矢を立てた。シカゴ出身のくしゃくしゃ髪の尊大な連邦判事で、1905年にセオドア・ローズベルトから裁判官に任命された人物である。ランディスはコミッショナーの地位を引き受けたが、そのまま1年以上、連邦判事も務め、利害が衝突する2つの地位についていたことは、球界の高みに登りつめて尊大に振る舞うことを予見させた。

1921年1月12日に初代コミッショナーに任命されると、ランディスは、オーナーたちに、「あなた達のビジネスの外側に居る権威者であって、権威者の仕事には野球に関係する事や人をすべて管理する」ことが求められていることを明確に理解した上で、就任要請の申し出を引き受けるのだと語った。次に、オーナーたちは「コミッショナーを支持する誓約」に署名した。ビジネス事業では前代未聞の文書である。

> ここに署名した我々は、我々自身が選手にとって、文句を言わずに審判の判定を受け入れるスポーツマン精神の手本となり、国民に健全でかつ崇高な野球を保証することを切に願い、重要かつ困難な職務にあたるコミッショナーを支持することを、心から誓う。そして、我々各人は、コミッショナーの決定には、たとえそれが誤りであると考えたときでも、黙って従うこと、コミッショナーあるいは互いを公の場で非難して野球の名を汚したりしないことを、コミッショナーに約束する。

ランディスは判事だから、独断ではなく、確立された原則から生まれた「道理」に従ってものごとを決めるだろうから先例や習慣や伝統を尊重する、とおそらくオーナーたちは考えたのだろう。ところが、ランディスはたいてい、それどころか「自由奔放」に、コミッショナーとして独特のやり方で気ままに振る舞った。国民的スポーツの救い主となるよう任命されたのだから、ときには神が与えた掟だけにしばられているように見えた。野球の歴史でただ一人、このような幅広い特権を享受したコミッショナーである。

球団は私的な所有物である。行政機関が運営したり、取り締まるわけではないが、かなりの額の公的資金で支援され、球場を使用し、助成金を受け取っている。メジャー・リーグに所属する球団は、自発的に結成された私的な団体として、団体を管理する規則——メジャー・リーグ規約——にのっとった契約に

拘束されている。関係者は団体に加入したときに行った約束にしばられている。コミッショナーがこういった規則に従うかぎり、オーナーはコミッショナーの指令に応じる義務がある。それどころか、メジャー・リーグ規約では、球団オーナーや野球にたずさわる者は、コミッショナーの命令に異議をとなえる場合でも公的法廷に訴えることを放棄している。

コミッショナーには契約を承認する幅広い権限がある。すなわち、球団と球団、あるいは、球団と選手の間で発生した紛争の解決、選手、球団、球団オーナーに対する規則遵守、野球事業運営上の管理規則作成、である。コミッショナーの役目は、「野球という国民的スポーツの最大の利益」を促進させる行動規範を維持することである。この指導規範は、選手やファンではなくオーナーの視点から解釈されている。その結果、コミッショナーは、決定を表明するときには野球ファンの利益を促進するという言葉を使うかもしれないが、おもに球団オーナーの利益を促進することになる。

ランディスがメジャー・リーグ規約の範囲内で権限を行使する限り、裁判所もランディスに幅広い権限の行使を容認した。あるオーナーがマイナー・リーグ球団の株を所有して、それが「保留」選手のフリーエージェント権につながる事件が起きた。この事件に対してランディスが行った調査を弁護する裁判で、ウォルター・リンドリー連邦判事はこう述べている。

> 完璧な規約を構成する組織野球のさまざまな協約と規則、つまり定款と内規を見れば、専制君主がそなえる慈悲深くはあるが絶対的な特性のすべてと、規律を守らせるいわゆる家長の権限のすべてを、コミッショナーに付与する意図が当事者の側にあったことは明らかである。

メジャー・リーグには、カルテルの規則を守らせ、経営者の満足を最大にするために、「専制君主」が必要だった。強力な選手会が出現する前は、コミッショナーの言葉は、極端な虐待、不正行為、共謀、あるいは気まぐれな行為がないかぎり、野球にかかわるすべてについて決定的で、かつ拘束力を持っていた。コミッショナーの決定がメジャー・リーグ規約に基づく正当な権限の行使であり、規約に定められた手続に従って行われている場合、裁判所は介入しなかった。コミッショナーが野球の「理念」を守るのである。リンドリー判事は

ランディスの憲章について次のように述べている。

> 規約は、野球というスポーツではつらつとした公正な競技をはぐくみ、規律と高邁な士気を遵守し、はつらつとした競技の推進に必要な平等な状態を生みだし、選手を球団から、球団を選手から、球団を球団から守ることを明白な趣旨とし、策定される。

ところが球界をランディスから守る者は誰もいなかった。

ブランチ・リッキーもチャールズ・フィンリーも国民的娯楽にたずさわっていたときには、コミッショナー事務局と対決した。しかし、結果は大きく異なる。2人の物語から、私的に作られた自己管理組織に公的機関が介入した時の限界について検証できる。しかし、こういった限界だけでコミッショナーとの戦いで2人の経営者代表がもたらした結果の違いを説明することは難しいことを覚えておいてほしい。コミッショナーには表向き以外の権限があり、その範囲は、コミッショナーになる人物、コミッショナーの裁定の対象になる人物、そして、経済状況が何を要求するかで異なってくる。人柄は原則に負けないくらいものを言うのである。

2│野球のファーム制度

ブランチ・リッキーは野球ビジネスの発展で多大な貢献をした。ミシガン大学で法律を学んだリッキーは、グラウンドの内外ですぐれた管理者になり、その創意はセントルイス・カージナルスの資産を高めた。リッキーがゼネラル・マネージャーをしている時、球界で一、二の小さな市場で、かつ、セントルイス・ブラウンズと競合していたにもかかわらず、カージナルスは何回も優勝する羽振りのいいチームだった。リッキーは後に、野球ビジネスに大変革をもたらすことになる。ジャッキー・ロビンソンとブルックリン・ドジャースとの入団契約にサインをし、これで、プロ野球で70年以上におよんだ人種差別が幕を閉じたのである。リッキーは、モンテ・ワード、ニューヨーク・ヤンキースのミラー・ハギンズ監督、デトロイト・タイガースのヒューイ・ジェニングズ監督と並んで、野球殿堂入りをはたした4人の法律家の1人である。

オハイオ州の農家に生まれ、プロテスタントのメソジスト派のきびしい教育を受けて育ったリッキーは、日曜日に試合を行うことや仕事を入れることを常に拒み、選手には喫煙や暴言を禁じた。法律の学位を取得するかたわらミシガン大学で野球のコーチをしていたときには、すでに、若い才能を見出すすばらしい目を持っていた。コミッショナーのアルバート・チャンドラーがのちに語ったように、「選手の品定め」にかけては球界で右に出るものがいなかった。若くて有望な選手の動向を有名な小さな青いノートに記していた。

　セントルイス・カージナルスのゼネラル・マネージャーをしていたときに、総合的なファーム制度を活用して選手の才能を伸ばすアイデアが頭に浮かんだ。メジャー・リーグには、マイナー・リーグのチームと財政的な利害関係を持ち、マイナー・リーグの若い選手をファームから引上げる球団もあったが、マイナー・リーグの全レベルを包括する組織を発達させたのは、リッキーが最初だった。リッキーは、自分の支配下にあったマイナー・リーグの球団に所属して有望株と目されている選手の中から、効果的にかつ効率よく、ほんものの選手を選別する制度を作った。

　リッキーは、マイナー・リーグをDからAAまで分類して、球団の全国チェーン組織を発展させた。（当時、AAAは存在しなかった。）のちに、自分があみだした策略は必要にせまられて生まれたのだと語った。カージナルスには、単に、選手を獲得する財源がほかになかったのである。大市場の裕福な球団――例えば、ジェイコブ・ルパートのニューヨーク・ヤンキース、チャールズ・ストーハムのニューヨーク・ジャイアンツ、ウィリアム・リグリーのシカゴ・ホワイトソックス――は、一流の有望選手にいつもカージナルスより高い値をつけ、セントルイス・カージナルスは資金が底をついていた。

　リッキーの案は垂直統合の達成だった。親球団は自分のマイナー・リーグのチームを五分五分の収支で運営し、次に、それらのチームに所属する優秀な選手を実質的にはまったく経費をかけずに確保するのである。親球団が若い選手の指導と訓練を管理するので、選手の才能と能力を正確に評価できた。

　リッキーはアーカンソー州フォートスミス、テキサス州ヒューストン、ニューヨーク州シラキュースを手はじめに、ファーム制度を、600人以上の契約選手をかかえる32球団のピラミッドに拡張した。ファームの20以上の球団が

入門クラスのDレベルだった。リッキーはほかのマイナー・リーグ球団やさらにはマイナー・リーグ全体とも「労働協約」を結び、ほどほどの価格で選手を選択する独占権とひきかえに財政援助を行った。全国で入団テストを行い、数百人の少年と契約を結んで自分のマイナー・リーグ球団に蓄えた。

　リッキーのファーム制度はグラウンドの上のみならず、カージナルスの金庫でもすばらしい成功をおさめた。セントルイス・カージナルスは1926年から1946年までに優勝すること9回、2位で終わったシーズンが6回あった。球界で最高の記録に加えて、カージナルス球団の決算も同じように好成績だった。球団の収益は、20年以上にもわたって、ナ・リーグのほかの球団の2倍に達したが、それはおもにリッキーのファームで余った選手をメジャー・リーグのほかの球団に売って得た利益だった。リッキーのファームでプロの道を歩きはじめた選手が65人、メジャー・リーグでプレーしていた年もあった。

　球界のワンマンコミッショナー、ランディスはリッキーのファーム制度に断固として反対した。リッキーがコミッショナーとやりあったのは、これが最初ではなかった。1921年にランディスは、若い選手のフィル・トッドを「囲い込んだ」テキサス・リーグの2球団と「秘密協定」を結んだと言ってリッキーを非難した。ランディスは、マイナー・リーグの選手で引く手あまたのトッドをカージナルスと同じ町のライバル、セントルイス・ブラウンズに与えた。（実際には、リッキーはそれほど大きな痛手をこうむらなかった。トッドは8年間メジャー・リーグに在籍したが、ぱっとしない1塁手で、成績は生涯打率2割5分8厘、通算本塁打57本だった。）

　ランディスは、リッキーのファーム制度全体を攻撃したが、あまり成功しなかった。ア・リーグとナ・リーグの戦争を終わらせた1903年のナショナル協定で、球団がマイナー・リーグの優秀な選手を管理することは禁止されていた。1913年には、コミッショナー事務局の前身で3人制のナショナル・コミッションも、球団がマイナー・リーグのチームを所有するのを禁じたが、この規則が守られることは一度もなかった。これに対して、コミッショナー事務局を設立した1921年のナショナル協定では、マイナー・リーグの所有が禁止されていなかった。その結果、ランディスは、ブランチ・リッキーの計画に全面攻撃をしかけようにも、野球を管理する文書のどこにも法的根拠がなかった。

ランディスは最初のうちは、リッキーの案が自分の重みに耐えかねて崩壊するだろうと考えていた。通常では、球団にはファーム制度を運営するような財政的な余裕がなかったからである。リッキーの制度が登場する前は、メジャー・リーグの球団は、優秀な選手の採用を独立経営のマイナー・リーグに任せていて、マイナー・リーグの球団は才能のある有望選手をメジャー・リーグの球団に売って、投資した分を回収していた。この制度では、メジャー・リーグの球団はスカウトを雇う必要もなければ、選手の芽が出ないという心配をする必要もなかった。ランディス（とほかのオーナーたち）はほかのどんな制度も費用に見合う効果がないと考えていた。

　1920年代以前は、ほぼ全球団がドラフト協定を結び、メジャー・リーグの球団がマイナー・リーグの選手を一定の価格で選択することが認められていた。この協定が失効すると、若手選手の自由市場が出現した。メジャー・リーグの球団は、マイナー・リーグで能力が実証された選手に競って高い値をつけた。ところが、カージナルスはリッキーのファーム制度のもとで、すでに数百人の有望選手と契約を結んでいた。リッキーの戦略は、この新たな経済環境でもきちんと道理にかなっていたのである。

　ランディスは自分を雇った球団オーナーたちにたびたびあからさまな軽蔑を示していたが、リッキーのほかには、あえてたてつく者はほとんどいなかった。ランディスは1927年のオーナー会議で、初めて、メジャー・リーグの球団がマイナー・リーグのファーム・チームを所有する問題を提起し、絶対に「反対」と述べた。翌年、ランディスはファーム制度を「一つの鎖につながった球団の群れ」と呼び、マイナー・リーグを所有する利害について球団の意見を調査して、ファーム制度は「野球の最大の利益」にならないという自分の見解をはっきり示した。

　ランディスはファーム制度に数々の反対を表明した。1球団が多数の有望選手を支配すると、選手がメジャー・リーグに自由に流入するのを妨げると考えた。リッキーのファーム制度は地方のマイナー・リーグのオーナーと本拠地の都市や町に損害を与えるとも考え、マイナー・リーグの「荒廃」を招くことになると公表した。なぜなら、メジャー・リーグの球団と関係を持たないチームは財政の後援者を見つけるか、破産するかのいずれかしかないからだというの

である。しかし、リッキーはあきらめなかった。自分が考えたファーム制度は「開放的で、進歩的で、効率がよく、健全」だと公に反論した。

　経営革新のまことの試練は利益性である。リッキーのファーム制度が市場で成功したことは疑うべくもない。マイナー・リーグ制度の先行きについてランディスが悲惨な予告をしたにもかかわらず、カージナルスのファーム球団は繁盛した。やがて、ほかの球団もこぞって、優秀な選手を育てるリッキーの制度を採用した。ランディスはファーム制度の普及をくい止める味方がいなくなった。

　リッキーがランディスの好敵手となった。そして、リッキーとランディスの対決で、コミッショナーが全能でないことが明らかになった。リッキーはランディスに負けずおとらず抜け目がなく、物議をかもす問題に取り組んでも簡単に折れなかった。カージナルスの経営では、チームの純利益だけに的を絞った。リッキーの企画で成功したものは少なくない。ビジネスでの判断は適切だったが、リッキーに言わせれば、「福は企画次第」だった。

　リッキーの新制度は前からある規則に何一つ抵触しなかったため、ランディスはファーム制度に情け容赦ない攻撃をしかけるときには、かなり非公式な影響力を駆使した。彼はメジャー・リーグのファーム制度の実態をじっくり観察し、選手の違法な移籍を見つけては、介入して選手のフリーエージェント権を宣言した。1938年には、セントルイスのマイナー・リーグ選手74名に、そして、1940年には、デトロイトの91名にフリーエージェント権を与えた。

　ランディスは、絶大な権限を持っていたにもかかわらず、それでも、リッキーの創意に富んだ仕事をやめさせることができなかった。リッキーは、コミッショナーの公の発表に阻止されることなく制度を維持し、野球殿堂入りをはたしたスタン・ミュージアルやディジー・ディーンなどの優秀な選手を多数輩出した。リッキーは何百人もの選手の契約権をライバル球団に売り、1942年にセントルイスを去ってブルックリンに行くまで、カージナルスのオーナーにかなりの金を稼いでやった。1950年代までに、メジャー・リーグの球団はマイナー・リーグの半分以上の球団を所有した。今日では、マイナー・リーグのどの球団も、事実上、メジャー・リーグのチームと提携している。

　ランディスとリッキーの戦いは20年以上も続き、ファーム制度が優秀な選手

を育てるあたりまえの方法になったあとでさえも続いた。2人は球界の内部の憲章、すなわち、メジャー・リーグ規約の枠組みの中で戦った。コミッショナーの権限はこの文書で定められていて、絶大なものだった。コミッショナーは正式な権威を持っているので、野球カルテル内の球団オーナーのやりとりを定める基本規則を作ることができたのである。契約を認めず、選手とオーナーの双方に制裁措置をとる権限に加えて、野球事業を任された経営者として、決定に影響を及ぼす非公式な力を持っていた、すなわち、ランディスが行使できる権力だ。彼は、似たような事例を同じように処理する必要もなく、自分の支配権を「継続する自由裁量」の行使とみなした。しばしばコミッショナーとして持っている権力と地位を再確認するためだけに行動したとも言われている。彼の動機はさておき、野球カルテルのただ1人の守護者として、1921年にコミッショナーに任命されてから1944年11月25日に世を去るまで、国民的スポーツの野球界にあって絶対的存在だった。

　リッキーはというと、82歳になったときに、野球でいちばんおもしろかったことはなにかと記者に尋ねられて、「それがな、まだないんだよ」と答えた。1965年12月に83歳で世を去り、野球を永遠に愛し、はぐくみ、変えて、後世に残した。

3 | 公法と私法の限界

　リッキーとランディスの対決は、法的手続の限界を浮き彫りにした。人は、通常は、法的な規則や機関と関係なく社会の中で行動する。人には他人に知られたくない法的事情があり、これまでも正式な法律制度の外で私的な法が作られる分野を見てきたが、社会には法律がなんの役割もはたさない堅固な領域がある。

　特別な目的を持つ共同社会、たとえば企業などでは、組織の合意という制限に従って仕事が行われる。明文化された規則と明文化されていない習慣が人と人との関わりを支配する。企業には、絶対的な支配と命令を許す階層的な権力構造があるだろう。たとえそうであっても、ものを言うのは、原則ではなく、人柄かもしれない。

リッキーとランディスの対決は、1つの組織に見られる内部的な自己規制の限界を物語っている。ランディスは、1921年のナショナル協定の条項では、リッキーのファーム制度をやめさせるような公式の権限をなにも持っていなかったが、リッキーの計画は誤りと考えた。立場を支持する私的な法的権利を持たないので、残された方法は説得という非公式の権限しかなく、自分が保有する権限の枠外で行動せざるをえなかった。野球の関係者に、リッキーのようにランディスの介入を拒絶する性格的な強さがあれば、ランディスの非公式な指図をばかばかしいものとして扱うことができた。

　リッキーのあとに続かないようランディスがほかの球団オーナーをきちんと説得していたら、マイナー・リーグの選手の争奪戦は無傷のままだっただろう。ところが市場が判定をくつがえした。ほかのオーナーたちはリッキーの取り組みを経済的に理にかなっていると考えた。未知の能力を持つ有望選手の宝の山をリッキーに独り占めさせてはならない。リッキーにならうか、取り残されて財政難で苦しむか、の二者択一だった。

　リッキーとランディスの対決は、人と人との関わりで見られる人柄と個人の性格が、しばしば、正式な法律の原則や私的な契約の条項よりも重要になることを示している。球界の独裁的な監督者に対する忠誠か収益かの戦いで、リッキーの才能と金に軍配が上がったことを球団オーナーは認めた。たいていのオーナーだったらランディスの猛攻撃に屈していただろうが、ブランチ・リッキーはめげなかった。

4│球界の人種差別廃止

　ブランチ・リッキーが球界に——そしてアメリカに——はたした記念すべき最大の貢献は組織野球の人種差別廃止である。アフリカ系アメリカ人は、1870年から80年代には、初期のプロ球団でプレーしていた。選手の中には、1884年にアメリカン・アソシエーション所属のトレドでプレーしたモーゼスとウェルデーのウォーカー兄弟もいるが、1890年代までにメジャー・リーグの球団オーナーの間で交わされた不文律の紳士協定で、アメリカの人口の1割を占めるアフリカ系アメリカ人はメジャー・リーグのチームに参加できなくなった。公的

な活動ならなんでも人種を区別するアメリカの人種差別制度が、野球のグラウンドにまで拡大されたのである。1945年にブランチ・リッキーはメジャー・リーグ野球の再統合を決心して、2年後に目標を達成する。

　アフリカ系アメリカ人は、60年にわたってメジャー・リーグから締め出されていたからといって、プロ野球でプレーできなかったわけではない。組織的なニグロ・ナショナル・リーグがようやく登場したのは1920年代だったとはいえ、19世紀には、地方を巡回する黒人のはなばなしい球団、たとえば、キューバン・ジャイアンツ、ページ・フェンス・ジャイアンツ、オール＝アメリカン・ブラック・ツーリストが続々と誕生した。チームは町から町へと遠征して、誰でも相手にして、地元の白人セミプロ・チームと戦い、たいていは勝った。

　ジョージ・フォスターは、国内を巡回していた既存のチームを集めて、1920年にニグロ・ナショナル・リーグを立ち上げた。翌年にはニグロ・イースタン・リーグが発足し、大恐慌のあとには、ニグロ・ナショナル・リーグとニグロ・アメリカン・リーグに多数の中小リーグも参加して、アフリカ系アメリカ人の組織野球を構成することになった。ニグロ・リーグ最大の催しは、シカゴで毎年行われる東西対抗オールスター戦で、1933年から始まり、多数の観客を集め、優秀なアフリカ系アメリカ人選手を紹介する場になった。しかし、ニグロ・リーグは財政援助が乏しいため、つねに不安定で、1930年代までには犯罪組織が入りこんでいた。

　リッキーがジャッキー・ロビンソンを採用して肌の色の障壁をうち崩したことや、ゆるぎない決意で球界に大変革を起こしたことをほめるのはたやすいが、リッキーの意思決定で倫理性がはたした役割はほんの一部にすぎない。リッキーは抜け目のない実業家だった。1942年にセントルイスを去ってブルックリン・ドジャースの社長になると、黒人の最高レベルの選手が白人選手と同じグラウンドで競い合うのを見るために、都市に住む何百万人ものアフリカ系アメリカ人が野球場に足を運ぶのではないかと考えた。当時ニグロ・リーグで汗を流していた選手の質が高いことにも気づいた。メジャー・リーグに所属する球団の運命を変えることができる選手たちである。1945年にスポーツ記者の友人に宛てた手紙に「私の利己的な目標は野球の試合に勝つことだ」としたためている。

第5章　オーナーとコミッショナー

リッキーは、メジャー・リーグ統合が持つ可能性に触発されたとはいえ、伝記を読むと、若いころから人種平等の意識が強かったことがわかる。オハイオ州にあるウェスレヤン・カレッジのチームでコーチをしていた1904年に、ノートルダムで試合を行うためにインディアナ州サウスベンドに向かう途中、地元のホテルがチャールズ・トーマスという少数民族の選手に部屋を貸そうとしなかった。リッキーは「なにがあろうと、トーマスをはずしはしないし、アウトにされることは断じて許さない」と声を荒げた。40年後、メジャー・リーグでも「しなければならないと思ったこと」をすると誓った。
　メジャー・リーグの球団オーナーたちは同じような意識を持っていなかったし、球界の統合が持つ経済的な成長性が見えていなかった。1946年8月27日、オーナーたちは投票を行い、15対1（リッキーの所属するブルックリン・ドジャースが唯一の反対票を投じた）で、非公式の禁止が継続されることになった。球界の統合が黒人選手とニグロ・リーグにとって有害になると主張する報告を発表した。これは公民権運動の時代にしだいによく聞かれるようになった言いぐさで、白人の抵抗者は、人種差別は有色の人びとのためになると主張した。
　この試みで、実質的にはほかのすべての面でも、リッキーは、人種差別の不平等な野球を執拗に擁護するランディスの頑迷な反対にあっていただろう。ところがリッキーの計画に都合よく、ランディスが1944年に他界した。オーナーたちがランディスの後継者に（ケンタッキー州知事、その後上院議員の）アルバート・チャンドラーを選んだ。ケンタッキー州が保守的であり、チャンドラーも保守的と考えられ、リッキーは逆風と考えた。しかし、チャンドラーの名誉のために言っておくが、彼は球界に変革が必要なことを理解していた。コミッショナーに任命されたあとで、黒人の記者に「黒人の若者が沖縄やガダルカナルで立派にやれるなら、野球だってやれるんだ」と語っている。
　リッキーは紳士協定を再確認したオーナーたちの秘密会議に出席したあと、ケンタッキーに飛び、新コミッショナーのチャンドラーに会い、オーナーたちが一致団結して反対しているから支援してほしいと頼んだ。チャンドラーは、ロビンソンがメジャー・リーグのレベルでプレーがきるのかと尋ね、リッキーはできると太鼓判を押した。チャンドラーは、「それなら、締め出されている

理由は、黒人だからというだけなんだな。彼を呼んできて、ふつうの選手として扱おうじゃないか。私が目を光らせておく」と応じた。この決断で、リッキーとロビンソンは野球の歴史を変えた。ロビンソンは1947年（メジャー・リーグで新人賞が設けられたのは1947年で、ロビンソンが最初の受賞者）の新人賞に輝き、殿堂への道を歩きはじめた。しかしチャンドラーはオーナー連中に抵抗した代償を払うことになり、コミッショナーを1期だけ務めて1951年に首を切られた。

　リッキーのりっぱな貢献がいっそうきわだったのは、球団オーナーたちが野球ビジネスの変革にきまって反対したからだ。たとえば、夜間の試合で照明が使えるようになったあとでさえ、オーナーたちは野球を昼間の娯楽にしておこうとして譲らなかった。夕方の試合は労働者階級の観衆を集めると考えられたが、この見通しは、どういうわけか野球事業家には魅力がなかった。オーナーたちはメジャー・リーグの試合が全国に広がることにも反対した。1950年代の後半まで、メジャー・リーグの16球団が散らばっていた地域は、ボストンからミルウォーキーまでとセントルイスからワシントンまでで、急速な成長をとげる20世紀のアメリカのほんの一部に過ぎなかった。

5｜アメリカの人種

　球界の「肌の色の差別」は、ジャッキー・ロビンソンの勇気と、ブランチ・リッキーのがんばりのおかげで撤廃された。アメリカの社会は複雑でしばしば矛盾する様相を呈してきたが、この実態は、人種問題を抱えた人びとの苦闘が実証している。アメリカ人は生まれながらに楽天的で、自分勝手とさえ言えるのは、おそらく、誰もがこの国の豊かな恵みを刈り取ろうとしてよその国からこの大陸にやってきたからだろう。もちろん、アメリカ人の中には自分の選択ではなく、鎖につながれて奴隷船に乗ってやって来た集団もいた。

　アメリカに共和国を建設した人びとは、道徳的見地よりも現実の政策に動かされて奴隷問題と戦った。自由の国に奴隷制度が存在するという根本的な矛盾は、まさにこの国が誕生したときから大きな悩みだった。トマス・ジェファーソンは「アフリカの男女200人を所有している」と書くと同時に、「すべての人

は平等に作られている」と書いた。憲法が誕生するまでに行われた多くの譲歩のなかで、起草者は、新たな下院の議席数を割り当てるさいに奴隷1人を5分の3人と数えることを認めた。奴隷は、政治的、商業的価値を除くと、まったく価値がなく、仲間の人間にさえなっていなかった。

　この国で最大の戦争は、外国から侵入してきた敵と戦ったのではなく、共和国の塀の中で行われた。共和国は奴隷制とそれを支持する経済制度でばらばらに分裂していた。南北戦争が終わり、まだ灰も埋められないうちに、議会はさっそく憲法の修正を制定する。奴隷制度を正式に廃止し、すべての人に法律の平等な保護と投票権を与えるためである。約束された権利が現実のものになるには、マーチン・ルーサー・キング・ジュニア博士をはじめとする犠牲者の努力と市民運動というほんものの脅威を通して、さらに1世紀を要した。アメリカ人の心に住みついた偏見は、南北戦争後も長いあいだ肉体的な隷属を存在させ、経済的な隷属として存続させて、心に深く根付いたままだった。人種差別の足かせをこの国と国民から取りのぞくには、さらに1世紀が必要だろう。

　球界の人種差別撤廃は、ブラウン対教育委員会の裁判で最高裁判所が公立学校の人種差別は法律上憲法に違反すると宣言する7年前に行われ、球界が社会ではたした役割は評価しきれないほど高い。国民の娯楽を自認する私的な非政府機関が、半世紀以上も運営を支配してきた社会秩序をたて直したのである。目に見える変化は政府の政策のきたるべき変化の合図となり、1950年代、60年代の公民権運動に活力を吹き込んだ。アメリカ人は野球のヒーローを国で最高の若者の代表と考えた。野球のヒーローの中に黒人がいたなら、だれも黒人が劣ると言えないことになる。

6｜フリーエージェント制度

　ブランチ・リッキーが球界に残した遺産は輝かしいものだった。それにひきかえ、チャールズ・フィンリーの貢献は見劣りがする。しかしフィンリーがビジネスで見せた奇抜な行動は本書の目的である法的手続と野球事業の発展の関係を理解するうえで役に立つ。インディアナ州ゲーリー出身の元鉄鋼労働者で、医者に団体保険を売って巨万の富を築いたフィンリーを、あるスポーツ記者は

「頭脳明晰かと思えば理不尽で、賢くてずるく、独創的にして意地の悪い人物」と評した。1960年に、フィラデルフィアから5年前に西に移転してきたカンザスシティ・アスレチックスの支配権を買い取り、1968年には球団をさらに西のオークランドに移した。どんなレベルの意思決定にも首をつっこみ、1人で球団を運営した。試合中に選手交代を監督に指図することもしばしばあり、ファンが外野席からでもよく見えるように、アスレチックスのユニフォームを派手にデザインした。催し物には、飼っていたロバ、チャーリーを必ず連れて行き、エース・ピッチャーのバイダ・ブルーにファースト・ネームをトゥルーに変えるよう説得したこともある。こういった騒動があったにもかかわらず——あるいはチームがオーナーに反抗して団結していたからかもしれないが——、アスレチックスは球界一の最強球団になり、1972年、73年、74年のワールド・シリーズ3連覇をはたす。

　フィンリーは野球の試合のいくつか重要なところを変更させた。指名打者制度は、フィンリーが発案したわけではない（ナ・リーグのオーナーたちが1928年に最初に持ち出したが、ア・リーグのオーナーたちに反対された）が、1973年にア・リーグが採用したときの提唱者だった。その結果、野球史上で初めて、2つのリーグが別のルールで試合をすることになった。ワールド・シリーズの平日の試合を夜に行うよう球界幹部を説得して、試合がテレビに映る時間を最大にしたのもフィンリーだった。目で追いやすい鮮やかなオレンジ色のボールと指名走者制度の2つの改革案は採用されなかった。

　フィンリーは、野球の試合がファンに売る商品であることを仲間の球界幹部に教えた。その商魂——おそらく、ア・リーグのクリーブランド、セントルイス、シカゴと球団を渡り歩いたショーマンシップ旺盛なオーナー、ビル・ビークに触発されたのだろう——は、野球ビジネスが大爆発する火付け役になった。けれども私たちのオールスター・メンバーに名前を連ねることになったのは、2つの揉め事を引きおこしたからだ。けちな性分からフリーエージェント選手の第1号が誕生し、オークランド・アスレチックスのスター選手を放出しようとして、コミッショナーの権限が裁判で大きな試練を受けたのである。

　フィンリーがオーナーだったときのアスレチックスは実にみごとな投手陣に恵まれていた。エースは輝かしい右腕で野球殿堂入りしたキャットフィッ

シュ・ハンターだった。(リッキーがキャットフィッシュというあだ名をつけたのは、あだ名はファンに受けると考えたからだ。)ハンターは15年の選手生活で224勝166敗、生涯防御率3.26の成績を残し、1971年から74年まで4年連続で毎シーズン20勝以上の勝ち星をあげて、アスレチックスの首位定着に貢献した。

　ハンターは1974年と75年の契約をめぐってフィンリーと賃金交渉したときに、収入を先送りにして税金を逃れるために、10万ドルの年俸の半分を指定の「会社」に支払うよう要求し、受け取り先を投資会社に指定した。ハンターが球界から引退したあとの収入になるように、年俸の半分を将来の年金配当金の資金にするのである。フィンリーは1974年のシーズン中に5万ドルの給料を払う一方で、ハンターが要求した給料の先送り分である残り5万ドルの払い込みを拒んだ。どうやら、フィンリーはあとになって、ハンターが要求する年俸の先送り支払方式では、球団が払う5万ドルの年金配当分は当該年の営業経費として控除できないこと、そして、自分が資金を支配する力を失うことに気づいたらしい。それで、約束通りに支払うのを拒んだのである。

　ハンターは団体労働協約の条項にしたがってフィンリーに対する苦情を訴え、契約どおりに支払いを受けていないことを申し立てた。1970年以来、団体労働協約には、オーナーと選手のあいだで意見の食い違いが生じて解決されない場合には仲裁を行うことが規定されていた。ハンターは、フィンリーとのいざこざが保留になっているあいだ、ドジャースと対戦したワールド・シリーズで5戦に登板し、1勝1セーブの成績でアスレチックスを優勝に導いた。オールスター戦にも出場したそのシーズンには、25勝、318イニング投球、防御率2.49、完投23試合を記録した。

　球団オーナーと選手会は常設の労使仲裁人にピーター・サイツを選んでいた。フィンリーは、仲裁の審問で、ハンターの要求に添うような合意をしたことは一度もないと言い張った。ハンターの契約の第7条a項には、次のような規定があった。「……球団が選手に対して支払いを怠るなら……選手は契約を解除できる。」仲裁人サイツは、この条項にあてはまるのは「明白である」と裁定を下した。フィンリーの重大な違反によって、ハンターの契約解除が正当と認められたのである。キャットフィッシュ・ハンターはもはや契約に拘束されて

いないのだから、フリーエージェントであるとサイツは裁定を下した。1974年の大晦日、ハンターは325万ドルでニューヨーク・ヤンキースとの契約にサインした。

　　［監訳者注：ハンターの年俸は実に32倍上がった。フリーエージェント市場では一流選手の年俸がどんなに高騰するか、この時点ですでに暗示されていた。］

　ハンターの問題でサイツが下した決定は、統一選手契約にきちんと基づいていた。頑固なオーナーは契約の重要な部分に違反していて、契約にはあらかじめ救済法が決められていた。フリーエージェント権である。この事例には注目に値するいくつかの理由がある。一つは、当事者間で作られた内部の司法制度である仲裁に絶大な力が秘められていることが初めて示されたこと。もう一つは、野球ビジネスで権限の大きな移動を予感させる決定が団体交渉でもたらされたこと。ハンター問題は、仲裁人ピーター・サイツが翌年にはたす役割も予告していた。そのとき、メジャー・リーグ野球選手会は球界の神聖なる保留制度にまっ向からぶつかることになる。

7｜コミッショナーの権限

　フィンリーは、また、コミッショナーの権限に楯突く1人でもあった。ワールド・シリーズ3連覇のあと、チームの優秀な選手を市場価値が最高になったときに現金に変えようとした。ロサンゼルス・タイムズ紙に「球団経営は質屋みたいなものだ。買い取って、交換して、売り飛ばすんだ」と語っている。1976年6月14日、フィンリーは、外野手ジョー・ルーディと将来野球殿堂入りする救援投手ローリー・フィンガーズの契約を、ボストン・レッドソックスに200万ドルで譲渡する交渉をした。また、翌日には、エースの先発投手バイダ・ブルーをヤンキースに150万ドルで売る交渉に入った。

　オークランド・アスレチックスはもとより、メジャー・リーグのどの球団もメジャー・リーグ規約に署名し、コミッショナーに幅広い権限を与えていた。第1条の第2節には、「コミッショナーの役割は、……野球という国民のスポーツにとって最大の利益とならない……いかなる行為、取り引き、あるいは習慣を……調査すること」そして「防止、救済、あるいは懲罰のいかなる行為が適

切かを決定すること、……このような措置を取ることである」と記載されていた。メジャー・リーグ規則12条 a によると、選手契約の譲渡は、コミッショナーの承認がなければ、行えなかった。

　1969年にコミッショナーに任命されたウォールストリートの堅物弁護士ボウイ・キューンは、1976年6月18日に審問会を開き、フィンリーの処分大売り出しを、「野球の最大の利益、野球の品位、および野球に対する大衆の信頼に相反する」という理由で、承認を拒んだ。キューンは、フィンリーの貪欲のせいでアスレチックスが崩壊するのではないかと心配したのだと述べている。1週間後、フィンリーは、キューンの行動が権限を越えていて、彼によって正当な法的手続を拒否されたと主張して、コミッショナーをシカゴの連邦予審裁判所に訴えた。

　フィンリーが裁判で勝つ見込みはかなり薄かった。以前に行われた裁判の判決は、野球ビジネスを規制するコミッショナーの権限を一様に支持していた。たとえば、シカゴの連邦予審裁判所は、1931年に、球界にとって好ましくない行為を定義するコミッショナーの権限は「本質的に無限」であり、「絶対的な拘束力を持つ」べきであると述べている。予審裁判所はこの先例に基づいて、キューンを支持する判決を下し、フィンリーは控訴した。

　チャーリー・フィンリーがコミッショナーの裁定を控訴したころ、もう1人の裏切り者オーナー、アトランタ・ブレーブスを所有する快活で精力的、厚かましくて自己中心的な天才児テッド・ターナーが、他球団と契約中の選手を買収したとしてキューンに科された処分と戦っていた。フリーエージェントの可能性がある選手について話をしてはならないとキューンがオーナーたちに口止めしていたのに、ターナーがジャイアンツのスター選手ゲーリー・マシューズ獲得の話をカクテル・パーティで口にしたことを認めたのである。キューンはターナーの発言がメジャー・リーグ規約第1条第3節の「球界の最大の利益」にならなかったという結論を下し、発言したことでターナーに罰金を科し、1年間球界での活動を停止させ、球団にドラフト選択権喪失の処分を与えた。ターナーは、コミッショナーの行動が越権行為であるとして訴訟を起こした。しかし、予審裁判所と控訴裁判所は、ターナーには司法審査を受けるだけの法的根拠がないとの理由で、ターナーの救済を拒否した。

チャーリー・フィンリーがコミッショナーを相手どった訴訟は、マスコミをにぎわせたが、ターナーの訴訟と似た運命が待ち受けていた。連邦地方裁判所のフランク・マクガー判事は、フィンリーの主張を拒否し、訴訟が提起した法律問題は比較的単純だったと記している。

> 訴訟はフィンリー対キューンの人気コンテストではない——とはいえ、多くのファンはそう思っている。また、ボウイ・キューンの行動が賢明だったのかを控訴裁判所が審議する司法審査でもない。裁判所に持ちこまれた問題は、ボウイ・キューンのしたことが賢明だったのかどうかではなく、権限の下で行われたのかどうかである。

合衆国控訴裁判所第7巡回裁判区は控訴審で予審裁判を支持した。巡回控訴裁判所は球界の「基本憲章」の歴史、メジャー・リーグ規約、さらに、ある行動が「野球の最大の利益にならない」のかどうかを判断するためにコミッショナーに与えられた幅広い権限を再審理した。規約の第1条第4節によると、コミッショナーは野球を保護し擁護するために必要な、予防的、救済的、懲罰的な行動を取ることができた。キューンは、ルーディやフィンガーズやブルーの契約譲渡を阻止するために、この権限を行使したのだ。

フィンリーは、昔のコミッショナーは選手の売り買いをいつも認めていたし、キューンの行動は「十分に確立された譲渡習慣から突如として逸脱」していると論じた。(それどころか、アスレチックスのもっと前のオーナー、コニー・マックは、1931年にワールド・シリーズで優勝したあとに優秀な選手を放出して成功したが、友人だったコミッショナー、ランディスはなにも反対しなかった。)キューンは、フィンリーの契約譲渡を認めない決定の中で、彼の主張を不公平な取扱いだと述べている。

> 過去に選手契約が売買されていたことはもちろん承知の上だが、とりわけ、今の保留制度が不安定な環境の中で、そして、今日のスポーツや芸能界で見られる激しい競争社会の中で、このような譲渡は野球界に弊害を及ぼすと私は判断した。

コミッショナーの言い分は、アンディ・メッサースミス事件(第6章で述べる)においてサイツ仲裁が保留制度を解体させ、その後から始まった野球業界の大

変動を指していた。キューンは、選手に起こった過激な変化がフィンリー事件で問題となった新しい取り組み方を正当化しかねないと考え、優秀な選手を全面的に再分配すれば、リーグ内の競争力の均衡が崩れ、オークランド・アスレチックスが弱体化すると論じた。

コミッショナーの論法は納得できるものではなかったかもしれないが、連邦裁判所は野球事業の専政君主が下した判断を再審査するつもりはなかった。フィンリーの仲間のオーナーたちが、コミッショナーが正しいと考えたのはたしかだった。25人の球団オーナーのうち21人が予審裁判で証人として証言し、全員がコミッショナーを支持した。

控訴裁判所は、コミッショナーに与えられた権限の幅の点で野球事業が特異なものであること、それどころか、司法制度ではなく、コミッショナーを「審判員にして統治者である」ことをオーナーたちが意図していたと説明した。巡回裁判所は、コミッショナーが、「野球の最大の利益になると判断した方法で調査し、助言を求め、熟考したのちに、誠意を持って行動した」という予審裁判の結論を認めて、「コミッショナーが正しいか間違っているかを判断するのは、この法廷の能力と司法権を超えている」と付け加えた。コミッショナーが悪意を動機とするのでないかぎり、球団オーナーがコミッショナー事務所に付与した権威のもとに下されたもので、その決定は有効とした。

第7巡回裁判所が1978年にフィンリー裁判で下した決定は、またしても司法がコミッショナーの言いなりになったことを物語り、これは、司法が野球ビジネスを神秘的なことばで説明する傾向と併せて、野球業界だけに見られる特異な現象だった。メジャー・リーグ規約の当事者は、コミッショナーに幅広い権限を与え、その条項に拘束されているということである。とはいえ、規約の文言に十分な弾力的解釈があるわけではない。コミッショナーが長年にわたって適用してきた方法そのものなのである。

選手の売り買いがグラウンドでの球団の能力を減少させるという理由だけで選手の契約が売買できないとは、おそらくどこのオーナーも考えていなかっただろう。たいていのトレードには、優秀な選手の交換だけでなく経済的な考慮がついてまわる。高給取りのベテラン選手が、契約で最低限度の年俸の若い有望選手との交換トレードに出される。いかなる契約締結にも現行と将来の賃金

コストが関わっていないと考えるのは、詭弁というものだ。オーナーたちは、プロ野球が誕生して以来、選手契約を売ってきたのである。

ここでキューンの行動を正当化するのは（チャーリー・フィンリーが好きでなかったのかもしれない、ということは別にする。これは有効な理由にならない）フリーエージェントという新しい、先例のない環境が創り出す不安しかない。裁判所は、野球の事業に口出しして、ほかの独立した事業ならどこでも持っている権利、すなわち、財産を市場で売買する権利、を支持するつもりはなかった。

当時の事情を考えると、キューンがフィンリーの取り引きを無効にしたのは理解できるし、おそらく、必要だった。野球ビジネスは、仲裁人が保留制度で下した裁定で根底から揺さぶられていて、キューンの行動は変革期の中で事業に安定をもたらした。

野球のコミッショナーは5年の任期で指名され、彼の雇い主の経営者の利益にそぐわなくなったときには、いつでも解任される。ランディスは、当然ながら、神授の王権にもたとえられる幅広い信任を伴って就任したが、あとに続いたコミッショナーは、幅広い権限を行使したら次期の椅子が危うくなる心配をしなければならなかった。ハッピー・チャンドラーはブランチ・リッキーが唱えた球界統合を支持し、それが解任につながった。ほかのコミッショナー、たとえばウィリアム・エッカート将軍（1965～68年在任）はただの能なしだった。第9章でくわしく述べるように、フェイ・ビンセント（1989～92年在任）が失脚したのは、球団オーナーたちが、選手会との対決に備えて、権力の座に座る人が思い切ったことをして欲しくなかったからだ。

ボウイ・キューンがチャーリー・フィンリーに与えた制裁は、野球ビジネスで未知の時代に突入した球団オーナーにとって重要な指標になった。コミッショナーが、仲間のオーナーを犠牲にして利益を得ようとするオーナーに、カルテルの規則を守らせることになったからだ。だからこそ、裁判でたいていのオーナーがフィンリーに反対する証言をしたのである。たとえ、自分自身は恩恵を受けなくても、裏切り者のために勝利を危険にさらすことはできなかったのだ。

控訴裁判所の判決がおりた2年後の1980年11月、チャーリー・フィンリーは

第5章　オーナーとコミッショナー

アスレチックスを売却して、球界から引退した。コミッショナーと彼の対決によって、今まで以上に球界に強固な内部統治制度が確立された。オーナーたちの組織は秘密クラブそのものだった。すなわち、彼らは、独自の規則を定めており、裁判所はその規則を追認した。彼らは、秘密クラブの入会を管理し、事業を危機にさらすと考えたオーナーの活動を停止したり、禁止したりすることができた。自分たちの雇っている人間、コミッショナーが憲章で定められた手続きに従う限り、彼の判断が裁判所で侵害されることはなかった。

8 リッキーとフィンリーの比較

　なぜリッキーはファーム制度をめぐるコミッショナー事務所との対決で勝ち、フィンリーは選手の売買計画でみじめな負けを喫したのだろうか。コミッショナーの特権はどちらの場合も同じだった。おそらく、その違いは、コミッショナーの望みにさからってまで取った行動の性質にあったのだろう。リッキーが唱えたファーム制度はリーグ内部にいる既存の選手の再配分に直接関わっていなかったのに対して、フィンリーの売買は直接関わっていた。リッキーが行った選手育成制度という改革はその規模において壮大なものだったので、ランディスであっても直ちに止めさせようとすれば、多大な人的資本を投入しなければならなかっただろう。それにひきかえ、フィンリーの取り引きは、秩序を乱すもので、大々的に反対された。例外は、当然ながら、フィンリーが抱えていたスター選手の受け入れに熱心だったレッドソックスとヤンキースだった。

　結局、異なる結果を招いたのは、球界の私的な統治制度でしばしばからみあう二つの中心的要素、権限と経済性の作用の違いで説明できる。ランディスは、リッキーのファーム制度が、金がかかりすぎて、自分の重みで崩壊すると確信し、経済性を考えれば法律で禁止するまでもないと高をくくっていた。ファーム制度の経済性を不当に評価していたと気づいたときには、手遅れだった。ほかのオーナーたちがリッキーのビジネス構造をまねしようと躍起になっていたからだ。しかし、フィンリーの選手売買は、フリーエージェント制度をめぐる仲裁で選手会が勝利を収めることによって揺らいでいる現状を、さらに混乱させる恐れがあった。経済性は特価品を求める野放しの競争よりも安定を求めた。

そんな中で、コミッショナーが幅広い正式な権限を使って市場に介入するのを、オーナーたちは歓迎したのだ。

　私的な経営ならどんなものでも、内部統治制度には当事者の人柄も反映される。ランディスなら、ボウイ・キューンがチャーリー・フィンリーに与えなかった特権を、友人のコニー・マックに与えたことだろう。ランディスはブランチ・リッキーをおどして言うことを聞かせることができなかったが、この点に関しては、そういう人物はほかにもいた。私的法律と内部統治制度は、人間の手や人間の弱さの影響を受けずに適用されることはない。ブランチ・リッキーとチャーリー・フィンリーの話は、野球ビジネスも人間の活動ではどこでも見られる性質のものであることを物語っている。

第6章

保留制度の終焉と労使仲裁

アンディ・メッサースミス
　右の名投手アンディ・メッサースミスの、一番印象に残る勝利は労使仲裁で生み出された。苦情申し立ての成功で、1世紀の歴史を持つ保留制度が崩壊し、現代のフリーエージェント制度が実現したのである。

野球の保留制度は、1970年代半ばまで、たびたび法的な挑戦を受けながらも持ちこたえてきた。カート・フラッド裁判以降、独占禁止法免除は厄介な例外事項になっていた。しかし、野球は、「ベーブ・ルース」に負けずおとらず国民の娯楽の偶像になっていたので、裁判所が「フェデラル野球」裁判の先例を持ち出せなくなっていた。立法府が理想化した野球の概念や野球カルテルを保護するために雇われたロビイストの攻撃で、議会も、同様に、身動きが取れなくなっていた。たいていの第三者の目には、選手の状況は絶望的に見えただろう。

　これら第三者が正しく認識していなかったことは、選手会が団体交渉を通して、球団オーナーからこれまでと異なる話し合いの場を手に入れていたことである。これは私的な法廷で、この中で選手会は選手の利益を守ることができた。労働仲裁である。仲裁はアメリカにおける労働運動の最大の発明で、保留制度をめぐる戦いにおいてもその価値と威力を証明した。

1│メッサースミスの苦情申し立て

　アンディ・メッサースミスはロサンゼルス・ドジャースの右投げの名投手で、選手会が保留制度に挑戦して勝利を収めた時に触媒の働きをした。彼の苦情申し立てが制度の崩壊を招いた。そのため、私たちの野球法律オールスター・チームで先発投手を務める資格が充分にある。キャットフィッシュ・ハンターにはおよばないとしても、12年のメジャー・リーグ生活で130勝99敗、防御率2.86というみごとな成績を残している。1974年、完封7試合を含む20勝6敗でドジャースをナショナル・リーグ優勝に導いた。しかし、メッサースミスはけっして記録を追い求める選手ではなかった。1974年にロサンゼルス・タイムズ紙に「記録は過大評価されている。優勝は選手ロッカー室で勝ち取るものだ」と述べている。

　ところが、メッサースミスがグラウンド外で残した記録は、契約苦情申し立て仲裁で負けなし（1－0）というもっとも印象に残る成績だ。彼が得た最高の勝利は選手ロッカー室ではなく、ニューヨーク市内の高層ビルにある仲裁審問室だった。

メッサースミスは、彼の1974年の輝かしいシーズン後に、ドジャースと1975年の選手契約の条件が合意にいたらなかった。ドジャースのオーナー、ウォルター・オマリーは少額の昇給でメッサースミスの1974年の契約を更新した。メッサースミスは、リーグ一の7完封と19完投で19勝というまたしてもみごとな成績を収めた1975年のシーズンが幕を閉じた直後、オーナーたちの作った保留制度が、メジャー・リーグと選手会のあいだで結ばれた1973年の団体労働協約に違反するとして、苦情を申し立てた。神聖なる雇用制度は選手を永久に球団に拘束するとオーナーたちは言い張ったが、メッサースミスはどこの球団とでも契約する自由があると主張したのである。

　またしても、野球ビジネスの基本的な問題が顔を出した。しかし、今回は契約労働仲裁人の前だった。モンテ・ワードが作った1880年代のブラザーフッドは、ライバル・リーグを結成しても保留制度をうち崩せなかった。カート・フラッドが選手を拘束する制度に反対し、独占禁止法をかつぎ出して連邦裁判所に起こした訴訟は、作られてから50年もたつ古くさい原則を最高裁判所がくつがえそうとしなかったときに、失敗が明らかになった。選手たちは経営者にツー・ストライクと追いこまれると、おもむろにスパイクシューズの塵を払い、仲裁審問室に踏み込んで、もう一度バットを振りまわした。このみごとな作戦が野球事業を永久に変えたのである。

　保留条項——実際にはいくつもの文書に記載された一連の規定——は、1世紀にわたって球界の労働制度のかなめ石になっていた。選手が交渉を行う買い手はたった1人だった。すなわち、保留リストに選手の名前を載せて、選手を保留している球団である。この買い手独占は球団が支払う年俸を押し下げた。選手は、まったくプレーしないのをべつにすれば、保留されているチームでプレーするしか選択肢はなかった。ほかの球団は、もっと魅力的な年俸を提示して保留されている選手を奪いあったり、買収したりしてはいけなかった。契約権が売られるか、トレードされるか、あるいは終了するまでは、選手は永久に保留され、野球から正式に引退したあとでさえも保留されていたのである。

　メッサースミスの苦情申し立ては、統一選手契約のオプション条項によると、「球団は……この契約を同じ条件で1年期間更新する……権利を有するものとする」と記載されており、球団が選手の契約を更新できるのは1年のみというも

第6章　保留制度の終焉と労使仲裁

のだった。経営者側の主張はその反対だった。「この契約」を更新するたびに、1年間のオプション契約も更新され、それで球団は毎年、毎年、更新することができる、というものであった。

オーナーと選手会は「常設」労使仲裁人にピーター・サイツを選出していた。ただ、常設というのは、いずれかの当事者が権限を行使して彼を解任するまでの期間中に、当事者間で発生した未解決の苦情申し立てをすべて裁定するという意味しかない。サイツは団体労働協約に基づく3人目の公平な審判だった。経営者と選手会は中立な立場の最初の人間として1970年にフィラデルフィアのルイス・ギルを選出し、1972年にデトロイトのガブリエル・アレグザンダーがあとを継ぎ、そして今、サイツがその任に就いている。

サイツは立派な仲裁人だった。労使の中立な立場の人間として長年の功績を積んだ後に球界の仕事を引き受けた。彼は、ニューヨーク大学の学位を2つ持つ法律家で、栄えある全国仲裁人学会の会員に選ばれ、副会長を1期務めたこともある。70歳のサイツは、白髪の豊かな髪に、つねに三つ揃いのスーツ姿で審問に現れ、労使仲裁の中心的な役柄にうってつけだった。私たちの野球法律オールスター・チームに先発仲裁人のポジションがあるなら、サイツのほかに考えられない。

2│苦情申し立て仲裁

中立の仲裁人が司る苦情申し立て仲裁制度については、球界の団体労働協約も、組合組織のある職場ならどこでも行われる慣行にならった。通常、労働者と経営者は、団体労働協約の期間中にさまざまな問題で紛争が発生することを承知している。たとえば、会社は違法行為を理由に労働者を解雇したり、労働者が資格の条件を満たしていないことを理由に休暇手当を拒否することがある。団体労働協約で使われている文言があいまいではっきりせず、明確にしなければならないこともある。協約の交渉をしたときにはまったく予測しなかった紛争が生じることもあるだろう。こういった場合にはいつも、労働者と経営者は、紛争を解決するために外部の人間の手が必要だと考える。彼らが必要とするのが労使仲裁人である。

労働者と経営者は、団体労働協約に内部の私的な「法律」体系を取り入れて、紛争を平和的に解決しようとする。労働者と組合（ときには経営者も）は苦情申し立てと仲裁制度を利用して、契約違反の苦情を申し立てることができる。苦情申し立てと仲裁がなければ、重要な問題で紛争が生じたときに、組合はストライキも辞さないと思うかもしれない。あるいは、協約の期限が切れるまで何も手を打たないと、労働者の意欲と生産性が低下することになるだろう。どちらの形の混乱も避けるために、1930年代から40年代の間に、労働者と経営者は、裁判所に救いを求めたり、ストライキやロックアウトという経済的な力を行使したりしないで、私的紛争解決方法を発達させた。内部で私的に紛争を解決する動きは、第二次大戦中に加速した。このとき、全米戦時労働委員会は、戦時中の生産活動に損害を与えかねないストライキを最小限にとどめるために、団体労働協約に仲裁条項を盛りこませた。労使は、一旦仲裁制度を採用すると、その条項を団体労働協約からけっしてとり除こうとしなかった。

　契約で定めた典型的な手続では、労働者は苦情を、まず、作業現場の監督と話しあうことになっている。通常は、この段階で問題は解決する。しかし、ここで紛争が解決しない場合、上のレベルの経営者と組合指導者が、苦情申し立て手続を一歩進めて問題の対処方法を検討することになる。この段階でも紛争が解決できなければ、組合は問題を仲裁に持ちこむことができる。

　仲裁の段階になって初めて外部の人間が加わり、苦情が申し立てられた紛争の解決にあたる。仲裁人は、労使の円満な関係を維持するために裁判所が任命した判事でもなく、あるいは、当事者が自分たちで決着をつける手助けをするために指名された調停人でもない。その代わりに、当事者が仲裁人を選出する。仲裁人は当事者の契約の条項にしたがって、権威を持って紛争に裁定を下すのである。

　団体労働協約の中に、仲裁人を選ぶ方法が記載されており、ときには仲裁の進め方も指示されている。通常、労使は私的な非営利団体の米国仲裁協会（AAA）か、公的な連邦調停仲裁庁（FMCS）を利用する。いずれの「仲裁機関」も条件にかなう仲裁人の名簿を持っており、彼らは労使関係で幅広い経験があり、労働管理問題で中立な立場の人物である。当事者が要請すると、その地区から7名の仲裁人候補リストを受け取ることができる。そのリストから条

件に合わない候補者の名前を消し、残った人物が仲裁人になる仕組みになっている。

　AAAとFMCSの名簿には3千人以上の労使仲裁人が名前を連ねているが、審問を聞くためにたびたび選ばれるのはほんのひとにぎりだ。平均年齢およそ65歳のこういった長老で経験豊かな仲裁人は、法学あるいは経済学を学んでいる。経験を積んできた会社と組合は、その場その時で仲裁人を選んで遅延が生じるのを避けるために、複数の仲裁人を確保するか、あるいは契約期間中に発生するすべての紛争を審問する1人の常設仲裁人を選出するか、のいずれかを採用している。通常は、きわめて経験豊かで信頼されている仲裁人が選ばれ、全国仲裁人学会の会員が仲裁人になることが多い。

　たいていの団体労働協約では、1つだけの紛争を解決するために選ばれる1名の臨時仲裁人の指名を規定している。ほかには、組合と経営者を代表する1名ずつに、中立な立場の外部の人間を加えた3名の仲裁人で構成される仲裁団を義務づける協定もある。この場合、実際には、仲裁団で中立な立場のメンバーが裁定を下すことになる。なぜなら、中立な立場の仲裁人の見解に一方が与(くみ)すると、他方は反対に回るからだ。メジャー・リーグの球団オーナーと選手会は、経営者代表1名、組合代表1名、そして常設仲裁人（メッサースミスの場合はピーター・サイツ）の3者で構成される形式を採用した。

　当事者は、最初に、審問が行われる場所を決めるが、通常は、中立な立場の場所で、職場から交通の便がいいところになる。審問は非公開で、ふつうは1日で終わる。仲裁の進行は形式にとらわれないが、秩序正しく行われる。当事者の代理人——しばしば弁護士が務めるが、必ずとは限らない——は、証人の口頭の証言を通して仲裁人に証拠を提示し、そして、裁判所で行われるように、証拠資料を提出する。しかし、疑わしい証拠を陪審団に見せないために作られた実用上の規則は、ふつうは適用されない。仲裁人は見識があり経験を積んでいるものと考えられているので、疑わしい証拠は割り引かれることになる。同時に、正式な訓練を受けていない当事者に、審問で臆せずに語る機会が与えられる。

　当事者は、通常、審問のあとで、文書にした概要を仲裁人に提出し、紛争中の問題について立場を説明する。仲裁人は自分の論理を説明する意見を添えて、

紛争を解決する裁定を文書にして発表する。当事者の労使契約には、通常、仲裁人の裁定は当事者にとって「決定的で拘束力を持つ」と規定されている。

　苦情申し立て仲裁は、プロスポーツ界では、さまざまな紛争を解決するために広く利用されている。たとえば、NBA（米プロバスケットボール）とNFLでは、選手が「プレーに適した健康状態であること」を報告しているかどうかで問題が発生する。基本選手契約の規定では、トレーニングキャンプあるいはシーズン中にけがをした選手は、たとえ競技に出場できなくても、給料の全額が支払われる。そのため、チームドクターがシーズン前に行う健康診断がきわめて重要になる。選手が健康診断に合格して、そのあとでけがのせいでプレーができなくなった場合、けがはチームに関連した活動の結果発生したものと考えられる。選手は、健康診断で不合格になり、したがって競技に参加できない（給料を稼げない）状態になったら、苦情を申し立てるだろう。仲裁人は、しばしば医療専門家の証言に基づいてこういった紛争を解決する。

　最近では、仲裁は運動選手の資格をめぐる紛争を解決する方法としてよく利用されるようになり、アマチュアのスポーツで重要性が増してきた。オリンピックでは幅広く使われていて、たとえば薬物検査がある。手順は状況によってことなるが、たいていは非公式で、その時にあった解決策がとられる。

　仲裁が利用されるのは、法廷で争う訴訟よりもかかる時間がうんと短いからだ。メッサースミス事件のスケジュールを見ればこの言い分もうなずける。法廷にもちこまれていたら、解決に何年もかかっていただろう。それにひきかえ、メッサースミスは1975年10月7日に苦情申し立てを行い、審問は1975年の11月の21と25日、12月1日の3日間行われ、サイツは仲裁団の多数派の見解を同年12月23日に公表した。

　当事者が仲裁方式を採用するのは、訴訟よりもずっと安くつくという理由もある。審問前の証拠開示もなければ、費用がかさむ証言供述録取書、または、質問書もない。仲裁は無料ではないが、弁護士の謝礼にかかるかなりの金額を節約できるのは、たしかである。

　裁判所は、仲裁で行われた裁定が団体労働協約の「精神をふまえている」のであれば、解決済みの仲裁に口をはさまない。仲裁人は、団体労働協約の規定を解釈して当事者の合意内容を確認し、確定する。このようにして、仲裁人の

裁定は、事実上、当事者間の契約になる。裁判所は、このような労使関係を背景にした私的な解決を支持し、仲裁の結果を守らせる役割をはたす。それは裁判所の伝統的な訴訟手続に代わる、実行可能な——それどころか基本的な——紛争の解決方法だからである。

3 | メッサースミス仲裁

　球界の経営者は勝利を十分に確信していたが、アンディ・メッサースミスの苦情申し立てを仲裁にしたくなかった。仲裁にしなければ、負けるはずがなかった。オーナーたちは連邦裁判所に訴えた。50年以上にもわたって3件の独占禁止法訴訟で組織野球の肩を持ってきた場である。ところが、現行の法律で義務づけられているように、裁判所が紛争を仲裁に送りこめることがすぐに明らかになった。当事者は訴訟に見切りをつけ、こんどは仲裁の出番となった。

　当事者は仲裁人ピーター・サイツに証拠を提出し、ニューヨークで3日にわたって審問が行われた。選手会の筆頭弁護士、リチャード・モスが苦情申し立て人アンディ・メッサースミスとデーブ・マクナリーの代理人になった。モントリオール・エクスポズのマクナリーがメッサースミスの苦情申し立てに参加したのは、ドジャースがエース・ピッチャーとの契約をめぐる紛争を解決してメッサースミスの苦情申し立ての価値を損なうかもしれないという懸念を選手会が抱いていた時だった。マクナリーは1975年のシーズン中に引退していたが、その後で復帰しても、保留制度に拘束されることになっていた。球界一の実力オーナーだったドジャースのボス、ウォルター・オマリーは仲裁での勝利を固く信じていたため、メッサースミスとの年俸交渉に断固とした態度で臨んだ。

1) 仲裁可能性

　サイツは画期的な見解で、複雑にからみあい、矛盾することさえあるメジャー・リーグ規則、団体労働協約、統一選手契約書の条項を解釈した。まず最初に、仲裁人には苦情申し立てに耳を傾ける権限すらないというオーナーたちの主張、すなわち、「仲裁可能性」問題を検討しなければならなかった。団体労働協約には、「協約の条項」に関わる紛争についての仲裁条項が盛りこま

れていた。協約の条項に関係しない紛争を仲裁人が審問するわけにはいかななった。

1973年の団体労働協約第15条には、「本協約は保留制度を扱わない」と記載されていた。オーナーたちはこの明白な記述でメッサースミス事件を決定付けられると論じた。これには説得力があった。「協約の条項」条件で保留制度が扱われていなくて、しかも、仲裁人は協約に記載された条項しか審問できないので、仲裁人がメッサースミスの紛争の審問ができないのは、明らかだった。

ところが、契約書にはあいまいな表現が多々あった。団体労働協約には、第15条に記載された文言があるにもかかわらず、たしかに「保留制度を扱う」条項があちこちに見られた。メジャー・リーグ規則は団体労働協約の一部だが、保留者リストの規定があり、保留された選手の買収を禁止していた。統一選手契約も協約に盛りこまれていて、メジャー・リーグ規則にしたがうことを選手に義務づけ、保留制度の核心であるオプション条項が記載されていた。保留制度を生みだし、実行する協約が「保留制度を扱わない」というのは、一体どういうことなのだろうか。

選手会が第15条に記載された摩訶(まか)不思議な文言の由来を審問で説明した。カート・フラッド裁判の係争中に行われた団体交渉で、選手会が第15条を提案したのである。訴訟が違う結果で終われば、選手会も独占禁止法違反で経営者とともに責任を問われるかもしれないという懸念があったからだ。(団体労働協約が独占禁止法違反を是認していることが裁判所にわかったら、協約のいずれの当事者も責任を負うことになるというのがその論法だった。)選手会は、交渉の期間中に、保留制度を変更しないと約束する補足文書を経営者側から受け取っていた。フラッド裁判の係争中であり、団体交渉は、事実上、停戦状態だったのだ。

実際には、選手会が独占禁止法に抱いていた懸念にはほとんど根拠がなかった。根拠があるとすれば、選手の拘束が団体交渉の産物であるという事実で、保留制度が独占禁止法の義務から切り離されることだった。議会は、全国労働関係委員会を通して団体交渉を進めたいと考えていた。裁判所は、団体交渉で取り決めた独占禁止法の拘束を免除することで、この意図を実行してきた。

サイツは、メッサースミスの苦情申し立てに関する彼の意見書では、独占禁

止法問題に言及しなかった。しかし、交渉の経緯に関する証拠を使って契約上の難問を説明した。すなわち、保留制度を取り扱う条項があちこちに見られる協約とこの協約が保留制度を取り扱わないと述べる条項である。サイツは、当事者には保留制度に対する挑戦を仲裁からはずす意図がなかったとの判断を下した。こうしてサイツは本案を裁定する権限を手に入れたのである。

2) オプション条項

　本案では、選手会は、メッサースミスが契約の条項で要求されているさらに1年間の仕事を完了したと主張した。サイツはこれを認め、統一選手契約書に記載されているオプション条項が規定しているのは1年間だけである――1年間のオプションで、永続的なオプションではない――と裁定を下し、自分の仕事は契約書を読んで解釈することであり、球界にとって何が最良の制度かを決めることではないと強調した。当事者が無限に更新される契約を作成したかったのなら、そうすることもできた。しかも、それが意図するところであったならば契約書にその旨述べていなければならなかった。永続的に更新するのであれば、契約に「明白かつ明瞭」に記載される必要があり、当事者が協約で使った言葉でほのめかせばよいというものではないと言うのである。

　サイツにとってさらに困難な問題は、契約中でない選手、つまり契約の切れた選手をチームが「保留」できるかどうかだった。メジャー・リーグ規則4－A・aは、球団の保留リストを規定して、選手が保留リストに名前を記載されるのは契約中の場合のみであることを強く示唆していた。これに対して、メジャー・リーグ規則3－gは買収を禁じ、たとえ契約中でなくても、保留された選手のプロテクト権を球団に与えているように読めた。

　正反対な意味を示唆するこういった規則を解釈するために、サイツはナ・リーグとア・リーグが1903年1月10日に署名したシンシナティ和平協定［監訳者注：いわゆる、ナショナル協定］を調べた。サイツが「現在の保留制度が発展してきたなかでおそらくもっとも重要な鍵」を握っていると考えた協定である。協定には、「保留規則は認められるものとし、この規則によって、どの球団も契約中の選手を保留することができ、かつ、各リーグが使用する統一契約書が適用されるものとする」と記載されていた。この文言は、サイツによると、選手

を保留するには契約の存在が必要だという球団の考え方を明らかにしていた。当然ながら、球団は自分たちの分析に基づいて契約を更新することができたから、保留の裏付けになる契約がいつでもあることになる。だから、裏付けとなる契約がなければ、球団は選手を保留していないことになるとサイツは結論を下した。

サイツは、一方の当事者の一方的都合によって契約が永続的に更新できることに法律は難色を示しているという見解を述べた。彼が拠り所にしたのは不動産取り引きがらみの先例で、ニューヨークで現に使われていた。しかし、この先例は、団体労働協約を解釈するために持ち出す法的根拠としては問題があった。先例は、賃貸借契約の更新条項に基づいて貸借人が永続的な契約更新を主張したが認められなかったという事案であるが、その理由とするところは、貸借人の主張には当事者の慣行あるいは一般的な経験の裏づけがない、というものであった。さらに、不動産の使用と権利委譲には、法律で当事者に特殊な義務が課せられているから、この先例が他の契約関係にそのまま妥当するとは限らないからである。

1975年12月23日、野球ビジネスと法律の歴史でもっとも重要な日となった。私的労使仲裁人ピーター・サイツはメッサースミスの苦情申し立てを認め、選手は保留制度に拘束されないという裁定を下した。あとで「奴隷解放宣言を行うような目をしていた」とコミッショナーのボウイ・キューンに非難されはしたが、意見書に次のように記している。

> この裁定が、申し立てられている奴隷制度あるいは「フラッド裁判」で言われたような不本意の労役から選手を解放することとは何ら関係ないことは強調されてしかるべきである。現在実施されている保留制度を違憲あるいは道徳的な見地から糾弾するものでもない。聖人君子が業界の正義という自分の個人的な見解を当事者に強要する意図と同じように、制度が仲裁代理人のえこひいきあるいは嗜好にあわせて変更されることを推奨したり、要求するものでもない。当事者の協定に記載されている条項を解釈し、適用するにすぎない。それ以上の行為は法律を気取った傲慢になる。

サイツは、道義的重要性を否認したが、自分の裁定が実際に衝撃を与えるこ

とを正しく評価していた。野球というスポーツに及ぼす被害を避けたいと考えていた。若い選手が簡単にフリーエージェントになれるとした時の、若手選手を訓練し鍛える球団の経費を認識し、不用意に選手を獲得しようとすれば、オーナーが財政困難に陥りかねないことも分かっていた。だからこそ、見解の中で述べているように、この問題を交渉で決着をつけるよう当事者に促そうと試みたのである。ところが、溝は大きすぎた。

サイツは、球団側から常設契約仲裁人の職を首にされることも分かっていた。球団側は、裁定の知らせを受け取って5分とたたないうちに、サイツを解雇した。サイツは自主的な解決を勧めて失敗したことをあとになって振り返り、こう述べた。「交渉するようにお願いしました。……［ところが］オーナーたちはどうしようもなく頑固で、愚かでした。12世紀のフランスの男爵にそっくりでしたよ。強力な権力を蓄積しながら、誰とも分かち合おうとしなかったのですから」

3) 上訴

オーナーたちは、もう一戦交えないことにはサイツの裁定を受け入れられないと言明して、仲裁の裁定を無効にするために、カンザス市の連邦裁判所に告訴した。ところが、地方裁判所も控訴裁判所も、十分に確立された連邦仲裁法の原則を適用して、サイツの裁定に従わせようとした。

オーナーたちはサイツの裁定を無効にするために法廷に駆けこむ策に出たが、作戦は間違っていた。球団はメッサースミスとマクナリーにフリーエージェントになる（キャットフィッシュ・ハンターが前年にしていたように）のを許していてもよかっただろうし、ほかの事件が抱えていた保留制度の基本的な問題をサイツの後釜の新しい公正な審判の前で論じてもよかっただろう。訴訟は、一般的な先例に照らすと、無駄な努力だった。最高裁判所は仲裁の決定を再審理するさいの法廷の決定権を大幅に制限していた。予審裁判所に権限が与えられるのは、裁定が団体労働協約の条項の「精神をふまえている」かどうかを決定するときだけだった。つまり、仲裁人が裁定を下すにあたって団体労働協約の条項を読んで、解釈していたのかということに尽きるのだ。球界の経営者は、サイツが契約を読み誤っていたと論じたが、単なるエラーでは上訴して裁定を

覆すのに十分でない。裁判所の仕事は、仲裁人が契約の分析に基づいて裁定を下したかどうかの判断に限られていた。仲裁人が契約を読んで見解の根拠にしていたら、裁判所は自分が同じ結論にいたっていたかどうかとは関係なく、裁定に従わせる義務があった。

　球団が、裁定に異議を唱えず、その代わりに、別の仲裁人を連れてきて、もう一度、問題を論じていたら、その仲裁人はサイツの裁定あるいは論法にしばられることはなかっただろう。なぜなら、裁判所が支配的な先例にならうことを義務づける司法法学とは異なり、仲裁人は先輩の審査員が下した裁定に拘束されないからだ。サイツが出した結論は必ずしも明白ではなかったが、別の仲裁人だったら反対の結果になっていたのかどうかは、知るよしもない。だが、裁判所がサイツの裁定に従わせたことから、球団にもっと同情的だったかもしれない別の仲裁人に問題を持ちこむ選択が、事実上、なくなった。

　オーナーたちが起こした訴訟には、もう1つ大きな成果があった。カンザス市の若手弁護士ドナルド・フェアーが、訴訟で選手会の代表を務めた。マービン・ミラーはフェアーの活躍を高く買い、ディック・モスが組合の筆頭弁護士の職から退くと、フェアーをニューヨークに連れてきてモスの後任に据えた。のちにフェアーは、ミラーが選手会委員長を引退すると、後釜に座った。

4 | メッサースミス事件裁定の分析

　サイツが「メッサースミス事件」で下した裁定は、歴史に残る大事件だった。プロスポーツ界の労使関係に革命を起こし、野球選手と選手会にかなりの経済力をもたらしたのである。フリーエージェントの歯止めが解かれ、選手の年俸は新たな自由市場で高騰した。この大金の流れはピーター・サイツが1975年に下した裁定から始まっている。

　裁判所がいくつかの理由で経営者が提出した選手会ができる前の判例を拒否したのは正しかった。第1に、現在最高裁判所で使われる先例では、裁判所は仲裁問題を再審理できない。再審理できるのは、仲裁人の裁定が団体労働協約の「精神をふまえているか」どうかだけである。当事者が話しあっていたのはサイツの解釈についてであって、契約の条項ではない。そして、それを受け入

れた。第2に、団体交渉の時代が到来する前には経営者が一方的に行う慣習があったという証拠は、興味深くはあっても、交渉当事者の相互の意図については多くを語っていない。重要なことは、そして、裁判所ではなくサイツが考えていたことは、当事者が団体交渉でどう振る舞ったかだった。証拠は明白で、議論の余地がない。経営者は選手契約を更新する権利を引きつづき行使し、いずれの当事者もこれを球団の特権であると理解していた。選手会がこの特権に異議を唱えたからといって、特権が存在しなかったことにはならない。

　経営者は裁判所で負けたあと、交渉を通して保留制度を強化しようとした。仲裁で失ったものを取りかえそうとしたのである。ところが、選手会は堅固だった。選手会が経済力を維持するので、経営者は前のように選手を拘束する制度を補強できなかった。結局、当事者は和解に達した。球団は選手を6年間保留することができ、それ以降、選手はフリーエージェントを宣言する権利を有することになった。マービン・ミラーは、完全に自由なフリーエージェント制が混乱を招き、選手間の競争入札で年俸が下がるのがわかっていた。ミラーがフリーエージェント制度の適用をメジャー・リーグ在籍6年の選手に限り、そして、1年間にフリーエージェントになる選手の数を減らしたのは、賢明だった。その結果、優秀なフリーエージェント選手をめぐって球団間で入札競争が生じた。選手の年俸は翌年に倍増し、5年の間に3倍になった。

　新しい団体労働協約の下で、野球選手に3段階の年俸交渉権が与えられた。メジャー・リーグの在籍期間が短くて年俸仲裁の資格のない若手は、「紛争前の」保留制度に拘束される。団体労働協約で定められた最低年俸あるいはそれ以上の球団の提示額を受け入れるか、または、球界を去るしか選択肢がなかった。年俸仲裁の資格を持つ選手はかなりの交渉力があり、その結果、そのレベルに達したら、給料はほぼ倍増する。3番目のグループはフリーエージェント権が認められた選手だ。年俸は選手を競い合う球団間の競争市場できまり、想像を絶する金を稼ぐ選手も出てくる。

　選手は3回目に振りまわしたバットでホームランを打った。アンディ・メッサースミス投手の勝利だった。メッサースミスはグラウンドでは、729打席で本塁打はわずか5本だった。メッサースミスが苦情申し立てに成功して、1976年の交渉でフリーエージェント制が導入されてから、選手の給料は劇的に跳ね

上がった。フリーエージェント制度は年俸仲裁とコンビになって次の10年間で選手の給料を10倍にした。それから、突如としてフリーエージェント選手の市場が枯渇する。もう1人の野球法律オールスター選手が打席に立ち、選手会がふたたび労使仲裁に訴える時が訪れたのである。

第7章

共同謀議

カールトン・フィスク
カールトン・フィスクらフリーエージェント選手は、オーナーが「共同謀議」を行ったことで団体労働協約に違反したとして、集団苦情申し立てをした。フィスクは、何人もの走者にしてきたように、野球業界の経済支配を奪い返そうとする経営者を剛速球で刺してアウトにしたのである。

1985年、メジャー・リーグ野球選手会幹部は、どこの球団でもほしがるフリーエージェント選手に球団が年俸を提示していないことを知った。選手の中にはホワイトソックスの捕手でオールスター常連のカールトン・フィスクもいた。選手会は、メッサースミス事件ではなばなしい勝利を収めた後、今度は経営者が球界の新しい経済環境になじまなければならないことを承知していた。自由市場は混乱して金がかかり、オーナーたちの予想していた通りになった。オーナーたちがどんな手を使おうとも、選手会は選手が労働仲裁制度を利用して契約の権利を守れることも承知していた。フリーエージェント市場が停滞すると、選手会は仲裁に戻った。

　ライバル球団から競争提示を受けていなかったフィスクらのフリーエージェント選手は、オーナーたちを相手どって集団苦情申し立てを起こした。フリーエージェント選手の所属球団が再契約に関心があるかぎり、オーナーたちはどのフリーエージェント選手にも提示をしないことに合意して「共同謀議」を行い、団体労働協約に違反しているというのである。フィスクは、何人もの走者にしてきたように、野球界の経済支配を奪い返そうとする経営者を剛速球で刺してアウトにした。組合の集団苦情申し立てに参加して、申し立てを成功させた功績により、レッドソックスとホワイトソックスに所属した名捕手を野球法律オールスター・チームの先発に選ぶことにする。

　カールトン・フィスクは、苦情申し立てには選手の権利を守る効果があることをそれまでの経験で学んでいた。1981年には、契約制度を利用してフリーエージェント権を獲得していた。団体労働協約によると、選手は、統一選手契約書に指定された日までに球団から新しい契約の提示がなければ、フリーエージェントになれる。フィスクが10年間所属していたボストン・レッドソックスは、フィスクとの契約書の第10節 a で義務づけられている締め切りの1980年12月20日に提示が間に合わず、次の営業日に契約書を郵送した。

　仲裁人レイモンド・ゲッツは球団の遅延に弁解の余地がないと考えた。契約は明白で、レッドソックスは条件を満たしていない。したがって、フィスクがフリーエージェント選手になったことは、「選手にとって契約提示の遅延から発生したささやかな不都合であるのにくらべると、球団にとってまことに不幸な結果ではあるが、これは当事者が団体労働協約で合意した条件に照らせば必

然的に到達する結論」であり、仲裁人にはこの条件から「逸脱する権限がない」と言った。フリーエージェント選手になったフィスクはシカゴ・ホワイトソックスと契約を結び、この球団でメジャー・リーグ生活を終えることになる。この移籍は、1920年1月3日にベーブ・ルースが12万5,000ドルの現金とボストンのオーナー、ハリー・フレージーへの35万ドルのローンとひきかえに憎きヤンキースに放出されて、心の傷が永遠に癒されないレッドソックス・ファンにとって、もう1つの悲劇が生まれた瞬間だった。（フレージーはフェンウェイ球場も担保にした）

　カールトン・フィスクは20年以上におよぶ選手生活のあいだ、フェンウェイ球場とホワイトソックス球場の打席の後ろで威風堂々と球を受けた。ファンがかならず思い出すのは、1975年ワールドシリーズ第6戦の12回裏、レフトに打ち上げた大飛球がポールを越えて劇的なサヨナラ勝ちを迎えた場面だ。この試合を球史で最高の名勝負にあげる人もいる。捕手の本塁打数で歴代第1位、捕手の試合出場数で第2位の成績を残し、1999年に殿堂入りの有資格選手になるとすぐに殿堂入りした。さらに、フィスクが重要な役割を演じた共同謀議苦情申し立ては、仲間の野球選手のためにフリーエージェント制度を生かしつづけることになった。それだけでも大変な偉業だ。

1｜共同謀議禁止条項

　選手会は1985年の集団訴訟苦情申し立てで、オーナーたちが団体労働協約第18条に違反したと訴えた。第18条には、「『フリーエージェント条項』で定められた権利を活用するか、しないかは、選手自身あるいは球団自身の利益のために各選手と各球団が単独で決定する個人の問題である。選手はほかの選手と呼応して行動してはならず、球団はほかの球団と呼応して行動してはならない」と記されている。この条項は、メッサースミス事件の裁定の後で、保留制度を再制定する1976年の団体労働協約の期間中に、経営者側の要請で契約に加えられた。経営者側は、1966年のシーズン前に投手のサンディ・コーファックスとドン・ドライズデールが行った合同しての契約保留が忘れられず、共同謀議禁止を求めたのである。ドジャース投手陣の2人のスーパースターは大胆にも、

球団が両投手の要求に応じなければどちらも契約を結ばないと経営者に告げた。コーファックスは1950年代から60年代にかけて球界一の左腕、ドライズデールは当時を代表する右腕で、ともに、資格を獲得した年に殿堂入りを果たしている。2人が合同して契約保留を決行した結果、年俸がかなり上がった。球界の経営者は、ほかのスーパースター選手が手を組んで年俸交渉の場で力を示すのを手をこまぬいて見ているつもりはなかった。

　選手会は反対要求を出してこれに応じた。選手が共同謀議を行えないのなら、オーナーも共同謀議が許されるべきでないというのである。経営者側は、自分たちが共同謀議を行いたくなるような状況を想定できず、双務的な契約事項に合意した。共同謀議禁止条項は、かならず選手個人が個々の球団と交渉することを意味した。オーナー側が提案した条項は、10年後によみがえって、オーナーたちを悩ませることになる。

　新しい団体労働協約をめぐる1985年の交渉期間中に、オーナーたちは選手会の要求をのむのは財政的に不可能だと主張した。経済的な救済が必要だというのである。全国労働法では、経営者がこのような「貧困の嘆願」を行ったときには、組合は経営者の主張を証明する財務資料を請求することができる。オーナーたちは選手会に会計を開示した。（このとき、各球団のオーナーは初めてほかの球団の財政状況を目にした。）シーズン中に行われた短期間のストライキを経て、当事者は1985年の契約に合意した。選手会は年俸仲裁の資格獲得在籍年数を2年から3年に引上げることに合意し、オーナー側は厳密な日程内にフリーエージェント制度を再調整することに合意した。球団が自分の球団に所属するフリーエージェント選手と契約できるのは1月8日までで、それ以降5月1日までその選手と交渉できないことになった。この日程はライバル球団のオーナーが、選手の「所属」チームに交渉延長をしないようにするために決められた。ところが、共同謀議事件の証拠が示すように、オーナーたちはまったく異なる制度を想定していたのである。

2 │ 共同謀議事件

　選手会は、フリーエージェントの資格を持つすべての選手に代わって、共同

謀議苦情申し立てを提出した。球団が1985－86年のフリーエージェント選手に関して「示し合わせて」行動し、共同謀議を行わないという約束事項に違反したというのである。仲裁人トム・ロバーツは当事者の永続的な中立者で、のべで312日間の審問を行った。審問に1年以上にわたる日程が組まれ、とてつもなく長い仲裁だった。当事者の証言と反論から、記録は5,674ページにおよび、288件の証拠物件が提示された。

　双方とも、フリーエージェント制度の将来がこの事件にかかっていることを承知していた。フリーエージェント制度誕生直後の選手市場では、選手に大金がころがりこんできたが、それから、めんどりは金の卵を産まなくなった。球団オーナーが共同謀議で労働協約に違反せず、衰退したフリーエージェントの市場は個々の球団の決定の結果であるとロバーツが裁定を下そうものなら、選手は首を絞められることになる。経営者側は年俸の上昇を抑えるために、法的手段を取れるに違いない。一方、フリーエージェント市場の景気が悪いのはオーナーたちの共同謀議の結果であるとロバーツが裁定を下したら、選手たちの野球事業での新しい収入が保証されることになる。

　共同謀議で、選手市場でのオーナーの買い手独占がふたたび確立された。選手を求める買い手がほかに誰もいなかったら、球団はほかの球団と競争する必要がなくなり、もっと低い年俸を提示することができる。選手には球団の提示額を受け入れる義務はなかった――実際に、フリーエージェント選手のデビッド・パーマーとファン・ベニケスは1985年から86年にかけての冬に所属球団の提示額を拒んだ――が、たいていの選手は受け入れた。

　オーナーたちの共同謀議はラジョイの「差し止め命令」（第2章参照）と同じ働きをするようになった。ラジョイがア・リーグに移籍すると、フィリーズは最終的には裁判所の差し止め命令を手に入れたが、差し止め命令はラジョイにフィリーズへの復帰を強制するものではなかった。差し止め命令は、ほかの球団でプレーしてはならないという選手契約書の約束事項を守らせたのである。共同謀議は、選手に所属球団でプレーすることを強制しなかった。選手の所属球団が選手と再契約を結びたいと考えているかぎり、ほかの球団がその選手に入団の働きかけをしなかっただけである。想定されたのは、フリーエージェント選手に所属球団と契約を結ばせる効果だった。

ロバーツは、まず、第18条の共同謀議禁止条項に記載されている当事者の意図に的を絞った。この条項が「個々の選手が個々の球団と交渉することを保証するために作られた」のは明らかだった。選手会は、球団が条項に違反したことを証明するために、何を示すべきだろうか。フリーエージェント選手を奪い合わないという正式な合意に球団が達していたことを示す必要はないとロバーツは考えた。条項には、球団がほかの球団と「呼応して行動してはならない」と記載されているだけである。正式な合意に到達するのは、複数の当事者がいくつも「呼応して行動した」1つの結果にすぎない。なんらかの「共通の方式あるいは計画」があれば、当事者の交渉が違反していることを十分に証明できる。しかし、フリーエージェント制度で球団の財政的健全性が崩壊しているために、球団が呼応して行動している場合はどうなるだろう。申し立てられた共同謀議の理由は関係ない。条項は、理由は何であれ、「共通の利益」を達成するために「共同の企み」を禁じているのである。

共同謀議苦情申し立ての仲裁審問が半ばまで進行したころ、経営者側はロバーツを解雇し、選手会はロバーツの解任に苦情を申し立てた。仲裁人の解任を不服とする選手会の申し立てを審問するために、労使問題の老練な中立者リチャード・ブロックが選出された。ブロックは、団体労働協約の下では、問題が未決のあいだは球団がロバーツを解任することはできないと裁定を下した。ロバーツは復職した。（当然ながら、経営者は、メッサースミス事件の裁定が下されたあとでピーター・サイツを首にしたように、ロバーツが裁定を下したあとでロバーツの首を切ることができたし、実際、首にした。）

3│共同謀議の証明

トム・ロバーツは、球団が呼応して行動したことで契約の共同謀議禁止条項に違反していたことを明らかにして、1987年9月21日に裁定を下した。フリーエージェントになる可能性がある選手を抱えている球団が、ほかの球団が選手獲得を競わないと「承知」しているような行動をとっていた。すなわち、球団が自球団の選手と再契約をする関心がないと公表したときに初めて、ほかの球団が条件提示を申し出たというのである。

ロバーツの裁定の核心部分は情況証拠に基づいていた。情況証拠による立証は、たいていの事例で重要な要素になる。行動を証明する直接証拠が入手できないことはしばしばある。たとえば、目撃者が見つからない場合だ。自動車の速度は、運転手が車を止めようとしたときに舗道に残されたタイヤのすべり跡の長さで判断できる。人の年齢は外見から推測できる。日常の生活では、そして、法廷では、間接証拠を使って何が起こったのかを明らかにして、推論から結論を引き出すことを行っている。

　選手会は、フィスクの審問で、事実に基づくドラマチックな資料を提出して、実際に起こっていたことが球団オーナー間の共通の了解から生じたことを明らかにした。1984年には、メジャー・リーグ26球団のうち16球団が他球団に所属するフリーエージェント選手と契約を結んだ。ところが、1985年になると、所属球団が再契約に関心がないと公表する前に他球団から真正の提示を受けたフリーエージェント選手は、29人中たった1人しかいなかった。1986年の春のキャンプが始まる前には、条件提示競争がなくなり、その直接的な結果として、もとの球団と再契約できなかったフリーエージェント選手は29人中4人しかいなかった。それにひきかえ、前年度は46人中26人いた。ふたを開けてみれば、自球団が再契約を希望しているあいだに他球団から真正の条件提示を受けたフリーエージェント選手は、カールトン・フィスクただ1人だった。ジョージ・スタインブレナーが目をつけていたのである。ほかの球団は、どのフリーエージェント選手にも関心を示さなかった。

　フリーエージェント市場での行動に劇的な変化が生じた原因は何だったのだろうか。球団が言うように、慎重で、まじめな、理にかなう、まともな、独立した経営上の意思決定の産物だったのだろうか。たしかに、フリーエージェント制度が誕生して10年のあいだ、年俸をもらいすぎていた選手は少なくない。あるいは、選手会が主張したように、オーナーたちの共通の利益を守るために十分な了解を得た計画の結果だったのだろうか。生き馬の目を抜くようなきびしい世界に生きる独立した経営者が、何かのために、ほんとうに力を合わせることができたのだろうか。

　経営者側は、球団の行動は、10年のあいだにフリーエージェント制に対する関心が薄れ、その風潮が頂点に達し、そして、野球界の一般的な不景気の結果

だと主張した。さらに、1985年のフリーエージェント選手は「全体的に見て質が悪かった」と言い、フリーエージェント選手に多額の年俸を払うのは、経済的に見合わないとも論じた。(ところが、実は、見合っていたのかもしれない)

ロバーツは球団の言い分ひとつひとつを、証拠の裏付けがないとして退けた。過去の記録を見ると、1985-86年の契約が行われる時期までは、フリーエージェント選手を求めていくつもの球団が活発に入札を行ったが、その後、入札が実質的にぱたりとなくなったことがわかる。オーナーが指摘したフリーエージェント選手全体、とりわけ1985年のフリーエージェント選手の質の低下は、説得力がなかった。フリーエージェント選手の中には、ほんもののスター選手がいた。将来殿堂入りするフィスクのほかにも、カーク・ギブソンは、1988年にナショナル・リーグのMVPに輝き、1988年のワールドシリーズ初戦のヒーローになった。膝を痛めていたギブソンがドジャースの監督トミー・ラソーダのベンチから悠然と現れ、9回裏ツーアウトから劇的なスリーラン・ホームランを放ち、ドジャースに勝利をもたらした試合は多くの人の記憶に残ることになった。

トム・ロバーツは、オーナーたちの行動の突然の変化に共通の方式があることを推測させる格好の例として、カーク・ギブソンの事例に焦点を当てた。カンザスシティ・ロイヤルズは、もともとギブソンに関心を示し、1985年のシーズン終了後には狩猟旅行に招待までしていた。それから、10月にオーナー会議があり、そして、11月にゼネラルマネージャー会議が開かれたあと、突如として、ロイヤルズは、ギブソンにも、また、ほかのフリーエージェント選手にも最早関心がないと発表したのである。

フリーエージェントの選手達に魅力がないことが低い年俸を提示する説明になる一方で、選手に魅力がないことは、球団オーナーの行動の突然変化やライバル球団がなぜ条件提示を申し出ないのかを説明していない、とロバーツは考えた。メジャー・リーグ生活は長いが、魅力的でない選手でさえ、何がしかの価値があった。さらに重要なことは、1985年のフリーエージェント選手達に魅力がないと言っているのは、前のシーズンにプレーした球団以外の球団だった。それも、魅力がないのは、彼らの所属する球団が選手と契約する意思がないことを明らかにするときまでだった。

オーナーたちの行動には納得できる説明がないとロバーツは確信した。「このような普遍的な効果が達成できるのは、フリーエージェントの選手達の所属球団が最早その選手との契約を希望しない、もしくは、希望しなくなるまでは、どの球団もフリーエージェント選手に入札しないという共通の了解があるときだけである」と述べている。選手の年俸を法外な金額で契約する複数年契約の数が減れば、「めでたい結果」が訪れるかもしれないことをロバーツは認知していた。それでも、オーナーたちが選手会との契約に違反してまでこの目標を達成することは容認できなかった。球団の財政状態は個々の球団の自助努力で均衡化すべきであって、共同謀議を行う言い訳にはならないのである。

球団オーナーたちはどうやって陰謀をなしとげたのだろうか。証拠になる企画書、つまり「決定的証拠」はなかった。ところが、フリーエージェント選手の入札について球団オーナーたちが話し合った証拠があった。1回目は1985年9月27日にイリノイ州アイタスカで、2回目は、ワールドシリーズが行われているあいだの1985年10月22日にセントルイスで行われた。選手会は、オーナーとリーグ役員、そして、コミッショナーのピーター・ユベロスが行った話し合いのメモと証言を提出した。話し合いの間にオーナーたちは、フリーエージェント選手を競う入札を遠回しに表現した「複数年契約」の悪弊を思い出していたのだ。オーナー側の選手関係委員会の委員長リー・マクフェイルはオーナーたちに、「選手年俸に関係する野球運営での意思決定では厳しく臨み」、「経験豊かではあるが三流選手の理不尽な要求を受け入れる」圧力と誘惑に負けないように訴え、次のように述べた。

> 1人のフリーエージェント選手と契約すればペナントを手にできるという白昼夢を見るのはやめるべきです。平均的な球団の通常の年で収益がとんとんの状態になるところまで、運営をなんとかして立て直さなければなりません。そのためには、性急な行動に出ればペナントが握れ、その結果、財政が好転するかもしれないという考えに傾いてはいけないのです。これにはファンやマスコミの圧力をはねかえす抵抗が必要で、なまやさしくありません。

マクフェイルの進言を「真剣に考慮して」、「それ」を肝に命ずるようにコミッショナーのユベロスがオーナーたちに命じたときには、誰も反対しなかった。

非公式の投票が行われたあとで、「球団の代表が複数年契約を避ける意志を表明した」。

1985年11月6日にフロリダ州ターポンスプリングスで開かれた会議で、ユベロスは、球団のゼネラルマネージャーに「長期契約を結ぶのは賢くない」と語った。決定的になったのは、1985年12月11日、サンディエゴで開催されたメジャー・リーグの年次総会だ。マクフェイルはフリーエージェント選手のリストを配り、同じような進言をし、オーナーたちは耳を傾けた。

その後に球団が示した行動パターンは動かしがたい証拠だった。そして、条件提示のタイミングを遅らせることに関する資料は説得力があった。オーナーたちの足並みそろえた行動に対してほかに筋の通る説明がなかった。ロバーツは、オーナーたちが団体労働協約に違反する共同謀議をはかったという結論を出した。独立独歩の、頑固で、しばしば短気な経営者のオーナーたちが何を根拠にどうやって協力できたのかと記者にたずねられて、引退した元選手会委員長、マービン・ミラーは、次のように語った。「ニグロ・リーグにずば抜けた才能を持つ選手がいて、未開拓市場のファンが最高のレベルの野球を見たがっていたのに、先輩オーナーたちは、不文律の紳士協定に基づいて1947年まで何十年間も白人だけの野球事業を効率良く効果的に維持していたではないか。」ミラーに言わせれば、これも、非公式な「共同謀議」であった。

1988年1月22日、ロバーツは、オールスター選手のフィスクも含めて名乗りを上げた7人の苦情申し立て者が、今やフリーエージェント選手になったと追加の裁定を下し、その後、影響を受けたフリーエージェント選手に1,050万ドルの未払い年俸を支払うことを経営陣に強制する「仮裁定」を出した。すなわち、共同謀議がなかったなら競合するフリーエージェント市場で得ていたはずの金額と、実際に得た金額との差額の支払いを命じた。

共同謀議事件についてロバーツが述べた意見は、証拠にしっかり根ざしていた。ロバーツは経営者の弁明を巧みに処理した。弁明には本末転倒なものもあった。「メッサースミス事件」と異なり、当事者の契約が意味するものについては、なんの疑問もなかった。ほんとうに問題だったのは、球団オーナーたちが何をしたかだけで、ロバーツが事実に基づいて出した結論はたしかに筋が通っていた。オーナーたちの行動が劇的に変化したことをこれほど満足に説明

するものは、ほかになかった。

　ロバーツは常設仲裁人の職をオーナーたちに解雇されても、引きつづき共同謀議事件に関わった。ロバーツの裁定とその後の共同謀議事件で下された裁定で与えられた何百万ドルもの損害賠償金を、選手たちのあいだでどのように分配するかを決定する仕事に、選手会がロバーツを指名したのである。この仕事は数年を要し、本書が書かれている時点でも、まだ完了していない。

4｜第2、第3の共同謀議

　選手会は1986年から87年のフリーエージェント選手達に関しても球団オーナー間で共同謀議があったとして苦情申し立てを行った。選手会から厳しい言葉で81ページにわたってつづられた「第2共同謀議」の意見書が1988年8月31日に提出され、仲裁人ジョージ・ニコラウは、その意見書から「フェアプレー」と自由市場を裏切った球団による入札不正操作の「独特の手口」を発見した。1986年から87年のフリーエージェントのシーズンには、「自由市場の面影はどこにもなかった」。

　ニコラウは、ア・リーグの会長ボビー・ブラウンと2人のオーナーが、フィリーズのオーナー、ビル・ガイルスに、フリーエージェント選手のランス・パリッシュと契約をしないよう圧力をかけていたことを知った。パリッシュは、その後に年俸引き下げを受け入れて移籍した2人の選手の1人だった。ガイルスは結局、年俸を5万ドル引き下げ、フィリーズには共同謀議の責任がないことをはっきり述べた条項を含む契約をパリッシュと結んだ。もう1人移籍するフリーエージェント選手、アンドレ・ドーソンは、白紙契約にサインして、結果的に54万7,000ドルの減給になった。ニコラウの話では、オーナーたちはフリーエージェント選手に見せかけだけの条件提示をした。またしても、パリッシュとドーソンを除けば、フリーエージェント選手がようやく移籍したのは、元の所属球団が選手との契約延長をしないことを明らかにしたあとだった。

　ニコラウは、「証拠を見れば、もとの所属球団がほしがっているフリーエージェント選手の入札は1月8日以前には行わないことになっていて、誰もがそれを承知していたことがわかる」と意見書に記して、オーナーたちが仲裁審問の

証言で「途方もないど忘れ」をしていたと述べた。コミッショナーのユベロスは「オーナーたちがどこで朝食をとるかといったことで共同謀議をはかるはずがない」と主張して、ニコラウの最終的な結論を拒否した。1989年4月1日にコミッショナー事務局を去る時に、ユベロスは、球団が自滅的な金の使い方をする時代にあと戻りしなければよいのだがと言い、選手の年俸高騰についての懸念をはっきり述べた。もっと賢い金の使い方をしろとオーナーたちに警告したことが、共同謀議行為につながったのではないかと記者に質問されて、「そうだ」と答えた。

1990年7月16日、ニコラウは、選手会が訴えた共同謀議の苦情について3度目の最終的な見解を発表した。球団経営者が作った「情報銀行」があったから、オーナーたちはフリーエージェント選手の入札を不正に操作して、条件提示額を低く抑えられたことがわかったというのである。「銀行が言わんとしていることは明らかだ。市場に乗りこんでいって入札しなければならないのなら、どんな入札をするのか互いにうち明けて、穏便に協力しようではないか、と言っているのだ。そうすれば、価格が高騰することもないし、大きな損害をこうむる球団もない。」仲裁人によれば、この協力体制が、「安全な入札環境」を作り出して、共同謀議禁止条項に違反しているのだった。

1990年9月17日、仲裁人ニコラウは、1987年と88年の契約違反に対する損害賠償金1億250万ドルを、影響を受けた選手に支払うよう球団オーナーたちに命じた。スポーツの歴史で最高の損害賠償裁定額だった。1990年12月5日、オーナー側と選手会は未解決の要求すべてに決着をつけ、球団は契約違反で選手に生じた不都合を賠償する2億8,000万ドルを一括で支払うことに合意した。

ニコラウの見解は、契約に定められた共同謀議禁止の約束事項を拡大解釈していた。当事者は条項が共同謀議行為を禁止することを意図したが、それにはたんなる情報の交換も含まれたのだろうか。それどころか、最初の共同謀議事件では、ロバーツは、オーナーたちは会合で「相変わらず自由に情報を交換している」と記している。しかし、第3回共同謀議の審問で提出された証拠は、交換した情報でオーナーたちが何をしたかに焦点を当てた。オーナーたちは情報銀行からの情報「引き出し」の詳細記録を保持していた。選手会は、そのデータをもとに、情報銀行とフリーエージェント選手入札手続の直接的な関係

を裏づけることができた。オーナーたちは情報を使って「価格の設定」を行っていた。つまり、フリーエージェント選手に示す提示額を決めたのである。たとえば、球団は、ライバル球団が特定のフリーエージェント選手に一定のレベルの年俸で2年契約しか提示しないことを知ったら、もっと高い年俸で3年契約を求める選手代理人の要求に応じる必要はない。経営者側は、選手が代理人と選手会を通して競合する提示についてひんぱんに情報を交換していたと審問で訴えたが、この訴えを証明することはできなかった。

　公正な仲裁人は、常に、当事者の意図を重要な判断指標にするべきである。球団オーナーと選手は共同謀議の禁止で何を達成したかったのだろうか。経営者側がコーファックス・ドライズデール合同契約保留がくり返されるのを止めたかったのは、明らかだ。選手会は、自由市場を決定するオーナーたちの協調行動をくい止めようとした。経営者側は交換した情報を巧みに利用して、共同謀議をたやすく行う別の方法を見つけ、そして、仲裁人は契約違反となる証拠を見つけたのだった。

5 │ 共同謀議の終結

　フィスクの共同謀議集団苦情申し立てで、野球ビジネスの歴史でもう1つ、重要な局面が幕を閉じた。オーナーたちは私的な協力を通じて選手の年俸の大幅な上昇をくい止めようとした。ところが、この努力は、共同謀議を行ってはならないと選手に約束した契約でうち砕かれた。皮肉なことに、オーナーたちは自分たちが提案した年俸設定制限に抵触したのである。団体労働協約では禁止区域が明確に記されているが、オーナーたちにはべつの許容される戦略があった。もし共同で行うのではなく個人で行動していたら、選手の年俸増加を抑制できただろう。ところが、実際は、ペナントを期待する誘惑がまさり、フリーエージェントになったもう1人のスーパースター選手が欲しくなってくる。そうなれば、個人的な戦略では手に負えなくなり、効果がなかった。

　オーナーたちの共同作戦は団体労働協約に違反した。それは、コンビニで強盗をしたら違法行為になるのと同等の「違法」ではなかった。共同謀議をはかったからといって法的責任を問われたり、投獄されることはない。「不道徳」

でもない。オーナーたちは罪人ではなく、契約に違反しただけだった。

　オーナーたちは、野球の伝統にのっとって、ごく自然に力を合わせて行動していたのである。その伝統が始まったのは1880年代で、そのころブラッシュ分類方式でナ・リーグの全選手に低い年俸水準が押しつけられたし、それ以前には、ナ・リーグの球団が初めて選手を「保留」した。組織野球の構造全体が、事業者間の協力に依存していた。ところが、いまや選手側には、組合や団体労働協約、オーナーたちと交わした約束を監視する内部の「司法」制度がある。この枠組みがあるから選手会は、現代の経営者たちの権限に対して効果的に均衡を取ることができたのである。

　共同謀議がなくなると、選手の年俸はふたたび跳ね上がり、平均年俸は1988年の43万ドルから1992年には100万ドルを超えた。とはいえ、オーナーたちは、新たなテレビ放送権契約の恩恵を受けていた。ピーター・ユベロスがコミッショナー事務局を去る前にCBSと結んだ契約金額は16億ドルだった。

　選手会は驚くべき経済力を見せつけ、交渉の席で野球ビジネスにおける権限を勝ち取った。その後、仲裁による選手側の勝利によって、保留制度が崩壊した。共同謀議仲裁で、球団が選手年俸の買い手独占を再構築するために共同で行動してはならないことがきめられた。オーナーたちは、唯一の頼みの綱が交渉での経済力の行使であることを知った。

　オーナーたちは、選手会と交わした基本契約の条件変更を誓った。オーナーが野球経営で行った投資の成果をまるごと刈り取るとしたら、事業の憲章を書きかえる必要があった。選手会は、自分達のために達成した厖大な利益を守るためには、オーナーと同じように堅固でなければならないことを心得ていた。その結果、1990年代に労使紛争が発生し、国民の娯楽は崩壊寸前まで追いこまれることになる。(第9章参照)

6 │ 交渉への復帰

　球団オーナーたちは、NFLの経営者が1987年の労使紛争期間中に選手会を首尾よく弱体化するのを注目して見ていた。交渉での立場をがっちり守り、代わりの選手を雇って、オーナーは選手会の活動を不能にした。一方で、プロ・

フットボール界のスーパースターたちはピケを破った。したがって、1990年の野球の労使交渉が始まると、経営者側は年俸制度全体を再編成する準備ができていることを公言した。

経営者は、きたるべき労使闘争に備えて、2億ドルの軍資金と1億3,000万ドルの融資枠を確保していた。1990年2月15日、オーナーは春のキャンプを閉鎖し、選手をロックアウトした。経営者が交渉のテーブルで経済という硬球を投げ込むチャンスが来た。

経営者側が交渉に持ち出した提案は画期的だった。実績が6年以下の選手には、出来高に基づく年俸水準を要求し、それによって、年俸仲裁と、個々の選手が代理人を使う必要をなくすというものだった。オーナーと選手は、選手の年俸高騰に歯止めをかけるために、NBAが採用したものと同様のサラリーキャップに基づいて、収益を分け合うというのである。

ところが、キャンプを閉鎖して1週間後、オーナーたちは劇的な再編成案を取り下げた。コミッショナーのフェイ・ビンセントが交渉に介入してきたのである。1990年の交渉は、制度の大幅な変更もなく、消え入るように幕を閉じた。当事者の意見が分かれた問題は、最終的には、年俸仲裁ができる選手の資格だった。双方は意見の食い違いに妥協して、1990年のシーズンは数日後に開幕した。

興味深いことに、1990年の団体労働協約では、オーナーの共同謀議に対する選手の保護が強化されていた。契約では、常設仲裁人に、共同謀議で被害をこうむった苦情申立人に3倍の賠償を支払う裁定を下すことを認めた。契約の救済方法は、今では、連邦独占禁止法に基づいて野球以外のすべてのスポーツに適用される救済方法にそっくりになった。独占禁止法から野球を免除したオリバー・ホームズ判事の裁定からほぼ70年後、ドン・フェアー委員長とメジャー・リーグ選手会は、団体労働協約に基づいて独占禁止法による保護と救済を模倣していたのである。

第 **8** 章

球界の犯罪

ピート・ローズ
　つねに八方破れなプレーを見せた通算安打数歴代1位の選手は、こりもせずに八百長に手を出した。ピート・ローズはクーパーズタウンの野球殿堂行きの急行列車に乗っていながら、監督を務めた試合に金を賭けた疑惑で脱線してしまった。

国民の娯楽には、その歴史を通して、暗い側面がある。時折、野球は、悪夢とも対戦してきた。賭博は組織野球の誕生直後から悩みの種だった。選手はアルコールに依存したり、最近では違法薬物に手を出している。野球は大衆の注目を求めるものであるために、関係者が犯した人的ミスは衆目にさらされてきた。

　当然ながら、賭博や薬物濫用は野球の世界に限られたことではない。古来より賭博師は勝ち負けで賭けができる人間の活動を探し求めてきた。野球はきわめて公共性の高い事業で、試合の結果は翌日の朝刊を見れば簡単に確かめられる。さらに、野球の歴史の大半を通じて、オーナーが選手に払う賃金は安かった。その結果、野球選手は出場する試合の結果を左右する賄賂に弱かった。選手の大型年俸の時代が到来すると、球界の若者は金回りがよくなり、気晴らしに薬物を手に入れる経済的な余裕ができて、もはや地ビールで我慢しなくてもよくなった。地ビールは、プロ野球が誕生した時代から、選手にとってなくてはならない飲み物だった。次の野球法律オールスター選手には、負けん気の強かったピート・ローズに登場を願い、野球ビジネスのきわめて不愉快な汚点を振り返ってみることにする。

　シンシナティの「ビッグ・レッド・マシーン」ことピート・ローズは現代の野球で最高の打者だった。レッズからフィリーズ、エクスポズに在籍した24年間のメジャー・リーグ生活で「チャーリー・ハッスル」（ピート・ローズのあだ名）は4,256本の安打を打ち、タイ・カップが数十年来守っていた記録を破り、試合出場数の最高記録——桁外れの3,562試合——と14,053打席の最高打席数記録もうち立て、1984年から89年までは故郷の球団レッズの監督を務めた。クーパーズタウンの野球殿堂行きの特急列車に乗りながら、野球賭博疑惑で脱線したのである。

1｜賭博と野球の歴史

　ローズの武勇伝とローズに対して3人のコミッショナーが取った行動を理解するには、国民的娯楽がたどった日陰の部分の歴史に目を向けなければならない。20世紀になる前の球界は、選手と賭博師の関わりを示す話にことかかな

かった。試合での八百長は、1870年代までは日常茶飯事だった。試合に金を賭けるのはどこでも見られた。今日の競馬場やハイアライ球技場で行っているのと同じように、ブルックリンとフィラデルフィアでさえ、球場に公開賭博場を設置するのを許可していた。

　1878年になると、ウィリアム・ハルバート率いるナショナル・リーグは、試合でわざと負けるのは「リーグの目的に違反する行為」にあたるとして、4名の選手を永久追放に処した。その前年、ルイビル・グレイズは、最後の東部遠征に出る直前までリーグの首位に立っていて、それから7連敗を喫した。調査の結果、ペナントレースから敗退するよう「ルイビルの4人組」に各100ドルが支払われていたことが明らかになった。球界幹部は、暗黒街と交われば、球界が維持しようとしていた世間向けの印象、すなわち、品行方正の姿が崩れかねないことを承知していた。この世間体に傷をつけた選手は永久追放の処分を受けることになっていて、最初にこの処分を受けたのがルイビル・ナインの4人のスター選手だった。

　球界が賭博と関わって地に落ちたことで有名なのは「ブラックソックス」事件で、この事件を眺めると、スポーツの世界におけるオーナーと選手の関係や、事件の結果設置されたコミッショナー事務局の強力な役割について多くのことがわかってくる。ホワイトソックスのオーナー、チャールズ・コミスキーが選手に支払っていた賃金はリーグ一安く、選手がいつプロの賭博師の餌食になってもおかしくなかった。真相はいまだに論争の種になっているが、ホワイトソックスの8名の選手が複数の賭博師と会い、1919年ワールドシリーズの試合でわざと負けるよう賄賂を持ちかけられたようだ。少なくとも、8名のうちの何名かは、シンシナティ・レッズと戦う9試合勝負のシリーズの最初の2試合と第8戦でわざと負けようとした。8名の内、7名が賄賂を受け取った。ホワイトソックスがワールドシリーズで敗れて1年後の1920年10月22日、シカゴ大陪審は8名の選手を起訴し、選手が悪名高い賭博師アーノルド・ロススタインから金銭を受け取って、ワールドシリーズの試合でわざと負けたと告発した。（奇妙なことに、その4日後にロススタインが出廷して「私たちの国民的スポーツ」である野球を愛していると述べると、同じ大陪審はロススタインの容疑を晴らした。）

第8章　球界の犯罪

ホワイトソックスのオーナー、コミスキーはワールドシリーズの八百長疑惑をしばらくのあいだ否定していたが、その後エディ・シコッティ投手と大打者シューレス・ジョー・ジャクソンの2選手が自白した。1921年の夏中、アメリカは国をあげ刑事裁判の行方を追った。ところが、選手の告白を記録した文書がどういうわけか消失した。1921年8月2日、シカゴの陪審は8名のいわゆる「ブラックソックス」選手を無罪にし、刑務所に行った者は誰もいなかった。
　球界の経営者は、ブラックソックス事件が野球ビジネスにつきつける深刻な脅威を察知した。ファンが球場に足を運ぶのは、ずば抜けた才能を持つ若者が演じる、優れた技を楽しむためだ。本質的に、試合の結果は「グランドの上の優劣」に基づくべきであって、外からの力、たとえば、賄賂などに影響されてはならない。観客を集めるのなら、試合に汚れがあってはならない。賭博は野球カルテルの経済的な継続性を危機にさらすことになるのだ。
　国民の信頼を失う危機に直面して、オーナーたちは商業的事業の正当性と利益性を守るために、強力な行動に打って出た。それ以前には、1903年のナショナル協定で、両リーグの各会長と両会長が選んだ人物の3名で構成されるナショナル・コミッションが設けられた。しかし、コミッションでは野球の純潔を守れないことがわかった。オーナーたちはさっそくコミッショナー事務局を設置した。コミッショナーは、強い権限を持ち、表向きは中立な統治者であるが、野球が誕生して以来野球ビジネスに付きまとう悪弊を絶つために、「野球の最大の利益」のために行動することができた。オーナーたちには、国民的スポーツの公正な行為を守り、促進してくれる、信頼できる人物が必要だった。
　これまで見てきたように、オーナーたちは元大統領のウィリアム・ハワード・タフトやジョン・パーシング将軍など数名の候補者を検討したすえに、ケネソー・マウンテン・ランディス連邦判事をコミッショナーに選んだ。オーナーたちがライバルのフェデラル・リーグと戦ったときに勝利をもたらした英雄である。これは、さまざまな理由で、運命を決する人選だった。ランディスは、1944年に他界するまで、球界を支配することになる。
　野球はアメリカの理念の中心であり、アメリカの若者の将来に利益になるように行動することが自分の役割であるとランディスは信じた。

野球はアメリカの少年にとってゲーム以上のものである。一生の仕事のための訓練の場である。野球が公正で誠実なものであるという信頼がうち崩されるなら、それ以上のものがうち崩されることになる。少年の心にすべてのものに対する疑心を植えつけてしまうのである。

したがって、国民的スポーツを20年にわたって統治する最初の仕事として、ランディスがブラックソックス事件に断固とした態度で臨んだのは、驚くにあたらない。1921年1月21日付けの「スポーティング・ニューズ紙」はこう報じている。

　ランディス判事が就任にあたり、球界統治の概要を述べ、球界入りした大きな理由を力説した。球界から不正と賭博を一掃し、球界を非の打ち所のないものにすると言う。経営者であれ選手であれ、球界のいかなる人間にも、その行為が厳密な意味で誠実でなければ、容赦しないことを明らかにした。選手もオーナーも、悪魔の出現を避けるか、あるいは、球界から彼らを放逐できる権限を持つコミッショナーの存在を感じなければならない。判事は球界の専制君主になるものと思われる。

　ランディスがまっ先にした仕事は、八百長に関わった選手に処分を与え、野球のページからブラックソックスの物語を抹消することだった。選手に無罪が言い渡された翌日、ランディスは8名の選手を組織野球から永久に追放した。

　陪審の評決とは関係なく、八百長を行った選手、八百長の提案あるいは約束を受け入れた選手、八百長の手口が話しあわれている場で不正を行う選手や賭博師と同席していながら、話し合いが行われていることを球団にすみやかに報告しなかった選手は、何人たりとも、二度とプロ野球でプレーしてはならない。

追放された選手の中に、1人の非凡な選手がいた。外野手、シューレス・ジョー・ジャクソンである。ジャクソンは13年の選手生活で、タイ・カッブとロジャーズ・ホーンズビーに次ぐ歴代3位の通算打率3割5分6厘を記録した。あるとき、クリーブランドのファンが「『文盲』って書けるか」と無学なジャクソンにヤジを飛ばすと、ジャクソンは3塁打を放ち、3塁のベースの上から「おい、減らず口、トリプルって書いてみろよ」と言い返した。事件のあと、ブラックソックス裁判が行われた裁判所の入口で伝説のジャクソンに1人の少年が近づ

いて、「ちがうって言ってよ、ジョー」と叫んだという話がある。残念ながら、ジャクソンは、ほんとうなんだと言わなければならなかった。

　ランディスは在任中には目を光らせ、賭博と八百長を禁止する規則をきびしく守らせ、絶大な権力を利用して、着実にカルテルを支配した。しかし、常にすべてのオーナーに厳しかったわけではない。何と言っても、かなりの額の賃金をランディスに支払っていたのは、オーナーたちだった。ランディスの独裁的な管理が奏効して球界の違法行為に対する大衆の不安はやわらげられ、おりしもベーブ・ルースの強力なバットに助けられて、野球はかつてなかったほどの繁栄を見ることになった。

2｜ローズとコミッショナーの対決

　以上述べたことに照らし合わせると、ピート・ローズが自分で監督をした試合に金銭を賭けていたという疑惑に対する3人のコミッショナーの反応はよく理解できる。コミッショナー事務局には、そのような違法行為に関わった者を球界から永久追放する規則が60年前からあったのである。1989年2月の後半に、ローズが球界の基本的な信条に違反していたという申し立てを受けて、コミッショナーのピーター・ユベロスは、ピート・ローズの取り調べを行っていることを公表した。

　ローズは罪をあっさり否定したが、その時、言葉の選択を間違えた。「俺が賭博師なら、野球で賭けをしなかったって言うあんたに賭けるね」と言ったのだ。取り調べを行うコミッショナーの決定に対して怒りの声があがるのは、とりわけシンシナティでは、明らかだった。そこではローズは英雄扱いされていて、市議会はローズがほかの球団に移籍するのをくいとめるために「名誉市民」に指名しようとしたこともあった。市議会はのちに、ローズを讃えて、リバーフロント球場へ行く道路の名称を「ローズ通り」に変えた。

　コミッショナーには、メジャー・リーグ規約第1条第2節に基づいて、賭博に関わる疑惑を調査する権限が与えられていた。メジャー・リーグ規則第21条dは、次のように記されている。

野球の試合の賭博　いかなる選手、審判、球団またはリーグの役員もしくは従業員も、いかなる額であれ、野球の試合に金銭を賭けてはならない。これに違反した場合、違反者がその試合に関わる義務のない場合は、1年間の資格停止とし、違反者がその試合に関わる義務を負っている場合は永久追放とする。

1989年3月6日、ピーター・ユベロスはニューヨークの弁護士ジョン・ダウドをローズの調査を行う特別調査官に任命した。2カ月後、ダウドは、ローズの賭博を詳述する225ページの報告書をコミッショナーに提出して、次のような結論を出した。

ピート・ローズは、メジャー・リーグ史上屈指の有名選手としての名声を守るために、仲介人を雇い、自分に代わって金を賭けさせ、競馬場で負けた金の支払いと勝った金の回収を行わせ、このようにして自分の賭博行為を隠蔽した。

ダウドは報告書に添えて、7冊からなる証拠をコミッショナーに提出した。証拠品の中には賭け用紙があり、署名はローズの筆跡であると筆跡鑑定の専門家が断じた。また、試合直前にローズが有名な胴元にかけた電話の記録もあった。ローズは自分が所属する球団に賭けていたが、いずれの場合もつねにレッズの勝ちに賭けていたという。

ユベロスの後任のコミッショナーに、元エール大学学長で古典文学研究者のバートレット・ジアマッティが就任し、引きつづきローズの調査を行った。1989年4月18日、彼は大間違いを犯した。ピート・ローズの賭博と関係があり仲介者の1人であるロン・ピーターズに判決を下すところだったカール・ルービン判事に手紙を送ったのだ。ピーターズが「ローズ氏と自分の仲間について批判的な宣誓証言」を行って、球界の調査官に対して「公平で、率直で、誠実」だったので、ジアマッティはピーターズの情状酌量を提案したのである。ルービンはシンシナティ出身の連邦判事で、長年のレッズ・ファンでもあり、コミッショナーの「ピート・ローズに対する仕打ち」に激怒していたので、コミッショナーの手紙の写しをローズの弁護士であるルーベン・キャッツに送ってしまった。

ジアマッティはローズ事件の審問の日程を決めていたが、ローズの要請で一度延期した。ローズは、コミッショナーが事件の事情聴取をする前に、コミッ

ショナーに対する差し止め命令をシンシナティの生まれ故郷にあるハミルトン郡の州裁判所に請求した。オハイオ州判事ノーバート・ナベルにコミッショナーの審問行為を差し止めるよう要求したのである。

　ハミルトン郡民事訴訟裁判所で、差し止めを求めるローズの要請に応じて、ナベルは2日間、証言に耳を傾けた。ルービンに宛てた手紙はローズを非難したピーターズについて書かれており、コミッショナーのジアマッティは大選手に不当な偏見を抱いていることを示していると、ローズの弁護士は主張した。ナベルはシンシナティで再選に立候補するよう要請されていて、ジアマッティがローズの事件に「早まった判断を下した」という理由で、コミッショナーに対する一時的差し止め命令をローズに認めた。これは、野球の歴史で初めて、訴訟を通して、不正行為疑惑に関するコミッショナーの調査を中断させた例となった。

　これに対して、コミッショナー事務局はローズの故郷の州裁判所よりも公平な場所を探し、より好ましい環境——熱狂的なレッズ・ファンから離れて、国道71号線を車で数時間のぼったオハイオ州コロンバスの連邦裁判所——に裁判を移すことにした。(ところが、コロンバスはいまだに「レッズ王国」である。カントン市南部ではクリーブランド・インディアンズのファンはまばらだった) コミッショナー側の弁護士はこの事件には司法権が必要だと要求して、連邦裁判所でこう述べた。

> 私はシンシナティの州裁判所では、ローズ氏の立場を説明する必要がなにもありません。ローズ氏は地元の英雄で、おそらく、シンシナティで最も重要な市民です。そして、ジアマッティ・コミッショナーは、象牙の塔(エール大学の人間)に閉じこもっていたこともあり、ニューヨークから来たよそ者として不審の目で見られ、そして、ローズ氏に偏見があると非難されています。裁判長殿、これは、連邦裁判所で多様な司法権が誕生し、まさに今日まで存在する理由を示す、教科書に書かれているような例であります。

　この訴訟は異なる州の市民のあいだで起こされたために、いわゆる「多様な司法権」と呼ばれる司法特権の下では、連邦裁判所が審問の権限を持っていた。裁判を州から連邦裁判所に移すのは、原告が第一審で訴訟を連邦裁判所に持ち

こむことができたときであるが、予審裁判所はこれを実行する権限を行使して、コミッショナーの申し立てを認めた。しかし、ローズは少なくとも当面は、反省していなかった。

熱のこもった交渉が行われた後、1989年8月23日、ピート・ローズが球界永久追放を認めて、連邦裁判所の裁判は和解に達した。ローズとジアマッティの間で交された正式な「合意と決議」は、監督でかつてのスター選手だったローズが「メジャー・リーグ規則第21条に違反して野球の最大の利益にならない行為に関わり、その行為は、シンシナティ・レッズの監督として試合を行う義務があったメジャー・リーグ野球の試合で賭けをしたことにとどまらない」と記載された。その内容はコミッショナーがローズの疑惑に関して行った調査を踏まえたものだった。コミッショナーがルービンに宛てた手紙はコミッショナーがこの件で偏見を持っていたことを示している、との最初の裁判での主張をローズが撤回し、また、ローズはコミッショナーが「調査と訴訟の全期間にわたって誠実に行動していた」ことを認めた。それとひきかえに、コミッショナーは、賭博疑惑について正式な認定をしなかったが、この件に関して公式声明を発表しないわけにはいかなかった。

交渉でたどりついた和解には微妙で優雅な言動がつきもので、ローズは、どの行為が「野球という国民的スポーツの最大の利益にならなかった」のかを認定する独占的な権限をコミッショナーが有することに合意し、審問を請求するいかなる権利も放棄して、コミッショナーが言いわたした処分を受け入れた。

a．ピーター・ローズはメジャー・リーグ規則第15条(c)に則って永久に資格を失い、無資格者名簿に名前が記載されたことをここに宣言する。
b．この合意は、復権を申請するメジャー・リーグ規則第15条(c)に基づく権利をピーター・ローズから剥奪しないものとする。ピーター・ローズは、復権申請時の査定では、コミッショナーあるいは将来のコミッショナーが下す決定あるいは採用する方法に、不服を申し立て、抗議し、あるいは異議を唱えないことに合意する。
c．この合意は、ピーター・ローズがメジャー・リーグの野球の試合で賭博を行ったとの容疑について、本人が肯定あるいは否定のいずれであることを示唆するものではない。

3 | ローズ訴訟

　ローズ事件では、有識者は、自分の「故郷で行われる裁判所の強み」を濫用したと言ってたちまちローズを非難した。なんといっても、選挙で選ばれた州裁判所の判事が地元の人気者に対して下す判決はたかが知れているというのだ。非難は根拠がなく、公正でない。州裁判所にはローズの行動を審問する権限があったことは、はっきりしている。ローズにほかのどこに訴えを持ちこめというのだ。マンハッタンの、コミッショナー事務局の近辺だろうか。さらに、コミッショナーはコロンバスの連邦裁判所に訴訟を移したが、そこは自分の利益にもっともふさわしいと考えた場所だった。ローズが選んだ裁判所が非難されるのなら、問題を別の裁判所に移したコミッショナーも、同様に非難されるべきである。

　コミッショナーの審問行為を差し止めるというローズの要請では、ジアマッティがローズ事件の真相の判断を早まったという理由で差し止めを認めた裁判所の決定に喝采を送った傍聴人は少なくない。その結果、ローズは公平な「正当な法の手続」を否定されたというのだ。こういった意見もまちがっている。

　ローズはコミッショナーの審問に顔を出す権利があった。しかし、審問の日程が決まっているにもかかわらず、ローズは審問の禁止命令を出させようとした。刑事訴訟の検事とまったく同じように、コミッショナーは訴えになんらかの実体があるかどうかを知るために、審問の日程を決める前に疑惑を調査しなければならない。ローズの告発者が信頼できるからといって、コミッショナーは事件の最終的な結末をあらかじめ決めていたわけではない。それどころか、コミッショナーは、告発者が信頼できるとわかっていなかったら、おそらく審問など予定しなかっただろう。審問は告訴されたローズに、有利な話を提示する場所を提供していたのである。

　ローズの正式な「正当な法の手続」請求には、法的根拠がなにもない。憲法では、修正第5条で、「正当な法の手続」が記されている。この義務は、政府の機関の訴訟のみに限定されている。（たとえば、親は子どもに罰を与える前に法の正当な手続を子どもに与える必要はない。）「国民的」娯楽を自認してはい

ても、野球は政府の事業体ではない。「州の訴訟」つまり、政府のなんらかの機関あるいは団体による訴訟ではないので、訴えを起こすローズの権利は、憲法ではなく、野球を統治する文書に拠らねばならなかった。ローズが裁判所に救済を求めたとき、メジャー・リーグ規約と規則はローズに審問の権利を保証していた。彼は、正に、その権利を受け取れる立場にあったのだ。

折しも、ノーバート・ナベル判事はハミルトン郡民事訴訟裁判所の共和党予備選挙に立候補していたがほかに立候補者がなく、1990年11月6日の総選挙で民主党のダニエル・バークを下した。ナベル判事は、ローズ裁判の決定が自分の選挙に影響したとは思わないと述べている。

ローズはナベル判事ほど順調でなかった。コミッショナーに永久追放され、これから見ていくように、追放のせいで野球殿堂の扉も閉ざされてしまった。1990年7月19日、連邦地方裁判所はローズに5カ月の懲役を宣告した。ローズが脱税の罪を認めたのである。罪は、おもに、写真販売で得た収入を申告しなかったことに基づいていた。ローズは1990年8月8日にイリノイ州のマリオン連邦模範囚収容所に出頭し、ジャージーの番号は、有名な背番号14番ではなく、囚人番号01832061になった。相手チームには不運なことだったが、ローズはマリオン刑務所のソフトボールチーム、アウトローズでプレーをする資格を得たのである。

4│刑事、民事、私的訴訟手続

自分の球団が関わった試合に金銭を賭けて告発された現代のスーパースター選手は、ローズ1人ではなかった。ジャイアンツの監督、ジョン・マックグローも賭けをしたし、タイ・カッブとトリス・スピーカーも賭博をしたという証拠がある。賭博あるいは犯罪行為に関わって一時期球界から追放された選手あるいはオーナーもローズだけでない。現に、戦後のニューヨーク市で活躍した2人のスター選手、ミッキー・マントルとウィリー・メイズは引退して（そして殿堂入りして）からずっとあとになって、アトランティックシティの賭博場でスポークスマンを務めたとして一時期球界から追放された。コミッショナーはヤンキースのオーナー、ジョージ・スタインブレナーも賭博師とつきあ

いがあったとして1990年から2年間追放した。

ピート・ローズ事件は最終的には和解で解決したが、審問でコミッショナーの権限に疑問を提起している。コミッショナーは基本的には、ローズに賭博容疑で「有罪」を宣告し、資格の剥奪と試合の出場停止を宣言して、「罰する」ことができた。憲法は、刑事訴訟の容疑者に手続上の保護を提供している。しかし、コミッショナーが刑法ではなくメジャー・リーグ規約に基づいて決定を下したために、ローズはこういった保護を要求できなかった。

ローズ裁判では、メジャー・リーグ規約によって、賭博容疑を調査する特別の職権がコミッショナーに与えられていた。規約の第7条第3節には、コミッショナーの決定はすべて「球界の最高の利益」として認められると記載されている。それで、表面的には、メジャー・リーグ規約はコミッショナーに、刑事裁判で与えられるよりもはるかに幅の広い権限を与えていて、告発された側に与えられる手続上の保護は少なかった。しかし、コミッショナーはローズを刑務所に送ることはできず、野球ビジネスから除外するだけだった。

コミッショナーは検事、判事、陪審として行動していたように見えるが、ローズは賭博という犯罪で裁かれたわけでも、有罪になったわけでもない。コミッショナーの行動は、公法ではなく契約で作り出された場所での私法適用のもうひとつの例だった。2つの法制度はしばしば似ているが、基本的な違いがいくつかある。

刑事法は、社会に対する害悪を防ぐために立法機関が制定した行動規範を適用する。たとえば、刑法に違反する行為で誰かがけがをした場合、起訴するのはけがをした個人ではなく、州、すなわち、社会である。起訴の目的は、反社会的な行為をした罪や、社会全体に害を及ぼした罪により、加害者を罰することである。一般に、州には、罪を告訴された人よりも、はるかに大きな力と財源がある。そのため、憲法は州が権限を行使するのに制限を加えている。

権利章典——合衆国憲法に対して初めて加えられた10項目の修正で第1回議会で承認された——には、連邦の権力行使をきびしく制限する記載がある。さらに、南北戦争後に制定された憲法修正第14条は、これらの規制を州政府の行動にも拡大した。憲法は告発された個人に一連の保護を与えている。

- 第4修正：不当な捜索や押収からの保護
- 第5修正：裁判の前の起訴、2重の有罪危険（同一の犯罪で2度裁かれる）からの保護、自己負罪の保護（自己に不利な証言を強制されない）、法の適正な手続きなしに生命、自由または財産を奪われないための保護。
- 第6修正：陪審による迅速な裁判の保証、訴追について説明を受ける権利、証人と対決する権利、弁護士の援助を受ける権利
- 第8修正：苛酷で異常な刑罰からの保護

　証拠と刑事訴訟に関する州と連邦の法規には、憲法で定められた基本的な保護が詳しく述べられている。

　こういった憲法上の制約はどれも、野球コミッショナーが運営するような契約から生まれた私法制度の下では、調査や裁決に適用されない。「正当な法の手続」や「憲法上の権利」の欠如をめぐって世間で抗議の声があがっていても、コミッショナーが適用する内部の私的な法制度は、憲法の制約を受けずに機能する。コミッショナーは、権限を与える契約、すなわちメジャー・リーグ規約で定められた制約の中で行動しなくてはならない。

　しかし、コミッショナーが、契約から生まれた幅広い権限を行使するにあたって、野球の最大の利益を追求して公正な態度で行動することをメジャー・リーグ規約の当事者は、期待していたと想定しなければならない。契約上「公正」であるためには、少なくとも、容疑の告知と、それに対する反論の機会が必要である。しかし、基本的に公正であるといっても、完全な裁判形式の審問や独立した意思決定者、あるいは正当な疑惑を超える証拠は必要ない。ローズは公正に扱われる権利を与えられ、そして、受け取っていたように見える。

　州の正式な刑事訴訟は、不正な行為をした者を罰するように作られていて、民事司法制度ともはっきり区別されなくてはならない。民法は、私的な当事者の取引に基づき、私的紛争を円満に公に解決する場所を提供する。被害をこうむった当事者が訴訟を起こすのは、罰するためではなく、私的利益の侵害に対する個人的な賠償を得るためである。個人の間で発生した民事訴訟では、刑事問題で被告が州に対して持っている憲法上の保護が持ち出されることはない。

　民事裁判と刑事裁判は、使っている法廷や陪審は同じかもしれないが、本質的に異なる。犯罪で有罪の判決が下されるには、容疑者に合理的な疑いを差し

はさむ余地がなく罪があることが証明されなければならない。ところが、民事上の不正で倍賞を受けるには、原告の「証拠の優越」で訴えを証明するだけでよい。この国の裁判制度では、無実の人間が自分で犯さなかった犯罪で有罪になるよりも、むしろ、罪を犯した当事者グループが罰を免れることが許されている。したがって、行政は被告の有罪を証明しきれない場合もある一方で、被害者が同じ証拠に基づいて同じ被告に対してあとで民事訴訟を起こして、勝つこともある。たとえば、殺人で告訴されて無罪放免になった被告が、そのあとで、不法死亡という不法行為で責任を問われることもある。

ローズの一連の出来事を見ると、刑法、民法、私法の制度の違いがよくわかる。どれもみな裁決の形式を取ることになるが、それぞれ異なる方法で、それぞれ異なる目的を追求している。ローズは、コミッショナーとの間で発生した私法の紛争を公法の民事制度に移そうとした。同時に、刑法制度の中にいた検察当局は、調査を行い、告訴し、脱税でローズを有罪にした。ダイヤモンドでは1塁と3塁をこなすピート・ローズは3つの異なる法制度でも、いくつものポジションをこなす使い勝手のよい選手だったのである。

5｜野球と不法薬物

賭博が野球の品位につきつけた脅威は、組織野球が直面した危機で最大の地位を占めるとはいえ、球界は、もう1つの社会悪にも対処してきた。選手の薬物濫用である。プロ野球が誕生したころから、選手と酒場は同意義と言われ、アルコール中毒で苦しんだスター選手は少なくない。しかしここ数十年は、合衆国政府が不法薬物使用に特別に目を光らせるなかで、組織野球では、新たに金持ちになった選手がほかのアメリカ人と同様にコカインの誘惑にさらされていることがわかってきた。

メジャー・リーグは、最初に、包括的な対策というよりも特定の事件に対応する形で、選手の不法薬物使用に対処した。1980年6月、テキサス・レンジャーズの花形投手ファーガソン・ジェンキンズが、少量のコカインと大麻の所持で逮捕された。コミッショナーのボウイ・キューンは、野球の最大の利益のために行動する権限を行使して、罪を認めるかあるいは否定するまでジェン

キンズを出場停止処分にした。ジェンキンズは苦情を申し立て、コミッショナーが与えた出場停止処分に対して仲裁で戦った。仲裁人は、ジェンキンズの逮捕だけに基づく出場停止処分は、「有罪が認められるまでは無実」とするアメリカの基本的な理念に反するとの裁定を下し、コミッショナーの決定を覆した。さらに、仲裁人は、裁判が行われる前にジェンキンズに罪を認めるか否定するかを強要するのは、ジェンキンズが持っている憲法上の権利、すなわち、自己負罪を侵害するとして、キューンの要求が「実際問題として……法廷でのジェンキンズの弁護を危うくすることになるだろう」と考えた。

　仲裁人の裁定は、全体的には、たしかに正しかった。キューンはマスコミにポーズを取っていただけで、仲裁人はコミッショナーの過剰反応から選手を守った。しかしその理屈には疑問がある。1つには、経営者には、労働者が秩序を乱したときに、労働者を職場から取りのぞく権利があるはずだ。キューンは、野球に対して大衆が抱くイメージを守るために、選手が不法薬物との関わりを疑われた時、非難及び咎めの余地がないことが絶対不可欠である旨明示して、判断の理由を論理的に述べることもできただろう。ところが、コミッショナーは、ジェンキンズの場合がそれにあたることを示さなった。したがって、出場停止処分に問題が生じた。投手が「有罪が証明されるまでは無実」だったからではない。むしろ、不法薬物使用に対する正当な商業的関心（ファンにマイナスイメージを持たれること）を示さなかったことが問題だ。

　仲裁人が憲法上の権利を持ち出したのも、また、間違いだった。憲法はコミッショナーを法的に拘束しない。したがってコミッショナーと彼の事務局は、政府の第4の機関——すなわち、立法、司法、行政、そして、野球のコミッショナー——であるかのように振る舞うことができるのだ。しかし、経営者は、おそらく、罪を犯したと認めなかったことを理由に労働者を職場から追放するわけにはいかないだろう。労働者の私的生活、すなわち、雇用関係に本来備わっている権利に干渉することになるからだ。

　コミッショナーのボウイ・キューンは、1983年8月にまたもや薬物事件に直面した。今度はカンザスシティ・ロイヤルズの選手3人が「コカイン所持」により軽犯罪の罪を問われ、抗弁したのだ。合衆国治安判事が保護観察処分にしないで、それどころか3カ月の懲役を宣告したので、選手たちは仰天した。コ

ミッショナーは3選手を出場停止処分にしたが、この決定は仲裁で支持された。一連の出場停止処分の第1号になったのがドジャースのスティーブ・ハウだ。1983年12月に1984年シーズンの出場停止処分を受けた、ハウは深刻な薬物濫用問題を抱えていて、メジャー・リーグが行う薬物テストでたびたび不合格になって医療センターへの入退院をくりかえしていた。

こういった事件が発生してまもなく、ボウイ・キューンはアトランタ・ブレーブスの投手、パスクアル・ペレスが関係した事件に取り組まざるをえなくなった。ペレスは販売目的でコカインを所持して出身国のドミニカ共和国内で逮捕された。所持というそれほど重大ではない罪で有罪になったのだが、ペレスはドミニカ当局の手で3カ月間、懲役に服させられた。これを受けて、コミッショナーはペレスを1カ月の出場停止処分にした。ところが、この事件では、処分は仲裁で履された。仲裁人は、ペレスの有罪には「かなりの疑問」があり、キューンはドミニカの司法制度が出した有罪判決だけをより所にするべきではないとの裁定を下したのである。

キューンは、バイダ・ブルーを出場停止処分にしたときには、もっとうまく立ちまわった。ブルーは1983年10月、コカイン所持で有罪になり、3カ月の懲役に服し、5,000ドルの罰金を払わされた。キューンは、出所してきたブルーと契約するのをサンフランシスコ・ジャイアンツに禁じ、ブルーに84年のシーズンの残りの期間の出場停止処分を課した。この決定は仲裁で支持された。

選手会とオーナー代表者は、薬物が球界にはびこっているという認識が世間で次第に高まっていることに対処するために、協力することになった。1983年の実験的な共同薬物協定は、当時としては時代のはるか先を行く協定で、当事者は薬物使用を懲戒処分から医療対応に切り替えた。3人の医者——1人は選手会が、もう1人はオーナーが、あとの1人は先の2人の医者が選んだ——が特定の事件の真相を解明し、あらかじめ定められている治療法を適用した。

1985年9月、球界の薬物使用撲滅運動は最悪の時期を迎えた。「ピッツバーグ薬物裁判」では、選手にコカインを売って告発されたカーティス・ストロングが焦点になった。免責の付与のもとに証言を行い、選手がリーグ内で薬物がどのように売買され、ばらまかれているのか、その手口を詳しく述べた。有罪になった選手は1人もいなかったが、コミッショナーのピーター・ユベロスは、

関係した選手に制裁を受けるよう「要請」し、選手は「合意」した。ユベロスは、この事件を抜き打ち薬物テストを導入する足がかりにもした。

　ユベロスは薬物問題を、球界の選手達との人間関係というよりも、球界のための広報問題と考えた。彼は選手会に抜き打ち薬物テストを合意させようとして選手会を困惑させたが、この種の話は合同薬物協定に含まれていなかった。コミッショナーは、審判、事務局と全球団の職員、マイナー・リーグの選手を対象にした包括的な薬物テスト計画を発表した。ところが、選手会は、メジャー・リーグレベルの選手に適用されるユベロスの計画を拒否した。処分につながりかねないテストの仕組み作りは、オーナーが雇ったコミッショナーが一方的に押しつけるのではなく、選手会と話しあって決定されなければならないと選手会は主張した。個々の選手契約に抜き打ちテストの義務を盛りこむようユベロスが命令すると、選手会は、これを経営者と労働者が交渉して決める問題であると主張して、苦情を申し立てた。組合は仲裁で勝った。

　すると、ユベロスは抜き打ち薬物テストをあきらめて、改訂版の「プロ野球薬物政策および防止計画」を出した。今回は、選手会は抵抗せずに計画の進行を認めた。コミッショナーのフェイ・ビンセントは1991年の政策についてこう述べている。

　　選手は不法薬物の抜き打ちテストを受けなければならないわけではない。しかし、不法薬物の使用をこれまでに認めている選手、あるいは使用が見つかっている選手は、……選手生活の長さを考慮して……強制的なテストを受けなければならない。

　それからすぐあとに、スティーブ・ハウ投手がふたたびコカイン所持で刑法に抵触すると、ビンセントはこれを受けて、ハウを球界から永久に追放した。ところが、ハウはこの「罪状」に苦情を申し立て、仲裁人は、約束していた補導と薬物テストの支援を、コミッショナー事務局がハウに与えていなかったのだから、永久追放は厳しすぎると判断した。ハウは、結局、ニューヨーク・ヤンキースから解雇されて、1996年6月22日に球界を去ったが、それまでに、薬物あるいはアルコールが関係した事件で都合7回の出場停止処分を受けた。

6 | ドク・グッデンの勝利と悲劇

　メジャー・リーグが敷いた薬物テスト計画の成功と失敗は、1人の選手ドク・グッデンの選手生活がみごとに物語っている。グッデンは、フロリダ州タンパのヒルズボロー高校を卒業し、2年後の1984年にメジャー・リーグ生活を始めた。1982年にドラフトの1巡目でニューヨーク・メッツに選ばれ、マウンドでの巧みな球さばきでたちまち現代の伝説になった。1984年にルーキーの史上最多276奪三振を達成し、1985年にはナショナル・リーグ最優秀投手としてサイ・ヤング賞に選ばれた。

　1984年度新人賞を受賞してまもなく、グッデンがコカインに手を出したと言われるようになり、1986年までには、彼がヘビーユーザーという噂が広まっていた。1986年にメッツがワールドシリーズで優勝したあとにブロードウェイで行われた優勝パレードに彼が参加できなかったのは、二日酔いのせいだった。翌年の春のキャンプ中には、コカイン検査で陽性反応が出て、1カ月間のリハビリを行い、抜き打ちの薬物追跡検査を受けることに合意した。しかしグッデンの選手生活は、1991年のシーズンにけがで苦しんだのを皮切りに、悪化の一途をたどり、1994年と1995年には、薬物使用で再度出場停止処分を受けた。

　1996年、ニューヨーク・ヤンキースのジョージ・スタインブレナーは、グッデン（とアルコール規則違反者の仲間スティーブ・ハウとダリル・ストロベリー）に名誉挽回の機会を与えた。1996年5月14日、グッデンはシアトル・マリナーズを相手に、メジャー・リーグに在籍して初めてのノーヒット・ノーランを達成して、これに応えた。勝利はドク・グッデンがすばらしい活躍ができることを証明したが、それは、これから選手生活をまっとうするまでずっと薬物に手をつけなければの話だった。この勝利にもかかわらず、グッデンによって、きわめて公共性の高い薬物問題に取り組むメジャー・リーグが、内部の私的秩序の維持に失敗したことも明らかになった。

　プロスポーツ界で薬物問題が手に負えなくなっているのも驚くにあたらない。薬物問題はアメリカのどの共同社会でも破滅のもとで、アルコールの濫用やタバコと同じくらい大きな害を社会に与えている。不法薬物の使用と売買に関わ

る犯罪行為が法的手続を追い越す一方で、薬物は貧困地区をむしばみ、若い世代の多くの生命を無駄にしてきた。野球選手という模範生の薬物使用についてマスコミが抗議の声を上げているのは、選手のあいだで薬物使用が広がっていることをほのめかしているが、とんでもない話である。たいていの選手は、薬物が長いあいだに能力を減退させることをよく知っている。

薬物使用に対する球界内部の取り組みは、段階的に進行した。最初は、球界は問題を無視していたが、やがて大衆の関心の的になった。するとコミッショナーはその場その場で処分を行ったが、処分を科すたびに仲裁で戦いを挑まれた。最後には、コミッショナーが考えた包括的な計画に選手界の合意（あるいは少なくとも黙認）が必要になった。どんな政策でも成功させようと思ったら、厄介だが基本的な手続きを踏まなければならないのだ。

7 野球殿堂

野球のスター選手にとって究極の評価といえば、野球殿堂入りを決める選挙である。クーパーズタウンの神殿は、球界と誉れ高い関係者の偉大な記念碑である。それでは、この神殿の神官は、賭博や薬物濫用で名誉を失墜した候補者にどう対処するべきだろうか。球界の厳格な方針にそぐわない選手には、殿堂入りは達成できない目標かもしれない。史上最多安打の記録保持者、ピート・ローズは球界から永久追放され、野球殿堂から締め出されているのである。

野球殿堂理事会はピート・ローズについて「公式声明」を発表し、その立場を説明した。

> これほど真実からかけ離れたものがほかにあろうか。野球殿堂の我々は全員、ピート・ローズが球界に与えた衝撃を認める野球界の判断に与(くみ)する。野球ファンなら、球界の数々の偉業をバットで、ヒットでなしとげてきた歴代最高の首位打者に拍手を送らずにはいられない。ピート・ローズの15を超す関連品が野球殿堂博物館に展示されている事実は、ローズが球界に与えた大きな影響を私たちが認めていることを証明している。

野球殿堂選挙規則にはこう書かれている。「野球の不適格者名簿に名前が記

載されている選手は、全米野球記者協会（BBWAA）あるいは野球殿堂ベテランズ委員会が考慮する候補者にはならない」（この2団体が殿堂選手の投票を行う。）発表はローズがどのようにすれば適格者になるのかも説明した。「ローズが、メジャー・リーグに復活するには、コミッショナー事務局に申請し」、復活を認められ（もっとも困難な手続き）、それから投票で少なくとも75％の票を獲得する（もっともやさしい手続き）ことが必要である。

しかしピート・ローズに関する公式声明は、ローズ事件が野球の神殿を守る者にとって困難な問題を引きおこしたことを示している。

1992年、野球殿堂理事会は野球殿堂選挙資格要件の変更を実施した。ローズ事件から影響を受けた動きだった。野球殿堂選挙の候補者になるには組織野球の有資格者名簿に名前が記載されていなければならないことが、初めて、明記された。理事会は規則変更について次のように説明した。

> われわれの決定は、1992年に記者が［ローズに関して］どのような投票をしていただろうかという問題をめぐる野球殿堂の懸念とは一切関係がない。きわめて単純に、理事会は、球界で不適格と宣言され、その結果、国内の球場から追放された人物が、球界で最大の名誉に浴する資格をいまだに持っているというのは、不適切ではないかと考えたのである。……投票手続が行われる規則を野球殿堂が確立するのはしごく当然である。BBWAAは、常に、野球殿堂が定めた指標と基本原則にのっとって投票を行ってきたのである。

第9章

1990年代の球界労使紛争

ソニア・ソトマイヤー

　ソニア・ソトマイヤー判事は、ヤンキー・スタジアムにほど近いサウス・ブロンクスの公営住宅に住む移民の家庭に生まれ、1990年代に球界でくり広げられた労使間の大戦争を終わらせる仕事の中心人物に抜擢された。全米労働関係局が球団オーナーに対して差し止めを求める訴訟を起こすと、裁判所書記官事務所が裁判の議長にソトマイヤー判事を無作為で選出し、彼女の采配が野球ビジネスを自滅から救うことになった。

1990年代にも，球界で対立する経営者と労働者がまたもや衝突する事態は，避けられそうになかった．オーナーたちは常に経済力があり、選手の要求を拒否してきた。選手会は球界が得た富の再分配をめぐる交渉でくり返し目標を達成してきたが、オーナーたちに欠けていたのはただひとつ、これに対抗する結束だった。オーナーたちは、1985年の交渉で、年俸仲裁の有資格期間を2年から3年に延長して成功を収めていたとはいえ、全体的に見れば、経営者側が労使紛争であげた戦果は、クリーブランド・スパイダーズが1899年のシーズンを終えたときの20勝134敗という惨憺たる成績と似たり寄ったりだった。

　オーナーたちは1994年に無惨な記録を変える決心をした。その結果発生した労使紛争はほぼ3年に及び、国民的娯楽の将来は危機に瀕した。紛争は拡大して、連邦の行政機関や連邦裁判所、連邦仲裁人、はては合衆国大統領まで巻きこむことになった。型破りな名オーナー、ビル・ビークはかつて、「野球は偉大なゲームにちがいない。なにしろオーナーたちでも息の根を止められなかったんだからな」と語った。1994年から1996年にかけて、ビークの名文句が最大に試されることになる。

　1990年代の野球労使紛争で使われた法律文書は、全国労働関係法だった。連邦が定めたこの法規は、雇用の「諸条件」について「誠意を持って」話しあうことを経営者と労働者に義務づけている。「諸条件」と「誠意を持って」の2つの言葉が、交渉中の紛争を労使が解決できるような環境を作る時に中心的な役割をはたす。

　1990年代のこの紛争で世間をあっと言わせた英雄は、選手でも、オーナーでも、選手会の役員でもない。1995年4月、連邦地方裁判所判事、ソニア・ソトマイヤーは、全国労働関係委員会の総評議会の依頼で、誠意ある交渉という全国労働関係法の原則を守らせるためにピッチャー・プレートに立った。ソトマイヤーは私たちの野球法律オールスター・チームの9番打者を務め、彼女でもって締めくくりとなる。

1 | 野球ビジネス

　野球の球団は産業界と深くかかわっている。たいていの球団オーナーは、企

業あるいは野球以外の事業で財産を築いた裕福な個人の集団だ。個人の野球事業者がいなくなったことを嘆く評論家もいるが、野球で生活を支えているオーナーはこれまでにも、ほとんどいなかった。ナショナル・リーグの創設者、ウィリアム・ハルバートは、組織運営の手腕を国民的スポーツで発揮するはるか前からシカゴの石炭王だった。野球が外部ビジネスを促進する貴重なチャンスになった例もある。これは、ガッシー・ブッシュのビール帝国とセントルイス・カージナルスとの関連や、アトランタ・ブレーブスがテッド・ターナーのテレビ、スーパーステーションで番組制作の材料になってきたことを見ればわかる。今では、野球の球団のおよそ半数をマスコミ関連会社、または、球団の商業放送の大手スポンサーが所有し、残りの半分は、個人事業あるいは共同経営として組織されている。

　球団経営は、オーナーがこうむる財政難でつねに苦しい。オーナーが計算したところによると、たいていの球団が赤字だった。ところが、経営者たちがただの砂利だと言っているものをダイヤモンドと考える者がいた。球団に対する需要とその売価は、選手の年俸が急騰した時期に爆発的に上昇した。基礎経済学では、毎年損失計上が予想される会社は売れないと教えているが、購入者は名声や市民の誇り、あるいは国民的娯楽を愛する気持ちから投機したり、動機づけられたりするとも考えられる。それでもなお、記録を見ると球団の売値は劇的に上昇し、金儲け以外の理由では納得できなかった。ボルチモア・オリオールズの売価は1979年に1,200万ドル、1989年に7,000万ドル、そして1993年には1億7,300万ドルに跳ね上がり、球団は、このときには、カムデン・ヤードにある公共出資のスーパー球場で野球ができるという幸運がころがりこんできた。シアトル・マリナーズは1981年に1,300万ドルで売却され、1988年に8,950万ドルで、そして、1992年には1億600万ドルで売られた。オーナーたちが異議を唱えたとしても、野球は投資収益率から見ると儲かる商売と言える。しかし、球団の買収価格がうなぎ登りに上昇してきた一方で、球団の価値が等しいわけではなかった。球団の中には、「持てる者」と「持たざる者」がいて、これが1990年代に発生した壊滅的な労使紛争の原因の1つになった。

　帳簿の「赤字」は経済的利益とみなされることすらある。ビル・ビークは税金対策として選手契約を球団の「資産」だと主張した最初のオーナーだった。

したがって、選手契約は課税控除の対象として減価償却され、とりわけ、5年契約では大きく減価償却されることになる。現時点での税制では——制度は毎年のようにころころ変わっているようだが——球団オーナーは球団購入価格の半分を課税所得から控除できるし、課税控除額が野球から得た収入を上回ったら、ほかの事業に超過税控除額を回すことができる。

　リーグで定められた特定の地域独占が球団の収入の大きな源泉になっている。球団はファンの注目や入場者数をほかの球団と競う必要はない。入場料は球団収入の50％を占める。球団は球場を所有するか賃貸する。高額ボックス席や長期年間予約席の販売で収益を上げる。長期年間予約席は最新の興行的発明で、所有者は将来のチケットを買える。規模はさまざまだが、球団は食べ物や駐車場の営業権所有者と結んだ契約からも収益を上げることができる。市場価値は地域によって大きく異なる。ピッツバーグの球団の収益能力はニューヨークの球団と同じではない。

　全国放送と地方放送から得る放送権料収入、及び商標登録を利用したマーチャンダイジング収入は、球団の収益のかなりの部分を占める。全国向けテレビ放送から得る収入は、1993年には1球団につき1,500万ドルと見積もられたが、1994年の契約で大幅に減少した。全国向けテレビ放送の収入は、製品製造業者と結ぶライセンス契約から入ってくる収入と同様に、球団間で平等に分配される。ところが、地方の放送権料収入は球団間で平等に分けられずに各球団の収入となるが、その収入は地方のテレビやラジオの市場の大きさで大きく異なる。

　ほかのプロスポーツで採用されている収入分配制度とは異なり、野球のビジター球団が受け取る入場料の割合は、ほんの少ししかない。ア・リーグで20％、ナ・リーグでおよそ5％である。

　　［監訳者注：ホーム球団とビジター球団の入場料の分配は1996年の団体労働協約で廃止され、全額ホーム球団が受け取るようになった。その代わりとして「贅沢税」が導入された。］

　これから見ていくように、球団間の収入格差が1990年代の労使紛争の原因だと言われたが、紛争が長引いたのは、経営者が事業でもう一度優位な立場に立とうとして、選手会とその地位を分かち合おうとしなかったからだとも考えられる。

1903年から1960年代までは、16球団あり、各リーグに8球団が所属した。この数が1961年に初めて22に増え、1962年に24、1977年に26、1993年には28になった。1998年になると、2球団が新たに加わって球団の数は合計30となった。新しい球団はかなりの額の入会金を支払ってカルテルに加入し、この金は既存のオーナーたちに分配される。1993年に新しく加わった2球団、マイアミとデンバーは、リーグに加入するためにそれぞれに9,500万ドルを支払った。1998年に加入したタンパとフェニックスはそれぞれ、1億5,000万ドル近い金を払った。

2 │ 選手会の商売

　1950年代から1960年代初期までのメジャー・リーグ選手会は野球選手の社交クラブで、球団オーナーに厳しい要求を突きつけることなど、まずなかった。なんと言っても、オーナーが出資して、その資本のおかげでプロ野球の試合ができるのである。オーナーは選手会の資金まで出していた。この制度に不公平なところがあるとか、なにかを変える必要があるなど、ほとんどの選手が思ってもいなかった。ところがマービン・ミラーが委員長に就任してからは、これまで見てきたように、何もかも、選手が自分を見る目までが変わった。選手会は野球を選手にとって金のなる木に変え、その過程で、野球事業は現代的な興行ビジネスに進化して、もはや単なる夏の娯楽ではなくなった。野球は魅力の1つになっていた純真さを失った。

　選手会の懐は数々の成功で潤った。選手会は今やそれが保有する権利を使って何百万ドルものビジネスを行っている。しかし、球団とくらべれば、選手会の組織はまだ細々としていた（オーナーたちなら、「みすぼらしい」と付け加えるところだろう）。ドナルド・フェアー委員長兼総合弁護士、ジーン・オーザ副総合弁護士、ローリン・リッチ及びマイケル・ウィナー総合弁護士補佐の4人の経験豊かな法律家が組織を指導した。フェアーには2人の特別助手がいる。元メジャー・リーガーのマーク・ベランジャーとドン・バナザードで、この2人は1990年代の労使闘争できわめて重要な働きをした。選手会は弁護士ドイル・プライアー、ボブ・レナガン、ときには代理人スティーブ・フェアーの助けを借りて、国内で最強の労働組合にのしあがった。

各球団の選手達は選手代表を1名選出し、代表は選手会の執行委員会の会合に年2回出席する。各リーグからリーグの選手代表が1名選出され——実質的にリーグの選手会会長になる。会合と会合の合間は、執行委員会の小委員会が選手会をとりまとめる。選手が選手会に支払う会費は、メジャー・リーグに在籍した長さに比例する。現在では、会員はメジャー・リーグに在籍した日数の1日につき20ドルを払い、球団がその金額を選手の年俸から差し引いて、選手会に送金する。

　マービン・ミラーがコカ・コーラ社と結んだボトルキャップ契約が初めて選手会の独立した収入源になり、その関係は長く続いた。選手会は、野球カード会社、コンピューターゲーム会社、衣料会社から入ってくるかなりの額のライセンス料収入を管理し、その額は1年で9,000万ドルにのぼるようになった。この収入は選手会では「特別費」と呼ばれ、執行委員会の正式な決定により選手に分配される。個々の選手が受け取るライセンス料分配金は、メジャー・リーグの在籍期間に比例する。

3｜経営陣の戦略

　1990年6月、コミッショナーのフェイ・ビンセントは将来の労使交渉について尋ねられて、「次の交渉では対決はありませんなどと皆さんやアメリカの大衆に約束するなんて、非現実的で、甘いと思います。対決が起こるのは、歴史を見ればわかります」と『ベースボール・アメリカ』誌に語った。ビンセントは対決で自分が最初の被害者になるとは、夢にも（少なくとも表向きは）思っていなかった。

　選手会との戦いに備えて、オーナーたちはどんなことがあってもコミッショナーが計画や行動に口を出さないように決定した。大衆はコミッショナー事務局を野球事業で中立の立場にあると見ており、時には、コミッショナーは独自の行動をしていると見られていた。オーナーたちが選手会と次の交渉を行う準備をしているときには、コミッショナーの介入が命取りになる危険要素があった。オーナーたちはコミッショナーが自分達が喜ぶような仕事をしてくれるものと思っていた。現職コミッショナーのフェイ・ビンセント弁護士には、ピー

ター・ユベロスが持っていた指導者の才覚や、バート・ジアマッティが持っていた知的な魅力に欠けていた。野球の神々は、戦いが始まる前からビンセントを生けにえにすることを決めていたようだ。オーナーたちは1992年9月にコミッショナーを解雇して、コミッショナー事務局が入れてきそうな横槍を労使関係のグラウンドから取りのぞいた。

オーナーたちは新しいコミッショナーを探すどころか——コミッショナーは誰がなっても障害になりかねない——1992年9月10日に、ミルウォーキー・ブルワーズのオーナーで仲間の間で人気のあった、バド・セリグをコミッショナー代行に指名した。セリグは、「臨時の」役割をはたすのは選手会との新しい取り決めがまとまるまでの間だけだという誓約をした。(1997年に労使紛争とは関係のない裁判があったときに、ニューヨーク連邦地方裁判所は、自分はコミッショナー代行に合法的に選出も指名もされなかったというセリグの主張を支持した。むしろ、彼は球界の最高執行委員会の議長役を務めていた。それでも、誰もがセリグをコミッショナー代行と呼んでいたので、ここではそうする。) オーナーたちは交渉のテーブルで対決する準備が整った。

1990年の団体労働協約の契約期間が1993年12月31日に終了した。オーナーたちは、収益性を維持するために、野球事業の構造改革を主張することにした。1990年にも同じ取り組みを試みたが、そのときは早々と失敗した。今回は、しぶとく計画に固執した。

球界の収益情況は、バド・セリグのような、市場が小規模な球団オーナーにとって、最大の関心事だった。野球事業全体が生みだす収入を全球団で分けることを話し合うために、セリグは、コミッショナー代行として、フォートローダーデールでオーナー会議を開いた。主要なプロスポーツの中で野球だけが、球団が財政的に独立している伝統を守っていた。ビジター・チームがホーム・チームから受け取る入場料収入の分け前はごくわずかで、全国テレビ契約から入る収入だけが一括管理された。たとえば、ジョージ・スタインブレナーのニューヨーク・ヤンキースのような、市場の大きい球団は、自分たちの試合を放送する地方局から放送権利料としてかなりの金を手にする一方で、市場の小さい球団はわずかな権利料しか受け取れなかった。

実入りのよい地方テレビ契約の下で、市場の大きい球団は、本拠地と遠征地

の両方の試合のテレビ放送権を売った。ところが、著作権法では、「興行」の権利は本拠地の球団が所有する。スタインブレナーは、ミルウォーキー・カウンティ・スタジアムで行われるヤンキース対ブルワーズの試合の放送権を、ニューヨーク市のMSGネットワークとWPIXにどうして売ることができたのだろうか。これには、本拠地球団であるブルワーズの承諾が必要だった。

ビジター・チームの市場で試合が放送されるのをホーム・チームが許可する協定では、長いあいだオーナーが当事者になっていた。この協定は1993年に終了し、市場の小さい球団はこの協定を都合のよい抵当として利用して、こういった了解事項を更新するのとひきかえに、野球の全収入のより大きな分け前を要求した。1994年1月のフォートローダーデール会議で、オーナーたちは新しい収入分配方式に従って放送権の申し合わせを継続することで合意した。ただ一つ、重要な条件があった。各球団が選手にかける全費用に制限を設けるサラリーキャップに、選手が合意しなければならなかった。サラリーキャップはNBAを破産の危機から救い、オーナーたちはこれが野球界でも救いの主になると考えていた。金持ち球団のオーナーは、選手に低い年俸を払って蓄えた金の一部を貧乏球団のオーナーと分けることになる。この戦略はすばらしいアイデアだった。しかし、収入分配で割を食うのは選手だった。

4 | サラリーキャップ

サラリーキャップは、NBAのコミッショナー、デビッド・スターンと選手会指導者の故ラリー・フライシャーが考案した。NBAでは、1980年代の初めには、球団の3分の2が経営不振におちいっていた。個人のオーナー、有名なところではクリーブランド・キャバリアーズのテッド・ステピエンなどが、フリーエージェント選手に大盤振る舞いをして選手の年俸は高騰し、大抵の球団の財政能力を超えてしまった。NBAの全国テレビ放送契約は各球団にほんの僅かな収入しかもたらさず、NBA球団の全試合がチケット完売になったとしても、収容人数が限られているので、チケット販売収入では選手年俸を賄うことはできなかった。

NBAの経営者と選手は、1983年に導入されたサラリーキャップに基づいて

収益を分け合い、各球団の選手年俸総額に上限を設定した。キャップ（上限）は、選手の福利厚生基金への支払いを控除して、NBAの「定義された総収入」（チケット収入と全国放送権利料収入）の53％をリーグのチーム数で割って算出した。これがチームの上限、年俸総額推定最大値になった。年俸総額がすでにサラリーキャップを超過していた球団は、時間をかけて段階的に導入することが許された。取り決めでは、球団最低年俸総額も設けられ、各球団は最低でも球団最低年俸総額を払うことが義務づけられた。

　サラリーキャップは実施するのが複雑で、古くさいと言ってもよかった。チームキャップには例外があり、球団は、自球団のフリーエージェント選手と再契約することができた。その場合、選手年俸総額が上限を超えてもよかった。すでに上限を超えていたら、引退した選手、あるいは権利を放棄した選手をそれまでの年俸の半額で取り戻すことができた。トレードした選手を、その選手に最後に払った年俸の100％以下でほかの選手と取り替えることもできた。

　　［監訳者注：サラリーキャップ、すなわち最大球団報酬は、1995年の協約では定義された総収入の59％に引上げられた。サラリーキャップは全球団の平均値なので、選手にもっと払える球団と、平均値であっても最大球団報酬を払う余裕のない球団が現れる。選手年俸支払いに余裕がある球団は、例外条項を駆使して力のある選手を取り揃えることができる。一方、支払い能力のない球団に対しては、球団最低報酬としてサラリーキャップの75％までの支払いが義務付けられている。赤字であっても75％相当分までは支払わなくてはならないということである。］

　NBAのサラリーキャップは、グリーンベイ・パッカーズ（NFL）のサラリー・キャップよりも抜け穴だらけで、球団は制約を逃れる方法をいち早く学んだ。大きな抜け穴を使えば、球団は自球団のフリーエージェント選手と再契約して上限を超えることができた。ゼネラルマネージャーたちは、1年間はキャップ内におさまる低い年俸で選手と契約しておき、選手がフリーエージェントを宣言したあとでキャップの統制から自由になると、かなりの額の昇給で契約を結んだ。

　1995年の交渉でNBAのサラリーキャップに修正が加えられ、抜け穴のいくつかは閉じられたが、まだ開いたままのものもあった。現時点の団体労働協約では、球団はフリーエージェント選手と低い年俸で1年間の契約を結ぶことがもはやできず、翌年には途方もない金を積んで取り戻すしかない。サラリー

キャップに拘束されずにどんな年俸でも再契約ができるのは、少なくとも3年間球団と契約を結んでいるフリーエージェント選手だけである。球団に在籍していた期間が2年以下の選手は、リーグ全体の選手の平均年俸か、その選手の前年度の年俸を75％まで増額した額の、いずれか高い方でしか再契約できないことになった。さらに、キャップを超えた球団はどこでも、キャップに関係なく、1名あるいは複数のフリーエージェント選手と契約できる総額が100万ドルを超えてはならないことになった。最後に、新しい協定では、球団は、団体労働協約に記載されている新規の新人年俸水準条項に従って、一巡目指名選手とはサラリーキャップを超えて契約を結べるようになった。

こういった例外やなにかで、NBAの厳格でないサラリーキャップは、義務というよりも提案になってしまった。一例をあげるなら、球団のキャップが2,430万ドルと算出されていた時代に、1996年から1997年のシカゴ・ブルズの球団年俸は、5,800万ドルにのぼった。実を言えば、3,014万ドルのマイケル・ジョーダンの年俸がブルズの年俸総額を歪めていたのである。

NBAのキャップはそこそこに成功したと大抵の評論家は結論を出してきた。キャップはリーグの財政的な出血を止め、オーナーと選手のあいだに協力の精神を育み、そして、選手は事業の「共同経営者」になった。成功の多くが、現代プロスポーツ界きっての指導者、スターンとフライシャーの尽力の賜物であることはまちがいない。NBAのコミッショナー事務局は強力な企業組織になった。それにひきかえ、メジャー・リーグの球団オーナーたちは、交渉が始まる前に、コミッショナー事務局の活動を停止することにした。

オーナーたちがサラリーキャップ制度を魅力的だと考えた理由はいくつもある。公になるのは1シーズンの球団年俸総額である。年俸総額の上限が管理下に置かれるので、球団が個々の選手にいくら払うかは問題でない。サラリーキャップは、経営者がスーパースター以下の選手の代理人と個々の交渉をするときに、強力な武器にもなった。球団は、交渉で決められたサラリーキャップを後ろ盾にして、選手が望む年俸を払うのは法律上無理だと述べることができた。オーナーたちは、サラリーキャップを導入すれば、フィリーズのオーナー、ジョン・ロジャーズがナポレオン・ラジョイに、リーグ全体で決められた年俸の限度を超えた額を払うわけにはいかないと告げた20世紀の初めに、メ

ジャー・リーグが後戻りするだろうと考えた。

　　[監訳者注：2005年7月、NHL（北米プロアイスホッケー）は選手会と2011年までの団体労働協約を締結した。この新規団体労働協約には、2004-2005年シーズンの全試合を中止する犠牲を払ってまで固執したサラリーキャップ制度が挿入された。これにて、NBAとNFLに続いてNHLでもサラリーキャップが団体労働協約に盛り込まれたことになり、球団経営の健全化にはサラリーキャップが不可欠との共通認識が確立した。この結果、メジャー・リーグだけが取り残されることになった。]

5 ｜ 交渉開始

　1994年3月にタンパで球団オーナーと選手代表者の交渉が始まった。初めのうちは進展がほとんど見られず、5月23日に、オーナーたちが組織した選手関係委員会の代表者でニューヨークの法律家、リチャード・ラビッチは、すでに終了した労働協約に小さな修正をいくつか加えることを提案した――解雇手当、トレードの要求、そして9月にマイナー・リーグから呼び出される選手のメジャー・リーグ最低年俸保証の削除である。労働協約の焦点となる年俸に関するオーナーたちの提案が3週間後に出された。

　6月14日、オーナー代表者はサラリーキャップを提案した。選手はリーグの収入の半分を受け取り（実質的には、終了した労働協約の下で受け取っていた額より少ない）、球団の年俸総額を球団年俸総額平均の84％から110％までの間に設定するというのである。提案では、年俸仲裁が廃止され、フリーエージェント資格を取得する在籍年数が6年から4年に引き下げられるが、在籍年数が6年に満たないフリーエージェント選手には制限がつき、球団は、ライバル球団の提示に対抗して、選手を保持することができることになっていた。

　およそ1カ月後、選手会は、年俸を個人で交渉するという自由市場制度から大きく逸脱するとして経営者側の提案を拒否した。その代り、オーナー側が年俸仲裁の有資格在籍年数を、1985年以前に行われていたように、2年に引き下げるという提案をした。そして、5年以内にフリーエージェントをくり返すことを禁じる契約の削除、選手の最低年俸を17万5,000ドルに引き上げることを提案した。経営者側は1週間かそこらでこの対案を拒否した。

このように早い段階からかけひきに出るのは、団体交渉では普通のことである。最初から要求の内容の大半はマスコミに公表され（あるいは漏らされ）、マスコミが公の情報として流してくれる。だが、この段階でいずれかの当事者が相手の要求を受け入れるなどと誰も本気で期待していない。第1に、そうしなければならない理由は何もない。それに、この初期の段階では、それぞれの当事者が交渉からほんとうは何を得ようとしているのか明確でない。「最終目標」、すなわち、当事者の本当の姿勢はこの時点では未だ明らかにされていないのである。

6 ストライキ

1994年7月28日、選手会は8月12日をストライキ突入の最終期限とした。レギュラー・シーズンの終了間際にストライキの日程を組んだことで、ストライキが与えると思われる衝撃は最大になった。オーナーたちの収入の半分は観客の入場料から入り、入場者数がピークに達するのは8月後半と9月初旬である。さらに、全国放送契約で経営者に入ってくる収入の大半は、ワールド・シリーズの放送から生まれる。選手会は球団に最大の経済的圧力がかかるように、ストライキの時期を決めたのである。

職場放棄は、組合を組織した労働者が国の法律に基づいて持っている具体的な経済的武器である。けれども第4章で見たように、ストライキは双方の当事者に多大な費用がかかる。経営者はストライキを決行する労働者の役務を最早あてにできなくなる一方、労働者にストライキ期間中の年俸を払わなくて済む。ストライキの構えを見せて脅迫するのでさえ、ただではすまない。交渉の席での信用を損なう可能性がある。組合は、組合員がこの集団行動を喜んで受け入れるかどうか、はっきりとは分からない。ストライキの構えを見せて脅迫するのと、実際にストライキを実行するのとでは、話がまるで違う。

経営者はストライキを打つという組合の脅しを、事業全体に与える影響力の観点から評価しなければならない。たとえば、製造業なら、ストライキの期間中に別の労働者を使うこともできるし、船積みする商品を貯蔵しておくこともできる。サービス業——野球という商業的娯楽はこの部門に入る——では、役

務を貯蔵することができない。試合（あるいはシーズン）が行われなかったら、その試合からの収入機会は永遠に失われる。しかし、サービス業の労働組合がストライキを決行しても、経営者側がすべてを失うわけではない。ストライキが行われたら、ストライキを決行した労働者に賃金を支払わないので、経費が大幅に削減できる――平均的な労働者が1シーズンに100万ドル稼ぐとなったら、決してささいな額ではない。

　オーナーたちは、恐らく、選手のストライキの構えなど怖くも何ともないことを見せつけるために、8月に選手の年金基金への払い込みを行わなかった。これは、国の労働法に明らかに違反していた。交渉期間中は、団体労働協約が終了したあとでさえも、経営者は、交渉が行き詰まるまでは、給与と福利厚生に関して現状を維持しなければならない。オーナーたちは、団体労働協約が終了したあとは基金を支払う義務がないと主張した。年金証書に記載されている権利放棄規定を盾に取り、自分たちは責任を免除されていると言うのである。それで、選手会は不当労働行為として全国労働関係委員会（労働委員会）に訴えた。労働委員会は、選手会の訴えを認めた。

　当事者は定期的に交渉を続けたが、どの報告を見ても、本当の交渉は行われていなかったことがわかる。何の進展もなかった。ストライキの最終期限日になり、選手会はストライキを命じた――20年とちょっとの間にこの業界で行われる8度目の抗議行動となった。経営者側は高給取りの野球選手たちがストライキを打つとは本気で信じていなかったが、選手たちは、それまでにも、経営者側が要求に応じなかったことに対して繰り返しストライキを打ってきた。1994年に又しても、選手会がストライキを打ち、これがプロスポーツ史上最長のストライキになった。

　選手会がストライキを呼びかけると、当事者は、通常は、いくらか時間をかけてその効力を評価する。1994年から1995年に球界で起った経済闘争は、当事者の経済的な持久力と、世論に与えそうな衝撃を考えると、電撃戦ではなく、むしろ塹壕戦になりそうだった。選手会は、オーナーたちに最大の経費がかかるように戦略的にストライキ決行の時期を調整して、サラリーキャップの提案を放棄し、現行のフリーエージェント制度を更新するよう経営者側を説得しようとした。オーナーたちにはワールド・シリーズを行わずにシーズンを終わら

せるほどの経済的な余裕はないはずだ、と選手たちは踏んでいた。

　選手会はオーナーたちの決意を見くびっていた。1994年9月14日コミッショナー代行のバド・セリグが、ワールド・シリーズも含めて、そのシーズンの残りの公式戦を中止にしたときに、タイミングを計った作戦は失敗した。経営者側は選手会にこの経済闘争の日程を支配させるつもりはなかった。

　ファンは紛争が早く終わって欲しいと願う希望が薄れ、選手とオーナーのかたくなな態度に愛想をつかした。ニューヨーク・ジャイアンツのオーナー、ジョン・ブラッシュがア・リーグの優勝チーム、ボストンを軽蔑してシーズン終了後に一戦交えるのを拒んだ1904年以来初めて、秋の伝統の試合は行われないことになった。野球の運命——そして人気——は地に墜ちた。

　国の労働法では、オーナーは野球ビジネスを改造するのに選手会の合意を得る必要はなかった。選手会の合意がある方ほうが好ましかっただろうが、富と影響力が選手の手から離れるという大幅な改革案に選手会が応じると考えるほどおめでたい人物は、経営者側には1人としていなかった。「メッサースミス事件」仲裁の裁定でフリーエージェント市場が競争入札者に開放されたのは、ほんの20年前だった。選手会は大きな戦いも交えずに、苦労して勝ち取った勝利を手放すつもりはなかった。

　球団には、交渉が行き詰まるまで、誠意を持って交渉に臨むことが義務づけられていた。交渉が行き詰まると、国の労働法では、経営者が選手会に提出した最後の提案を一方的に実施することを許していた。経営者側は、基本的な改造案に選手会が快く合意しそうにないと見てとり、野球ビジネスで物事を変えるには、一方的に実施するしかないと最初から踏んでいた。「野球を救う」つもりなら、経営者は断固とした態度で臨まなければならなかった。

　またしても、前回のストライキの時と同じように、ファンは蚊帳の外に放り出された。球場の改札口で直接、あるいは、野球を使ったコマーシャルの商品をひいきにして間接的にお金を払っていても、ファンは交渉の場で座る席がない。国の労働法は、労使が対立する問題を和解で解決して公共の利益になる合意を生みだすという前提に基づいている。金のかかる合意の結果として製品あるいはサービスが高くなりすぎたら、市場が反応して、労使関係を将来どのように調整すればよいのか、それとも永久に客を失うかを経営者と労働者に教え

ると想定している。こんなことは、ファンには少しも慰めにならなかった。ファンはたくさんの選手が記録を破る勢いで活躍して、手に汗握るペナントレースが展開していた1994年のすばらしいシーズンを楽しんでいたのだ。

いくつかの労働紛争では、一般市民の関心の高さが連邦調停人を交渉の場に登場させ、それが紛争の解決につながることもある。紛争の当事者が調停人の助けを要請する場合もあれば、あるいは、めったに無いことだが、一般市民の関心が高まっているので、調停が必要だと政府が判断することもある。1994年の球界のストライキは大々的に注目を浴びた事件だった。とりわけ、ビル・クリントン大統領にとっては大事件だった。大統領の率いる民主党が議会選挙で壊滅的な敗北を喫したばかりで、この敗北で、30年ぶりに共和党が上下両院を支配していた。

調停は、紛争が生じた問題に権威ある裁定を下す仲裁などの手続と、はっきり区別されなければならない。調停人は交渉を監督するのであって、解決を押しつけることはできない。むしろ、当事者が和解に到達する手助けをする。当事者の委任がなければ、1人で合意を実現できる調停人は誰もいない。当事者がいつ顔を合わせるべきかを調整して、調停人は時々交渉の進捗を采配する。すぐれた調停人は、争点の多い問題で、当事者を合意に向かわせる新しい処方を考えつくこともある。建設的な対人能力を駆使して、調停人は当事者が対立よりも和解の方が実用的と判断する方向に導くこともある。経験豊かな調停人なら、いつ怒りを爆発させるべきか、いつやめると言って脅すかを心得ている。双方の当事者が、戦うよりも和解した方がもっといい状態になると気づくと、やがて合意に到達する。調停人の介入を避けるために和解に到達することも、時にはある。

クリントン大統領は、労働省長官ロバート・ライクと協議したあとで、前労働省長官、ウィリアム・アッサリーを球界紛争の調停人に指名した。アッサリーは解決困難な労使紛争をうまく解決したすばらしい経歴を持っていた。しかし、鳴り物入りで指名されたものの、鋭く対立する野球の当事者に手を焼いたのは、誰の目にも明らかだった。12月14日、話し合いは決裂した。翌日、オーナーたちは、交渉の行き詰まりを宣言して一方的にサラリーキャップを導入する前に、もう1週間交渉すると発表した。

12月22日、選手会は、球団間の収入格差を緩和する案をオーナーたちに提出した。それはメジャー・リーグの平均を大幅に上回る選手年俸を払う球団に課す贅沢税導入の提案であり、リーグの平均を30％超過した球団の年俸に10％の税金をかけることだった。これで、交渉の席に2通りの異なる方法が出てきた。球団の選手年俸総額に上限を設けるサラリーキャップと、選手の法外な年俸をさらに高くできる贅沢税。この結果、交渉が前進する余地が狭まった。選手会は、自分たちの案が受け入れられるとは考えていなかったが、交渉の続行を望んでいた。そうすれば、球団が交渉の行き詰まりを宣言できないからだ。しかし、経営者側は選手会の提案に全く反応しなかった。

　翌日の12月23日、オーナーたちは解決に向けて一気に走り出した。交渉が行き詰まったと宣言し、サラリーキャップ案を一方的に実施したのである。あとで分析してみると、オーナーたちが言いだした新しい年俸制度では、選手の年俸総額と福利厚生費が11％削減されることが明らかになった。12月27日、組合は、オーナーたちの行動は雇用条件に違反する一方的変更に当るとして、再び不当労働行為を労働委員会に訴えた。

　オーナーたちにしてみれば、新しい労使関係を押しつけるだけでは十分でなかった。レギュラー選手のいないシーズンに向けて準備をする必要があった。ストライキによって収入のない球団は、すでに数百万ドルの被害を被り、国民的娯楽を求める国民の心（とサイフ）に残っていた好意をも失いつつあった。1995年1月中に、オーナーたちは計画の次の段階に進むことにした。代用選手による野球である。球団は、来シーズンに向けて、選手名簿の穴を埋めるために、マイナー・リーグの選手や引退した選手と契約を結び、新しい選手を受け入れるための春のキャンプの設備も準備した。新しい選手は進行中の労使交渉で経営者に利用される役割を果たすのである。代用選手（選手会は、当然ながら「スト破り」と呼んだ）の中には、これをメジャー・リーグでプレーする一度のチャンスと考える者もいた。球界を去っていた元選手は、ダイヤモンドに過去の栄光をよみがえらせる夢を見た。将来スターになる可能性があった選手でこのチャンスに飛びついた者はほとんどいなかった。しかし、球団（唯一の例外はボルチモア・オリオールズで、オーナーのピーター・アンジェロスは元組合の労働弁護士だった）は自分たちのやりたいように野球を復興させる準備

をした。

　1995年1月26日、クリントン大統領は、双方を交渉の席に連れ戻し、和解の最終期限を公表するよう調停人ウィリアム・アッサリーに命じた。2月1日に話し合いが再開すると、オーナーたちは突如としてサラリーキャップの構想を断念し、3,500万ドルから4,200万ドルの年俸総額に75％、4,200万ドルを超える年俸総額には100％の贅沢税を課す提案をした。2日後、オーナーたちは、経営者側がサラリーキャップを違法に実施しようとしたとして、労働委員会が不当労働行為を申し立てる準備をしていることを耳にすると、12月に出した案を撤回し、作戦を変更した。今度は、個々の球団が選手契約を結ぶ職権を無効にして、年俸仲裁と、経営者側にとってきわめて厄介なことが判明した共同謀議禁止条項を削除した。

　2月5日、アッサリーは、当事者が自力で合意に到達できないのであれば、翌日に和解の条件をクリントン大統領に提出すると発表した。2月7日、クリントンはプロスポーツ界では前例のない異例の処置をとり、野球労使紛争の当事者双方をホワイトハウスに招き、みずから和解の調停にのりだした。アッサリーが大統領に勧告した提案は、4,000万ドルを超える年俸総額に50％の贅沢税を課すというもので、選手よりもオーナーの姿勢に近かった。クリントンはこの和解案に合意を求めるどころか――選手会はアッサリーの案を受け入れないだろうと忠告されていたに違いなく――意見の食い違いを埋めるために拘束力のある仲裁を受け入れるよう双方に求めた。クリントンの案は、当事者が人望の厚い中立の立場の人物に新しい契約での姿勢を示して、その人物が新しい団体労働協約の条件をどんなものにするか決定するというものだった。選手会は合意したが、オーナーたちは拒否した。翌日、選手会は、オーナーたちが最近行ったばかりの、団体労働協約の条件の一方的な変更が不当労働行為であるとして、新たに労働委員会に訴えた。

　話し合いは3週間中断され、その間、当事者は自分たちの立場を再度確認した。交渉がアリゾナ州スコッデールで再開されると、選手会は課税額を上げ、また、支払いの基準額を引き下げたが、経営者が容認できるレベルに達していなかった。当事者が交渉の席で即座に合意に到達しないことが明らかになった。当事者の代表は、大きな相違を合意にこぎ着けることもある小さな問題でさえ

も解決していなかった。それどころか、本物の交渉は少しも進展していなかった。大規模な闘争は解決に向かっていなかったのである。

7 | 全国労働関係委員会の介入

　労使交渉が行き詰まった場合、和解があるとするなら、当事者の一方が現状を変えるために何かをしなければならない。前項のように、1994年12月の交渉では、経営者がサラリーキャップの提案をして、行き詰まりと考えられていた状態を打破した。選手会は、経営者が連邦法で定められた交渉の義務に違反したとして、全国労働関係委員会（労働委員会）に不当労働行為を訴えて、これに応じた。労働委員会はこの訴えを認めたが、経営者はサラリーキャップ制度を撤回してさらに話を進めるのを避けた。

　それから、経営者はさらに一方的に変更を実施して再度現状を変えた。個々の球団が契約を結ぶ職権を撤回し、年俸仲裁を撤廃し、共同謀議禁止条項を廃止したのである。労働委員会は選手会が経営者の行動に対抗して訴えた不当労働行為の実態を調査した。訴えが、球団に対する正式な苦情申し立てを提出する正当な理由を持っているのかどうかを判断するためである。こういった苦情は、次に、行政法審査官（ALJ）の前で裁判にかけられる。このような場合には、労働委員会はALJの決定を検討し、労働委員会の決定が連邦控訴裁判所に回されることもあるだろう。めったにないが、ときには、労働委員会はこの数年にわたる手続を短縮する決定を下して、全国労働関係法の第10条j項に基づいて、原状を回復するために、連邦裁判所に直接、差し止めによる救済を請求することもできる。

　スポーツ界の労働法問題を労働委員会に持ちこむのに、これほど都合のよい時期もなかっただろう。クリントンが指名した労働委員会の委員長は、スタンフォード大学法律大学院の教授ウィリアム・グールドだった。労働法とスポーツ法にかけては全国でも指折りの学者であった。1995年3月26日、グールドは労働委員会の5人の委員を召集してめったにない日曜日の会議を開いた。労働委員会の総合弁護士、フレッド・ファインスタインは、労働委員会が球団オーナーたちに対抗して第10条j項の差し止めを請求することを要請して、労働委

員会はそれを了承した。翌日、ファインスタインは、ニューヨーク市の地区委員長を通じて、労使の交渉状態を経営者が2月6日に変更を加える前に存在した状態に回復させるために、連邦裁判所に差し止めを申請した。訴訟の当事者は労働委員会地区委員長とメジャー・リーグ野球選手関係委員会（選手会と交渉を行うときにオーナーの代理を務める）で、選手会は訴訟に介入し、参加した。

　1995年3月末、労働委員会がオーナーたちに対して起こした訴訟が裁判所で係争中の間に、オーナーたちは代用選手を使ってシーズンを開幕することを正式に票決した。1987年にNFLが選手会をつぶすときに使って成功した作戦である。「代用野球」の時代が始まろうとしていた。

　こうして、労働委員会とオーナーたちと選手会は私たちのオールスター・チームでしんがりを務めるソニア・ソトマイヤー判事の法廷に向かったのである。ヤンキー・スタジアムにほど近い、サウス・ブロンクスの公営住宅に住む移民の家庭に生まれたソニア・ソトマイヤー判事は、家族の中で初めて大学教育を受け、プリンストン大学とエール大学法律大学院を首席で卒業し、刑事事件検事としてニューヨークで地方検事補を務めた。それからニューヨークの法律事務所の共同経営者になって民事訴訟に移り、その後1992年にジョージ・ブッシュ大統領から連邦判事に任命された。その前に、プエルトリコ人の弁護団および教育基金の理事会で12年間職務をはたしている。

　ソトマイヤーは、アメリカ最大の都市で初のラテン系女性連邦地方裁判所判事に指名された時に、上院司法委員会でこう語った。「この世で機会を与えられた私たちは、機会に恵まれなかった人びとにお返しをしなければなりません。他人に同じことをするように勧めるのは決してやさしいことではありません。公人と法律家、そして、弁護士がたえまなく繰り返し公共の仕事を推奨することは重要だと考えています」

　彼女がたどった経歴のどこを見ても、1990年代に大々的に繰りひろげられた野球労使紛争を解決する重要な役割に抜擢されることを予言するものは、まったくなかった。それどころか、球界の紛争は、判事としても、弁護士としても、ソトマイヤーが初めて手がけた労働争議だった。労働委員会の地区委員長が差し止め救済を請求して訴訟を起こしたとき、裁判所書記官事務所は、ソトマイヤー判事を無作為で選んで、裁判にあたらせたのである。

法廷では、当事者は球界の交渉に関する証拠を提出した。球団が個々の選手と交渉するのを禁止し、年俸仲裁を廃止し、終了した労働協約の共同謀議禁止条項を撤廃した、オーナーたちの1995年2月の提案に焦点がしぼられた。経営者はソトマイヤー判事に、こういった項目をめぐってオーナーたちが選手会と交渉することを労働法では義務づけていないと論じた。経営者にこういった問題を交渉する必要がないのだから、経営者の行動は法律に違反していないと言うのである。

8│交渉の必須項目

　全国労働関係法は、経営者が「雇用の賃金、時間、諸条件」を交渉することを義務づけている。全国労働関係委員会と裁判所の解釈によると、この文言は、組合が交渉を希望する項目の、すべてではなくても、いくつかにはあてはまる。全国労働関係法は、交渉される項目を「必須」と「任意」とにはっきり区別している。経営者は、賃金や作業時間などの必須項目について交渉しなくてはならない。一方、「任意」項目について交渉することもありえる。任意項目は、経営者が拒んだら、組合は経営者側に交渉を強制することができない。

　それでは、任意項目にはどんなものがあるのだろうか。全国労働関係委員会や裁判所が下した様々な例を見ると、決定する際に適用される原則がいくつか浮かびあがってくる。経営者は、会社が製造する「製品のデザイン」をめぐって組合と交渉する必要はない。野球で考えると、打者にストライクを3つではなく4つを与える（野球の草創期には、ファウルになった投球はストライクに数えられず、1887年の1年間は、打者はほんとうに4ストライクが認められた）とか、1試合のイニング数を9回ではなく7回にするといった経営者の決定と同じようなものだ。「事業の中枢」に関わる諸事項は、経営者が決定するもので、交渉では任意項目になる。法律上、組合は交渉の任意項目で要求を認めるよう経営者に強要してストライキを打つことはできない。

　全国労働関係法では、項目を必須か任意かに分類するのがきわめて重要になるが、これは決して生易しい仕事ではない。経営者は、グラウンドに人工芝を設置することを交渉しなくてはならないのだろうか。グラウンドは、労働者の

職場に相当する機能を持っていると考えられる。労働者の安全はつねに必須項目にあがっているので、人工芝の設置決定は必須の分類に入りそうなものだ。経営者は、野球の歴史でしばしばしてきたように、ピッチャーズマウンドを高くしたり低くしたりする決定をすることもあるだろう。マウンドを低くすると打者にとって有利になり、ひいては、チームの得点が増える。確かに、これは、「製品のデザイン」の問題である。しかし、マウンドの高さを変えると、投手は腕や肩を痛めることがある。プレーを行う状況に直接影響を与える問題は、必須項目になる可能性がある。

　ある問題が交渉の必須項目に当るからといって、選手会に経営者の決定を拒否する権限が与えられるわけではない。必須項目という分類は、要求されたら経営者はその問題について誠意を持って選手会と交渉しなければならないことを意味しているにすぎない。経営者は方針を譲歩したり、変更したりする必要はない。誠意を持って話し合われた交渉が行き詰まったときには、経営者は選手会の同意を得ずに決定を実施してもよい。

　問題が「事業の中枢」の任意項目であるために経営者の決定について交渉を要求できないとしても、決定が労働者に及ぼすかもしれない「影響」について、選手会は経営者に交渉するよう要求できる。経営者が、ア・リーグで指名打者規則を撤廃する決定をするなら、この規則で影響を受けるア・リーグ選手の雇用の継続について選手会と交渉しなければならない。影響を話し合う交渉さえ、その影響を巡って誠意を持って交渉したすえに行き詰まったのであれば、経営者は作業の変更を実施する前に選手会の許可を得る必要はない。

9│裁判所の決定

　全国労働関係法と一般的な判例の下で、ソトマイヤー判事は、野球の経営者が労働法に違反したと「信じられる正当な理由」があることを、全国労働関係委員会（労働委員会）が証明してきたのかどうかを判断しなければならなかった。決定にあたって、裁判所は、ある程度、労働委員会の専門家の意見に従うことになる。差し止め請求でしばしば生じる、もっとも困難なことは、回復不能の侵害という要件を満たすことである。全国労働関係法では、差し止めがな

ければ労働者が回復不能の侵害を受けることを証明しなければならない。野球選手の選手生命は短く——平均でおよそ5年——それゆえ、差し止めがなければ、労働委員会と裁判所が不当労働行為の苦情に裁定を下す前に、こういった若者はメジャー・リーグで野球をする機会を失うことになる。裁判所は、労働委員会の手続が誠実であること、そして、団体交渉の公益を守るために、申し立てられた違反が存在する前の状態に回復させる必要があることを考慮した。判事は、労働委員会が回復不能の侵害を証明したという結論を出した。

ソトマイヤー判事は、野球の「保留とフリーエージェント」の制度は選手が獲得する年俸に関係するので、交渉の必須項目であると説明した。経営者が異議を唱えた行為の1つに、個々の球団が個々の選手と交渉するのを禁じることも含まれた。この変更は年俸に、直接、影響を与えるので、ソトマイヤー判事はこれが必須項目であるという結論を出した。その結果、経営者は、選手会との交渉が行き詰まらなければ、一方的に変更を実施できなくなった。

終了した団体労働協約に含まれる共同謀議禁止の制約を一時停止するという、オーナーたちの要求を法的に分析するのは、もっと困難だった。球団は、禁止条項が労働法に基づいて団体で交渉するオーナーたちの権利を不当に制限すると論じた。交渉に向けて効率よく準備するには「共同謀議」が許される必要があると言うのだ。ソトマイヤーは見解の中で、労働法が保護するのは「経営者」ではなく「労働者」が団体で行動する権利だけであると答えた。「経営者組合」などというものはない。またしても、裁判所は、共同謀議禁止の保護が、当事者の保留とフリーエージェントの制度で重要なものとして、必須項目であると判決した。

経営者側が実施した年俸仲裁の廃止については、オーナーたちは、野球独特のこの制度は選手雇用の新しい条件を定めるもので、したがって、交渉の必須項目にあたらないと論じた。民間企業では、たいていの契約は交渉で決定される。しかし、自力で合意に到達できないときには、新しい契約の条件を定めるために外部の、中立な立場の仲裁人に助けを求めることがわずかながらある。労働委員会は以前に、このいわゆる利害仲裁は交渉の任意項目で、選手会は利害仲裁を要求する条項が新しい協約に含まれるかどうかをめぐって交渉することを強要できないと裁定を下していた。球団オーナーたちは年俸仲裁もほぼ同

じだと主張した。

　年俸仲裁は将来の契約に関わる義務を生まないとの理由で、ソトマイヤー判事は年俸仲裁を任意項目とする球団オーナーの主張を認めなかった。年俸仲裁手続では、選手が球団に役務を提供することになんの疑問もなかった。年俸仲裁は、単に、報酬としての金額を定める方法にすぎない。年俸仲裁では、新しい契約を生みだすのではなく、提示されたあるいは交渉された契約の基準に基づく金額を記した古い契約書があるだけだった。同じ業界で働いているほかの労働者に支払われている賃金を基準にして協定の条件の範囲で賃金を定めるか、消費者物価指数にしたがって賃金を調整する特殊な業界で見られる制度と、実は、たいして違わなかった。いずれにせよ、年俸仲裁が利害仲裁と同じようなものであっても、年俸仲裁は年俸の設定と密接な関係があるので、交渉の必須項目であると、判事ははっきり述べた。

　ソトマイヤー判事は、オーナーと選手に交渉の席に戻ることを要求する労働委員会の申し出を認め、差し止め命令を下した。オーナーと選手は今度はどのくらいのあいだ、交渉しなければならなかったのだろうか。次の3つのどれかひとつが実現するまで、誠意を持って交渉するよう命じられた。1. 合意に到達する、2. 選手会が根拠にしている不当労働行為の主張に労働委員会が最終的な命令を出す、3. 当事者が誠意を持って交渉を行っても本当に行き詰まりに至る。裁判所は選手に「試合開始」を命令しなかったが、選手会は試合開始を申し出て、経営者は受諾した。すったもんだの末に、1995年のシーズンは、例年より数日遅れて、4月26日に開幕した。

10 | 和解

　経営者が行った一方的な変更と選手会が提出した穏当な贅沢税案で、もめにもめた交渉の席は、連邦裁判所の差し止め命令ですっきりと片がついたが、当事者はいまだに、合意を目ざして新たに努力するつもりはなかった。1995年と96年の公式戦は日程通りに行われたが、交渉は1年以上も何も達成していなかった。司法命令は即座に交渉することを義務づけていなかったし、交渉を行う労使双方共に傷が癒えるには時間がかかった。球団オーナーと選手の代表が

直接接触することもなく数カ月が過ぎていった。

　交渉は、当事者間の信頼をうち立てるように仕組まれた低いレベルの話し合いで音も無く再開された。当事者は、私的な会合をマスコミに公表しなかったし、会合は辺鄙な所で行われた。コミッショナー代行のバド・セリグと選手会委員長のドナルド・フェアーは、交渉の席につく準備ができていなかった。長年選手会で3番目の地位にあり、プロスポーツ・ビジネスで最も大きな影響力を持っていた女性、ローレン・リッチが組合の交渉のほとんどをこなしていた。リッチは、全国労働関係委員会と国際婦人服労働組合で数年仕事をしたあとで選手会にやって来た、有能な交渉人だった。

　1996年に、オーナーたちは再び交渉人を取りかえた。今度は、ニューヨーク市の労働局長であったランディ・レビンを雇い、和解に向け努力の姿勢を示した。レビンはリチャード・ラビッチとチャールズ・オコナーのあとを継いで、交渉の席でオーナー側の筆頭代表者を務めた。新しい人物が交渉の席に現れたせいか、あるいは単に時間が過ぎていったせいか、当事者はようやく、プロスポーツの歴史で最長の労使紛争を終わらせる機会を手に入れた。

　経営者側のレビンと選手会側のフェアーは1996年の夏の間ずっと会議を開き、8月9日から11日の週末にはとりわけ実りの多い話し合いを行い、その年の秋が深まる頃には、球団の年俸総額に贅沢税を、そして、選手には年俸税を課して、球団間で収益を分配することを求める微妙な譲歩案にたどり着くに至った。1996年10月24日、ニューヨークヤンキースとアトランタ・ブレーブスが最高のワールド・シリーズを戦っている最中に、交渉は暫定的合意に達した。「百年戦争」の様相を呈した戦いはほぼ終わった——しかし、最後に一悶着あった。選手は合意に到達する権限を代表者に与えることを投票で決定していて、選手会の代表者はレビンも同じ権限を持っているものと考えていた。ところが、どうやら、レビンにはそういう権限が与えられていなかったらしい。

　1996年11月6日、オーナーたちは投票を行い、18対12（将来増設される2球団も加わった）で自分たちの代表者が到達した合意を無効にし、提案された契約を拒否した。オーナーたちは選手会からさらに「改善」を得るようバド・セリグに指示した。

　オーナーたちは、選手会からさらに譲歩をもぎ取ろうとして、またもや顰

蹙
しゅく
を買った。オーナーと選手は優に1年ぶりに交渉の席で顔を合わせた。選手会は交渉団にかならず選手を入れていたが、1995年3月以降、経営者側の弁護士はオーナーの同席なしで交渉を行ってきた。しかし、オーナーたちが同席していたにもかかわらず、選手会が暫定合意から少しも離れようとしなかったために、なすべき交渉が行われなかった。選手会は取引は成立したと主張し続けた。

　ナ・リーグのオーナーたちが暫定合意の再票決を要請していることについて新聞紙上で議論が戦わされたが、オーナーたちが契約に対する姿勢を変えるには、もっと何かが必要だった。皮肉なことに、最後の頼みの綱を投げたのはシカゴ・ホワイトソックスのオーナー、ジェリー・ラインズドルフだった。暫定合意反対派の旗頭で、年俸の支払いをオーナーが制限することにつねに賛成していると言われていた人物である。合意を拒否する投票が行われた直後に、ラインズドルフはクリーブランド・インディアンズの左翼手の強打者、アルバート・ベルと5年間で5,500万ドルのフリーエージェント契約を結び、ベルはスポーツ界で最高額の年俸を取る選手になった。この裏切り行為は、球界の実力者といえども、前代未聞だった。1週間後の1996年11月26日、ラインズドルフの本拠地シカゴで、オーナーたちは投票を行い、26対4で、何の変更も加えずに新しい団体労働協約を承認した。ラインズドルフは契約承認に反対票を投じた。選手とオーナーが47カ月を費やし、10億ドル以上を失った後に、野球界の労使に和平が訪れたのである。

　最後の最後まで、オーナーたちは選手会にさらなる譲歩を求めつづけた。交渉で決定された協約では、1年間の試験的なリーグ交流試合が定められていたのだが、オーナーたちは、協約を承認するときになって、交流試合を次のシーズンにも延長するよう主張した。12月5日、選手会は合意した。

11｜新協約

　新しい団体労働協約は、その影響力の規模を測るまでにしばらく時間がかかるとはいえ、野球ビジネスに革命を起こすだろう。協約は、1996年のシーズンにさかのぼり、2000年10月31日を有効期限とし、選手会はさらに1年間延長す

る選択権を持っている。野球ファンの最大の関心を集めて、史上初めて、ア・リーグとナ・リーグの球団は1997年にレギュラー・シーズンの交流試合を開始した。

新協約はリーグ内の球団財政不均衡の解消に取り組んでいる。裕福な球団は本拠地から得た収益を、複雑な公式にしたがって計算して、貧しい球団と分け合うことになった。1997年のシーズンから始まり、年俸総額が一定額——1997年は5,100万ドル、98年は5,500万ドル、99年は5,890万ドル——を上回った5球団は、97年と98年に35％、99年には34％の「税金」を払い、税金の一部は収益分配資金に蓄えられる。選手も、96年と97年の年俸とライセンス料やその他の収入源から得た収入の2.5％を税金として払い、この収益分配に貢献することになった。

最初にオーナーたちのフォートローダデール協定で具体化された収入分配構想は、交渉が行われている間に性質が変わってきた。新協約の第25条B5では、収益分配の目的が次のように定義されている。

> 収入分配計画の主要な目的は、試合及び個々の球団と球団のすべてを基盤とする野球界の成長の促進にある。したがって、収益分配計画の下での入金分と補足分配金はこの目的を促進するために使われる。球団と選手の両方の利益を促し試合の成長と発展のために、補足分配金として支払われる額が、選手会と選手会に所属する選手によって提供されることに、球団と選手会は合意する。

このように、最初に述べられた収益分配の目的は、金持ちが貧しい人に払うものではなかった。むしろ、基本的な方針は「試合の発展」だった。さらに、当事者は、「野球が合衆国とカナダだけでなく、全世界での発展を推進するために」業界発展基金（IGF）を設立した。7名の委員で構成された理事会——オーナーたちが選出した3名、組合が選出した3名、そしてこの6名が合同で指名した「独立した」1名——が基金の運営と活動を監督する。IGFは贅沢税と年俸税でたっぷり潤うだろう。

年俸仲裁制度でさえ、新協定で調整されている。1人の仲裁人が年俸仲裁紛争を解決するのではなく、3名の仲裁人で構成される委員会が1998年には仲裁事例の半分を、1999年には75％を、2000年にはすべてを審問するのである。年

俸仲裁の資格、あとに続く手続、そして、仲裁人が使う基準は変わらない。

　恐らく、新協約で最もすばらしいことは、独占禁止法を労働問題に適用するために、労働者と経営者が連帯で議会に独占禁止法免除の撤廃を求めることを決めたことである。1997年はホームズがさもしい意見を述べた年から75年目にあたり、撤廃を求めるのに相応しい年だったと思える。ついに、野球は、国家の法律の保護を受けるようになり、ほかのすべてのプロチームスポーツの仲間入りをはたすのである。

　1990年代にくり広げられた労使紛争の「勝者」と「敗者」を決めるのは時期尚早――そしておそらく両者とも負けだった――だが、法的手続と関係者について、とりあえず結論をいくつか出してもよいだろう。オーナーたちはこのとき初めて、選手たちが見せたのと同じレベルの団結を示した。経営者たちはどうやって今まで決してしなかった結束をしたのだろうか。集団力学の結果だったとも考えられる。オーナーたちは、仲間の人気者バド・セリグの人柄を高く買っていた。セリグは、選手会が種々雑多な組織の中でまとまりを維持するのを目のあたりにして、多くを学んでいた。1990年代半ばの労使紛争中、セリグは仲間のオーナーに絶え間なく「電話をかけて」、助言を求め、交渉の進展を伝えた。オーナーたちも1995年3月までには交渉に参加した。オーナーたちは、選手の活動家と面と向かい、しばしばきわめて緊迫した交渉に参加して、この法的手続に「のめりこんで」いった。このときに経営者側で生まれた集団力学は特別で、経営者がまとまりを保っていたのはセリグの手柄だった。

　選手会の気骨が証明されたのは、労使紛争の最悪の時期だった。ほかの多くのプロスポーツ選手会と異なり、野球選手会は選挙で選ばれた選手代表を通して一般の選手が統治する形態をとり続けていた。ア・リーグの選手代表、デビッド・コーンとナ・リーグの選手代表、トム・グラビンは会議に毎回出席し、ブレット・バトラー、ジェイ・ベル、テリー・スタインバック、B・J・サーホフらの選手も同席した。選手会は選手の代理人に交渉の進捗状況を伝え、選手との一体感を持たせた。ニューヨーク市48番街の選手会事務所から選手達に電話会議を呼びかけるのは、しょっちゅうだった。「危機管理」として、選手会の補助スタッフまでもが休みなく働いた。

　交渉に大きな転機が訪れたのは、経営者がサラリーキャップの代わりに贅沢

税を検討することに合意したときだった。国の労働法のもとでのサラリーキャップ導入に失敗していたため、オーナーたちは選手会の戦略に進んで耳を傾けた。サラリーキャップ制度が取り入れられていたら、球団は定められた以上の金額を使うのを「禁じられて」いただろう。贅沢税は、それにひきかえ、市場にブレーキをかけることを強制して、球団が金を使うのを抑制する。協約の新しい取り決めは、選手の年俸に影響を及ぼすのだろうか。双方の当事者はそうなるとの認識をしているが、どの程度の抑制になるのかは、新しい制度で体験してみないとわからない。

　選手会の調査によると、毎年フリーエージェント市場で積極的に行動するのは8から10球団にすぎなかった。新協約では、贅沢税を払うのは最大5球団で、フリーエージェント市場でいまだに抑制されていない球団が3から5は残っている。選手会の経済学者は、これが十分な競争になって入札制度を生かすことになると予測している。

12 ｜ 終結

　1990年代の労使紛争は、本書で一貫して述べてきたビジネスのテーマと法的手続を数多く例証している。メジャー・リーグは、球団オーナーたちが形成した私的秩序の産物である経営組織で、以前に行われた交渉と仲裁でメジャー・リーグ選手会に奪われた権力と利益を取り戻すために、1990年代に、私的な経済圧力をかけることにした。争いに備えて、オーナーたちはコミッショナーを解雇し、1920年代の初めにコミッショナー事務所を設置して以来初めて、後任のコミッショナーを置かないことで、自分たちの内部規則と慣例を書きかえた。（コミッショナー事務所はブルワーズのオーナー、バド・セリグの有能な指導のもとで運営を続け、セリグは「代行」の資格で仕事をした。）それから、フォートローダデールで協定を結び、球団間で収益を分配する独特の方法をひそかにあみだした。この制度はその後のオーナー会議で少し手が加えられた。選手会はオーナーたちから要求を提示されると、自分たちの私的な経済的圧力で応じ、ストライキに突入した。ストライキは野球史上最長の234日間続いた。

　当事者の紛争は純粋に私的な問題から始まったが、たちまち、公式、非公式

に、公的な手続と機関を巻きこんだ。選手会は、オーナーたちが国の法律のもとで不誠実な交渉を行っていると主張して、3件の不当労働行為を全国労働関係委員会（労働委員会）に訴えた。連邦政府が介入して、調停人を指名し、合衆国大統領まで引っぱり出して紛争を解決しようとしたが失敗した。ついに、委員長のウィリアム・グールドと労働委員会が連邦労働法に基づいて連邦裁判所に訴訟を起こし、これが労使紛争に休戦をもたらして野球をグラウンドに連れもどし、やがては、交渉の席に戻るよう労使双方を説得した。1996年11月26日にオーナーたちがようやく和解を承認すると、グールドは新聞発表を行い、団体交渉のための「交渉の場」を築いた労働委員会の働きを、労働委員会が差し止めの救済を請求する権威を使って成功した「最初の例」であると言って誉めちぎった。「ここにある成果が、アメリカと私の大好きな娯楽である野球で結ばれた団体労働協約であることは、とりわけ喜ばしいことです。今日の合意は、団体交渉にとって、まことに、ライナー性の長打と言えます」とグールドは結んだ。ソニア・ソトマイヤー判事も同じように賞賛されるべき人物だったが、新聞発表を行わなかった。

　1997年3月14日、オーナーと選手の代表は、ついに新しい基本協約を結んだ。コミッショナー代行、バド・セリグは、「これは野球のまことの再生と黄金時代の始まりになる」と述べた。選手会委員長のドン・フェアーは、当事者たちが「つらい交渉」によく耐えてきたとだけ述べた。もっとも洗練されたレベルの私的秩序——野球ビジネスを作りなおした新しい複雑な団体労働協約——で、長く続いた絶望的な労使紛争が終結したのである。

延長戦とあとがき

　ヤンキースのキャッチャー、ヨギ・ベラはあたり前のような格言で有名だが、大抵の格言には、ひねりのきいた言い回しに鋭い洞察が隠されている。「終ってみなければ結果はわからない」は、ヨギ語録でも恐らく最も有名な言葉で、法的手続が野球ビジネスと関わる状態をこれほど見事に言い表したものはない。今のところ、法的手続と野球ビジネスの関係はまだ終っていなくて、終わりそうにもないのである。

　選手会と経営者は疲労困憊したすえに実益に目を向け、ようやく和解にたどり着いた。野球事業は、1996年の団体労働協約締結とともに新しい時代を迎えた。新しい団体労働協約の下で、野球は商業的娯楽を世界市場に売り出すことができ、ファンの関心（とそして愛着）を取り戻す機会を与えられた。しかし、新たな協力体制は、野球に関わる事業や人々に成功を約束しているわけではない。ヨギならば、さしずめこう言っただろう。「ファンが見にきてくれるのかどうかは、試合をしなければ分らない。」

1｜独占禁止法免除の終結

　当事者が協力して独占禁止法免除の修正を議会に要請することを記載した条項が、1996年の新しい団体労働協約に加えられた。この条項は象徴としては重要でも、実質的な効力はない。1989年の交渉を巡ってNFLの選手会と経営者の間で起きた訴訟で、1996年、連邦最高裁判所はスポーツ団体労使への独占禁止法の適用を制限するとの判断を示した。

　NFLの球団オーナー達は、二軍選手と代用選手の枠を設け、彼らに週当り一律1,000ドルを払うことを提案した。これに対し選手会は固定給制度を拒否した。交渉が行き詰まると、経営者は一方的に提案内容を実施に移した。選手会は球団が足並みそろえて固定給制度を導入した行為は「商取引の制限にあた

り」、独占禁止法に違反すると主張して訴訟を起した。

　一般論として、組合がない場合、競合する会社の間で労働者の賃金を取り決めることは独占禁止法に違反する。ところが、労使関係では、裁判所は、競争を重視する独占禁止法政策と団体交渉を支援する方針を均等に扱わねばならない。連邦法のどこを見ても、この矛盾する方策をどうやって両立させるのか裁判所に教える条文はない。しかし、連邦最高裁判所は、団体交渉手続の一部に競争を抑止する方針があることを踏まえ、団体労働協約の当事者は、労働について独占禁止法の「言外の」免除を享受できるとの裁定を下した。たとえば、二軍の選手への支払いに関して経営者が提出した案に選手会が合意していたならば、その結果として結ばれた契約は、独占禁止法の義務を免除されていただろう。ところが、NFLの経営者は、交渉が行き詰まると、二軍の選手への支払いを一方的に決めた。この決定は団体交渉の合意の産物ではなかった。交渉が決裂したので、経営者が一方的に行動に移したのだ。このような状況下で独占禁止法免除が適用できるのだろうか。

　1995年、コロンビア地区巡回控訴裁判所は独占禁止法免除がまだ適用されると述べていた。ミシガン大学法律大学院の元労働法教授、ハリー・エドワード裁判長は、選手会が存続可能な実体があるならば、言外の独占禁止法免除は交渉が行き詰まったあとも継続するとの裁定を下した。経営者が一方的に押し付けた条件であっても免除が認められたのである。経営者は、交渉が行き詰まるまでは、誠意を持って交渉を行わなければならず、そうしなければ、国家労働関係委員会が不当労働行為と見なすことになっている。いずれにせよ、選手会が団体交渉を行う目的で選手の代理人を務め続ける限り、独占禁止法は何の効力も持たなかった。エドワーズ裁判長の裁定によると、選手会には、経営者の行動に異議を唱える選択肢が2つあった。ストライキを打って経済力を行使するか、国家労働関係委員会に資格承認取り消しを要請して選手の代理人をやめるか、の2つである。選手会が機能を停止したら、選手は独占禁止法の下で訴訟を起すことができると言うのだ。連邦最高裁判所は巡回控訴裁判所のエドワード裁判長の判断を支持した。

　したがって、フェデラル野球裁判以来の議会の怠慢、すなわち、独占禁止法の免除が、団体交渉の席では、どんな場合でも、メジャー・リーグ選手会の権

限に影響を及ぼすことはないのだ。選手会は、選手に代わって交渉を行う資格を捨てる決心をしない限り、独占禁止法の下で訴えるという脅しが使えなかった。代理人を辞める決断は、1987年にNFL選手会が実際に行った自殺行為と同じ結果を生むだけだ。

　1996年の団体労働協約の下で、野球ビジネスが協力的な関係を築くことができる希望がかすかながら残っている。共同で議会に要請する行為で、将来、当事者が良い関係を築く明るい見通しができたと言えるだろう。しかし、長年の闘争で鍛えられた当事者は、労使の円満な関係を実現するほんとうの苦労を味わうことになるかもしれない。相互の尊敬と信頼を築くには、1969年のメッツと同じ位の奇跡が必要になるだろう。

2│戦いのない平和

　1950年代にメジャー・リーグ選手会が組織化され、1970年代にマービン・ミラーがこの選手会をアメリカでも最も強力な労働組合の一つに変身させたことから、アメリカの野球ビジネスは、球団オーナーと選手会との大々的な衝突を経験してきた。その結果、試合は時々業務停止を余儀なくされた。業務停止には、選手会が主導するストライキもあれば、球界の一方的な支配を堅持したいオーナーたちが引き起こすロックアウトもある。こういった事態が発生すると、野球のファンは常に選手会を非難してきた。ファンは、単なる子どもの遊びで数百万ドルもの大金を稼ぐ権利がどうして野球の選手にあるのか、理解に苦しんでいる。実は、試合中止は、労使双方の非協力的な態度の産物なのだ。

　1994年から1995にわたる壊滅的ストライキの後に結ばれた、団体労働協約の契約期限が近づいた夏の終わり頃には、球団オーナーも選手も、そして、マスコミもファンも、今度も試合中止が避けられないとの考えが支配的だった。また、今回試合中止になれば、野球ビジネスが命取りになるとの懸念もあった。なぜなら、ファンは前回のストライキを許していなかったからだ。

　ところが、球界の経営者と選手会は、契約の期限が切れる2002年8月31日の前夜に徹夜の交渉を行い、奇跡的に和解に達した。こういった交渉の成功を見ると、野球ビジネスでも人柄がいかに重要かよくわかる。どうやら、オーナー

側のコミッショナー、バド・セリグは効果的に交渉を進める上で欠かせない譲歩の術に長けていなかったようだ。同様、選手会のバットマンとロビンともいえるドナルド・フェアーとジーン・オーザは、オーナーとコミッショナー事務局の態度にたびたび業を煮やして、巧みな交渉を進めることができなかった。労使双方ともに、相手に対して十分な信頼感を抱いて交渉に臨む用意ができていなかったのだ。しかしながら、かかる環境下にあったときに、経営者側のボブ・マンフレッドと選手会側のマイケル・ワイナーが精力的に交渉を重ね、遂に、1試合も失うことなく契約合意に漕ぎ着けた。

2002年の団体交渉の成功の裏には、ワイナーとマンフレッドの献身的な取り組みがあった。2人ともスポーツビジネスの世界に優秀な指導者を輩出しているハーバード法科大学院の出身で、長年スポーツビジネスに携わってきた。サラリーキャップや贅沢税、さらには、設備改善資金のややこしい仕組みにもよく通じ、厄介な紛争を忍耐と交渉で解決する術を知っていた。今回の2人が際立っていたことは、衝突に至ることなく、和解に到達するように最大の努力をしたことである。試合を中止してもどちらの勝利にもならず、球界そのものが致命的な打撃を受けることになりかねないことを十分に認識していた。そのことがファンと選手にとってもうれしい結果となったのだ。

3│その他の問題

ここまでは、野球界の歴史に登場した重要な法律問題を見てきたが、他の問題も述べることにする。数年のうちにはさらに注目されそうな問題である。

1) 知的財産

グランドでの活躍とは全く関係ないけれど、野球ビジネスで最も儲かる分野が一つある。選手と球団が保有する肖像、記録、ロゴに関する知的財産である。知的財産を活用すると数百万ドルのビジネスになる。野球カードは早くも1880年代には登場しており、当時はかみタバコとセットで売られていた。今日では、珍しいカードが数十万ドルで売り買いされ、カードになった選手が夢と思っていた年俸よりも遥かに高い値が付いている。野球は世界に進出し、商標や版権

などの知的財産に関する法的争いは増えるだろう。消滅した球団——例えば、ブルックリン・ドジャース——の名称やロゴの使用をめぐる争いが解決を求めて法廷に持ち込まれるのも珍しくない。

2）収用権と球団のフリーエージェント

「球団のフリーエージェント」時代では、球団は都市から都市へ移転する。シンシナティ・レッドストッキングスが1869年に華々しい戦果を収めながらあちこちと移動したのと同じことだ。今では、球団は、グラウンドの上での競争よりも、新しい球場とさらに良い条件の契約を結ぶことに力を入れるようになった。1953年にセントルイス・ブラウンズがボルチモアのグループに売却されて球団の名称をオリオールズに変更し、ボストン・ブレーブスがミルウォーキーに移転（13年後さらにアトランタに移動）したのを皮切りに、球団オーナーは自由市場を闊歩した。本格的なゴールドラッシュが始まったのは1957年で、ブルックリン・ドジャースとニューヨーク・ジャイアンツがニューヨークから西海岸に移った。球団オーナーたちは、未開の市場とうまみのある契約条件に誘われて国内を縦横に移転した。移転を脅しの種にして、本拠地の自治体から公的資金を引き出したオーナーも少なからずいた。

移転によって球団にはどんな将来が待ち受けているのだろうか。新規に球団が誕生してフロリダ、アリゾナ、ロッキー山脈に組織野球が拡張しても、オーナー達の放浪癖は留まる所を知らなかった。カロライナには、フットボール、バスケットボール、ホッケーの新しい球団が生まれた。野球の球団もきっと歓迎されるだろう。テネシー州のナッシュビルは、メジャー・リーグの球団を擁する都市として認められる日を待ちわびている。人が移動して、人口が増えた新興都市が球団誘致の競争に参入してくるだろう。球団を抱える既存の地方自治体はどんな手を打って球団を自分の懐に抱え込み、移転をくい止めればよいのだろう。

カリフォルニア州オークランド市は「収用権」の権限を行使して、フットボールチームのレイダーズが町から去るのをくい止めようとした。オークランド市は、最初カリフォルニア州法の下で大きな成功を収めたけれども、法的な戦略では結局失敗した。だが、アル・デイビスのレイダーズは南カリフォルニ

アの明るいネオンとロサンゼルス・コロシアムの空席に失望して、今ではオークランドに戻っている。裁判所は長い間、収用権の権限は有形資産と物理的財産を超えて拡大すると判断してきた。私たちは将来、球界が収用権の権限が球団に及ぶかどうかで試練を受けるのを目のあたりにするかもしれない。

3) 男女平等

　プロスポーツ界で次に取り払われる障壁は、これまで男性ばかりだった球団への女性選手の進出であろう。女性はすでにテニスやゴルフ、フィギアスケート、バスケットボールで目覚しい活躍をしている。女性騎手と女性カーレーサーは一歩先んじ、プロホッケーではマイナー・リーグのレベルに女性のゴールキーパーがいる。女性記者が男性選手の更衣室に押しかけ、女性のアナウンサーがテレビ中継を行うようになった。女性がメジャー・リーグのレベルで野球を行う日も近いのではないだろうか。

4) 世界進出とその将来

　野球ビジネス関係者は、今や、事業の将来像を描く機会を手にした。とりわけ、1996年の団体労働協約で本当の労使関係が育まれたならば、計画の実現性がより高まることになる。野球の国際化は最も楽しい未来像の一つだ。他のプロスポーツ界では、サッカーのワールドカップや4年に1度開かれるオリンピック大会の大々的な成功と人気に導かれて、国際化が進んでいる。テニスとゴルフのツアーは世界をまたにかけて転戦し、プロのバスケットボールやホッケーのリーグに、今では、世界各国から最高レベルの選手が参加している。

　1996年、ニューヨーク・メッツとサンディエゴ・パドレスが、メジャー・リーグの公式戦としては史上初めて、メキシコで試合をした。メキシコでは長い間メジャー・リーグに関心が持たれていた。メキシコでの試合は、共和党がサンディエゴで大統領候補者選出のための党大会を開催したことが切っかけとなって実現した。2球団が受けた歓迎が南への拡大の見通しが明るいことを物語っている。これから先の10年の間に、新規球団、または、移転先として既存球団が、ラテンアメリカを選ぶことも十分ありえる。その次の大市場はヨーロッパと太平洋沿岸である。

1世紀前、優れた技術を持つ選手は新聞紙上で大オペラ歌手のように「名手」と呼ばれた。21世紀には、この言葉はアメリカの国技を変えた日本人選手に贈られることになるだろう。そもそも、野茂英雄が1995年にロサンゼルス・ドジャースに入団して、ナ・リーグの新人王に輝いたことが始まりだった。それから、才能溢れる日本人選手が続々とアメリカにやって来て、メジャー・リーグのグラウンドで見事な技を披露するようになった。日本の野球のビジネスリーダーがこの傾向を快く思っていないことは容易に理解できる。優秀な選手が何人も太平洋を渡り、アメリカで脚光を浴びているのだから当然かも知れない。とはいえ、日本人選手がアメリカの球界で活躍していることが、日本人の大きな誇りになっていることも事実である。

　メジャー・リーグで飛躍的な進歩を遂げた選手の筆頭はおそらくイチローだろう。イチローは2001年にアメリカに来てから、最初の年にア・リーグの最優秀選手に選ばれ、メジャー・リーグの試合を変えた。バットコントロールとベースラインに最初の一歩を踏み出す速さは実に素晴らしい。ストライクゾーンでバットをさっと動かし、どんな球でも楽々とヒットにする。内野安打の数では誰にも負けない。2004年には262本の安打を放って84年間守られてきた記録を破り、メジャー・リーグの年間最多安打記録を打ち立てた。

　［監訳者注：84年間メジャー・リーグの年間最多安打記録を保有していたのは、野球殿堂に最初に祀られた「不滅の11人」の1人、ジョージ・シスラーである。］

　日本人選手の大量流入はアメリカの野球に多大な衝撃を与えた。たいていの球団が日本人選手を抱えた経験を持つようになった。日本人選手の誰も彼もがスター選手になったわけではないが、日本人選手の加入によって、アメリカの国技である野球が、名実ともに世界のゲームに近づいたと言える。

5）ステロイド疑惑

　2004年から2005年にかけて、プロ野球選手とアメリカの愛憎関係が注目の的になった。政治家とスポーツ記者が、選手による運動機能向上薬の使用、とりわけ、ステロイド使用による不正を取り上げて野球選手を手厳しく非難したからだ。マーク・マクガイアとサミー・ソーサが熾烈なホームラン王争いを演じ、いつの間にか、ベーブ・ルースとロジャー・マリスの年間本塁打記録を破って

全野球ファンの目を釘付けにした1998年の後で、野球ファンは2004年から2005年にかけて忌まわしい疑惑に直面した。ホームランを打っていたのは野球選手ではなく、選手の体内の科学物質だったと多くの人が思ったのだ。ステロイド使用を認めたホセ・カンセコがすべてを暴露した自伝で使った言葉を借りると、野球選手は「薬漬け」にされていた。

　マーク・マクガイアには泣きっ面に蜂で、年間本塁打記録は、2001年にサンフランシスコ・ジャイアンツのバリー・ボンズが打った73本の本塁打で塗り替えられた。野球選手にステロイドを調達した疑いでバルコ社を取り調べていた連邦刑事大陪審の報告書が漏洩して、ステロイド使用の噂が広まった。ジョージ・ブッシュ大統領までもが、2004年の一般教書演説でステロイド使用を激しく非難した。下院議員がマスコミに大きく取り上げられる貴重な機会と見て取り、2005年5月下院で公聴会を開いた。

　選手会は、選手のプライバシーを守るために、薬物検査に関する世論の流れに対して長い間断固とした態度で臨んで来たが、ステロイド疑惑は選手会にとって強力な逆風となった。2002年に選手会側のマイケル・ワイナーと経営者側のボブ・マンフレッドの間で行われた交渉では、選手会は最初薬物検査に合意していた。経営者は、今回、契約の交渉を再開することと、薬物検査で陽性反応が出た選手に対してはさらに厳しい罰則を適用することを要求した。選手会は前向きに対処している姿勢を示す必要に迫られ、議員とマスコミの両方の歓心を得たい経営者の要求に譲歩してより厳しい制裁を承諾した。その結果、2005年のシーズン中に選手は抜き打ちのステロイド検査を受けた。検査を受けた1,200名の選手の内、ステロイドの陽性反応が出たのはわずか10名だった。疑惑に実際に関わっていたのは、ほんの一握りの選手に過ぎなかった。

　陽性反応が出た選手に、大物のラファエル・パルメイロがいた。20年間の活躍で野球殿堂入りが確実視されていたパルメイロは、公聴会で議会の委員団に対しステロイドを使用したことはただの一度もないときっぱりと否定した。しかし、数カ月後、陽性反応が出た少数の選手の中にパルメイロも含まれているとの情報が漏れると、爆弾が落ちたような衝撃が国中に走った。

　スポーツ記者は、労使紛争が何度も繰り返されたせいで野球は死んだと言って野球の死を悼んできた。今度はステロイド疑惑で国技は廃れるだろうと記者

の連中は述べ立てたが、ファンはグラウンドで繰り広げられる熱い戦いの方に余程関心があるのか、球場入場者は記録的な数に達した。ステロイド疑惑の中でも、野球は繁栄を続けている。だが、パルメイロの野球生活は2005年シーズンで終了した。パルメイロが野球殿堂に選ばれる可能性は低い。

4 | 最後に

　本書は野球ビジネスと法的手続について述べてきたが、中心的なテーマは、選手個人の利益と、球団と球団オーナーを包含する経営組織の利益との全体的均衡のあり方である。これまで、球団あるいはリーグによる支配と対抗勢力である選手会の台頭を見てきた。私たちは野球事業の中で円満な秩序ある関係が構築されることを望んでいるが、法的手続は、安定と公正の道具としてではなく、関係者が自己目的を達成するために使われてきた。

　国民的娯楽の現状を嘆く人々が抱える課題は、安定に向かうための骨太の構想を未だ打ち出していないことである。神話を一皮むくと、野球をしているのは大金持ちの若者で、若者たちはほかの金持ちをますます大金持ちにしていることも分かった。それでも野球が感情に訴える大きな力を保有していることは紛れもない事実である。それなら、関係者の不当な主張と正当な主張をどうやって見分ければよいのだろうか。この疑問を夏の娯楽なのだからどうでもいいことだと無視する前に、娯楽産業である野球が世界的な怪物であることを思い出して欲しい。野球事業に対する規制は社会で議論されるべき重要な問題である。

　野球の将来は法的手続と切り離せない。紛争を解決する私的な手段、契約関係である私的秩序、そして、行政府の公的機関、たとえば、裁判所や連邦政府の機関は、引き続き利用されると予測できる。さらには、野球が世界に進出するにつれ、新たな法的手続、たとえば、国際貿易や著作権に関わる契約に世界的な機関が関わってくることも予想される。また、世界的なテクノロジー革命は野球のビジネスにも影響を与えるだろう。しかし、影響の度合いについては予測できない。ただ一つ確かなことは、いかなる場合でも法律と法律家を不必要とする事態は起りえないことだ。

さくいん

ア行

アスレチックス（オークランド）…… 105
アスレチックス（フィラデルフィア）… 29
アッサリー，ウィリアム …………… 181
アトランタ・ブレーブス ………… 108,169
アメリカン・リーグ………………… 26
移送命令の令状……………………… 43
医療給付…………………………… 80
インディアンズ …………………… 154
ウォレス，ウィリアム……………… 47
エッカート，ウィリアム …………… 111
NBA………………………………… 174
オークランド・アスレチックス …… 105
オーザ，ジーン …………………… 171
オーナー会議 ……………………… 138
オプション条項 …………………… 117
オマリー，ウォルター……………… 117
オリオールズ ……………………… 169
オリンピック ……………………… 202

カ行

カーク・ギブソン ………………… 138
カージナルス ………………… 2,169
カート・フラッド ………………… 2
カートライト，アレクサンダー …… 9
買い手独占………………………… 46
回復不能の侵害 …………………… 187
価格協定…………………………… 49
合衆国控訴裁判所………………… 43
合衆国最高裁判所………………… 43

カブス……………………………… 50
カルテル…………………………… 13
カンザスシティ・ロイヤルズ ……… 138
キャットフィッシュ・ハンター ……… 105
キャノン，ロバート………………… 70
キューン，ボウイ…………………… 51
業界発展基金（IGF）……………… 192
行政法審査官（ALJ）……………… 184
競争制限特約……………………… 30
共同謀議 ……………………… 47,132
共同謀議禁止条項 ………………… 134
共同薬物協定 ……………………… 162
協約の条項 ………………………… 122
共和党……………………………… 181
クーパーズタウン …………………… 1
苦情処理制度……………………… 78
苦情申し立て仲裁制度 …………… 118
クリーブランド・インディアンズ …… 154
クリーブランド・ナップス………… 26
クレイトン反トラスト法…………… 48
刑事裁判 …………………………… 159
刑事訴訟 …………………………… 159
刑事法 ……………………………… 158
契約領域…………………………… 78
ゲッツ，レイモンド ………………… 132
ケネソー・マウンテン・ランディス… 1,150
権利章典 …………………………… 158
控訴裁判所………………………… 31
公的な連邦調停仲裁庁 …………… 119
効用………………………………… 77
コーファックス，サンディ………… 80
ゴールドバーグ，アーサー………… 2,64

コミスキー，チャールズ………… 20,149
コミッショナー（事務局）………… 150
コミッショナー代行 ……………… 173

サ行

最高執行委員会 ………………… 173
再審理 …………………………… 127
サイツ，ピーター ………………… 106
最低年俸…………………………… 79,128
サミー・ソーサ ………………… 203
サラリーキャップ ……………… 145,174
サンディエゴ・パドレス ………… 202
シアトル・マリナーズ …………… 169
ジアマッティ，バートレット …… 153
ジェンキンズ，ファーガソン …… 160
シカゴ・カブス ……………………… 50
シカゴ・ブルズ …………………… 176
シカゴ・ホワイトソックス ……… 95
事業の中枢 ……………………… 186
自己負罪 ………………………… 159
シスラー，ジョージ ………………… 1
私的秩序 …………………………… 2
指名打者制度 …………………… 91,105
シャーマン反トラスト法 ………… 48
ジャイアンツ ……………………… 8
ジャクソン，シューレス・ジョー … 150
収益分配資金 …………………… 192
州最高裁判所 ……………………… 31
州際通商 ………………………… 57
集団苦情申し立て ……………… 132
収用権 …………………………… 201
州予審裁判所 …………………… 29
シューレス・ジョー・ジャクソン … 150
巡回裁判区 ……………………… 43
証拠の優越 ……………………… 160

「常設」労使仲裁人 ……………… 118
肖像 ……………………………… 200
商標 ……………………………… 200
商標登録 ………………………… 170
ジョージ・トゥルーソン ………… 59
ジョーダン，マイケル …………… 176
ジョンソン，バン ………………… 27
紳士協定 ………………………… 100
シンシナティ・レッドストッキングズ… 12
人種差別廃止…………………… 62,100
新人年俸水準条項 ………………… 176
スターン，デビッド ……………… 174
スタインブレナー，ジョージ …… 50
ストーハム，チャールズ ………… 95
ストライキ ………………………… 77
スピーカー，トリス ……………… 1,157
スポルディング，アルバート …… 3
贅沢税 …………………………… 170,182
正当な法の手続 ………………… 156
ゼネラル・マネージャー ………… 94
ゼネラル・マネージャー会議 …… 138
セブンス・イニング・ストレッチ … 56
セリグ，バド …………………… 173
全国仲裁人学会 ………………… 118
全国放送 ………………………… 170
全国労働関係委員会 …… 73,168,179
全国労働関係法 ………………… 70,168
選手会委員長 …………………… 83
選手会の執行委員会 …………… 172
選手関係委員会 ……………… 139,177
選手代表 ………………………… 172
セントルイス・カージナルス …… 2,169
全米野球記者協会（BBWAA）… 165
戦力の均衡 ……………………… 49
先例拘束 …………………………… 62
組織野球 …………………………… 8

ソトマイヤー，ソニア ……………… 4
ソニア・ソトマイヤー ……………… 4
損害賠償金 …………………………… 142

タ行

ターナー，テッド ………………… 108
タイガース ……………………………… 94
タイ・カップ ……………………… 1,157
第三者調停制度 ……………………… 64
代用選手 …………………………… 182
代理人 ………………………………… 80
タフト・ハートリー法 ……………… 70
ダブルデイ，アブナー ……………… 3
多様な司法権 ……………………… 154
団体交渉代理人 ……………………… 79
団体労働協約 ………………………… 35
知的財産 …………………………… 200
地方放送 …………………………… 170
チャールズ・コミスキー ……… 20,149
チャールズ・フィンリー …………… 4
チャンドラー，アルバート ………… 95
仲裁可能性 ………………………… 122
仲裁審問室 ………………………… 116
仲裁制度 ……………………………… 2
定義された総収入 ………………… 175
テキサス・レンジャーズ ………… 160
デトロイト・タイガース …………… 94
統一選手契約書 ……………………… 26
トゥールソン，ジョージ …………… 59
登録名簿 ……………………………… 45
独占禁止法 …………………………… 2
ドジャース …………………………… 2
トム・ロバーツ …………………… 135
ドライズデール，ドン ……………… 80
奴隷制度 …………………………… 103

ナ行

ナショナル協定 ……………………… 38
ナショナル・コミッション …… 96,150
ナショナル・フットボール・リーグ …… 91
ナショナル・ブラザーフッド・オブ・ベースボール・プレーヤーズ ……………… 14
ナショナル・ホッケー・リーグ …… 91
ナショナル・リーグ ………………… 1
ナップス ……………………………… 26
ナベル，ノーバート ……………… 154
ナポレオン・ラジョイ ……………… 1
南北戦争 …………………………… 104
ニグロ・ナショナル・リーグ ……… 90
ニッカボッカーズ …………………… 9
入場料 ……………………………… 170
ニューヨーク・ジャイアンツ ……… 8
ニューヨーク・ニッカボッカーズ … 9
ニューヨーク・メッツ …………… 202
ニューヨーク・ヤンキース ……… 50
任意 ………………………………… 186
任意項目 …………………………… 186
抜き打ち薬物テスト ……………… 163
年間最多安打記録 ………………… 203
年間予約席 ………………………… 170
年金 …………………………………… 80
年俸交渉権 ………………………… 128
年俸税 ……………………………… 190
年俸仲裁の資格 …………………… 128
年俸仲裁公聴会 ……………………… 85
年俸仲裁制度 ………………………… 85
年俸と給付金 ………………………… 45
ノーリス・ラガーディア法 ………… 72

ハ行

ハーマン，オーガスト	38
排他的合同	48
パイレーツ	56
ハルバート，ウィリアム	1
ハワード・タフト，ウィリアム	56,150
版権	200
ハンロン，ネッド	55
ピーク，ビル	168
ピーター・ユベロス	139
ピート・ローズ	84,148
必須	186
必須項目	186
ピッツバーグ・パイレーツ	56
ビル・クリントン大統領	181
貧困の嘆願	77,134
ビンセント，フェイ	111
ファーム制度	89
フィールズ，エリージャン	4
フィクス，カールトン	132
フィラデルフィア・アスレチックス	29
フィラデルフィア・フィリーズ	26
フィリーズ	26
フィンリー，チャールズ	4
フェアー，ドナルド	70
フェデラル・リーグ	38,150
フェンウェイ球場	133
フォスター，ジョージ	90
複数年契約	139
附合契約	35
ブッシュ，ガッシー	169
不当労働行為	73,179
不滅の11人	1
フライシャー，ラリー	174
ブラックソックス事件	91,149
ブラックマン，ハリー	64
ブラッシュ，ジョン	16

ブラッシュ分類制度	16
フラッド，カート	2
フランチャイズ	13
ブランチ・リッキー	2
フリーエージェント	50
ブルー，バイダ	105
ブルズ	176
ブルックリン・ドジャース	2
ブルワーズ	173
フレージー，ハリー	133
ブレーブス	108,169
プレーヤーズ・フラタニティ	53
プレーヤーズ・リーグ	8
米国仲裁協会	119
ベーブ・ルース	1
放送権料収入	170
法的手続	2
ホーボーケン	4
ホームズ，オリバー	56
ボストン・レッドソックス	50
ボックス席	170
保留制度	2
ボルチモア・オリオールズ	169
ホワイトソックス	95

マ行

マーク・マクガイア	203
マーチャンダイジング収入	170
マイナー・リーグ	45
マクガイア，マーク	203
マクナリー，デーブ	122
マクフェイル，リー	139
マック，コニー	1,20
マリス，ロジャー	203
マリナーズ	169

マントル，ミッキー ……………… 157
ミュージアル，スタン …………… 98
ミラー，マービン ………………… 1
ミルウォーキー・ブルワーズ …… 173
民事裁判 …………………………… 159
民事司法制度 ……………………… 159
民主党 ……………………………… 181
メイズ，ウィリー ………………… 157
メジャー・リーグ機構 …………… 5
メジャー・リーグ規約 …………… 92
メジャー・リーグの年次総会 …… 140
メジャー・リーグ野球選手会 …… 5
メッサースミス，アンディ ……… 116
メッサースミス事件 ……………… 109
メッツ ……………………………… 202
モス，リチャード ………………… 71
モンテ・ワード …………………… 2

ヤ行

野球殿堂 …………………………… 1
野球殿堂選挙規約 ………………… 165
野球殿堂理事会 …………………… 166
野球の国際化 ……………………… 202
野球の最大の利益 ………………… 52,150
野球法律オールスターズ ………… 8
薬物検査 …………………………… 121
ヤンキース ………………………… 50
ユベロス，ピーター ……………… 139
ヨギ・ベラ ………………………… 197

ラ行

ライセンス料収入 ………………… 172
ライト，ハリー …………………… 12
ラインズドルフ，ジェリー ……… 191

ラジョイ，ナポレオン …………… 1
ラソーダ，トミー ………………… 138
ラビッチ，リチャード …………… 177
ランディス，ケネソー・マウンテン 1,150
ランドラム・グリフィン法 ……… 73
リーグ交流試合 …………………… 191
利害仲裁 …………………………… 188
リグリー，ウィリアム …………… 95
リッキー，ブランチ ……………… 2
リッチ，ローレン ………………… 190
ルパート，ジェイコブ …………… 95
レッドストッキングズ …………… 12
レッドソックス …………………… 50
レビン，ランディ ………………… 190
レンジャーズ ……………………… 160
連邦最高裁判所 …………………… 56
連邦調停人 ………………………… 181
ロイヤルズ ………………………… 138
労使仲裁人 ………………………… 106
労働委員会 ………………… 73,168,179
労働政策 …………………………… 72
ローズ，ピート ………………… 84,148
ロゴ ………………………………… 200
ロックアウト ……………………… 78
ロバーツ，トム …………………… 135
ロバーツ，ロビン ………………… 71
ロビンソン，ジャッキー ………… 94

ワ行

ワーグナー，ヨハンナ …………… 30
ワード，モンテ …………………… 2
ワールドカップ …………………… 202
ワールド・シリーズ …………… 5,38
ワグナー法 ………………………… 72

＊本さくいんは日本語版のために監訳者が作成した。

日本語版の監修を終って

　この原本を知ったのが2004年の秋。プロ野球の一連の騒動が楽天の新規参入で収束の方向に向いつつある時期であった。取り寄せて読み始めると、メジャー・リーグの法律や経営について不明瞭に思っていたことが解消し始めた。同時に、メジャー・リーグの経営者や選手会が過去に保持した理念や思想を垣間見たとき、プロ野球は諸問題を抱えているものの、根幹となる部分については議論をしていないことも知らされた。そこで、この本を翻訳して世に出すべきだと思い立った。

　この本では、メジャー・リーグの歴史を通して、球団オーナーと選手会が経済的欲求を満たすために、どの法律を駆使して活路を見出そうとしたのか、実録的なストーリーが展開されている。その意味において、この本は"知的好奇心"を大いに満たしてくれた。メジャー・リーグの球団オーナーと選手会が戦ったプロセスは、現代にも相通ずる所が多々あるので、現在プロ野球が直面する諸問題の解決の糸口も示唆している。ぜひ、プロ野球の構造改革に役立てて欲しいと願っている。

　翻訳本を出すに当って、出版元経由、著者のエイブラム（Abrams）さんに原本出版後のエピソードを追記してもらうべく依頼した所、快く引き受けて頂いた。「延長戦」の部分がそれである。これにてアメリカのプロ野球130年の歴史と現在が繋がった。

　訳者の中尾ゆかりさんは大学からの親友の奥さんであり、出版元が決まらない前から翻訳の作業に入ってもらった。出版元である大修館書店の太田明夫さんも彼女の紹介であり、正に、彼女に「おんぶにだっこ」をしてもらった。

　アメリカの裁判制度は、連邦と州の二重構造になっているために難しい。長年お付き合いをしてもらっている松田浩明弁護士に、監修の監修をお願いした。松田弁護士はこの本を教科書にして今年4月から帝京大学にて「スポーツ法学総論」を教えることにもなっている。

　その他にも、監修をする過程で、たくさんの人の知恵や知識をお借りした。誠に有り難く、感謝の意を表したい。

　　　　　　　　　　　　　　　　　　　　2006年春　　大坪正則

訳者あとがき

　メジャーリーグは昨今の日本人選手の進出で日本の野球ファンにも身近な存在になったとはいえ、日本で報じられるのはおもに日本人選手の活躍かよほどの有名選手か大記録で、その歴史や発展に貢献した選手の活躍については、一部のメジャーリーグ・ファンを除けばあまり知られていないし、関心も持たれていないのが現状だろう。メジャー・リーグと法律の関係を説明する本だと原書を紹介されて、野球には大いに関心があっても法律や野球ビジネスとなると別世界の話のような気もしたが、思えば日本でも、2004年のオフにプロ野球選手会と日本野球機構がくりひろげた一連の騒動は世間の耳目を集め、まだ記憶に新しい。交渉、スト決行など労使紛争の成り行きを見守り、野球選手の雇用問題と法律について少しは考えた向きなら、日本のプロ野球がお手本にしてきたメジャーリーグがたどった道にも、無関心ではいられないだろう。1世紀以上にわたって発展してきたメジャーリーグの歴史には、保留制度の撤廃やフリーエージェント制度など法律がついてまわり、法律の知識がなくては理解しづらいのだが、本書はその法律制度を法律専門外の人間にもわかりやすく解説しているのがありがたい。堅苦しい説明だけでなく、野球の誕生物語や四方山話、選手の活躍ぶりなども盛りこまれている。読み終わったときには、メジャーリーグや野球の法律、アメリカの法制度について多少なりとも知識が得られ、今日のメジャーリーグの繁栄が、グラウンド内はもとより、グラウンド外での選手たちの戦いの成果であることがよくわかった。長年の野球大好き人間としては、この成果に基づくメジャーリーグと日本プロ野球の今後の大きな発展と選手たちのはなばなしい活躍を願ってやまない。

　本書の翻訳にあたっては、帝京大学の大坪正則教授に訳文をすべてチェックしていただき、法律やビジネス関係で大きなお力を貸していただきました。ありがとうございました。また、出版と編集では大修館書店の太田明夫さんに大変お世話になりました。あらためてお礼を申し上げます。

2006年2月　　　中尾ゆかり

【監訳者略歴】

大坪　正則（おおつぼまさのり）

1947年生まれ。佐賀県唐津市出身。

1970年、西南学院大学商学部卒業、伊藤忠商事㈱入社。アメリカ駐在後、1988年、NBAと包括ライセンス契約締結、担当責任者に。NBAのマネジメントを通してアメリカプロスポーツリーグの経営を学ぶ。1998年、伊藤忠商事退社後、㈱ニッポンスポーツマネジメント設立。主なコンサルタント先に、ニッポン放送運動部、ヤクルト球団、bjリーグがある。現在、帝京大学経済学部環境ビジネス学科教授。

著書に、『メジャー野球の経営学』（集英社新書）、『プロ野球は崩壊する！』（朝日新聞社）がある。

【訳者略歴】

中尾　ゆかり（なかおゆかり）

1950年生まれ。東京都出身。

1973年、西南学院大学文学部卒業、英語専攻。翻訳業。

共訳書に、『顔を読む』（大修館書店）、『アンブレラ―傘の文化史』（八坂書房）『1688年バロックの世界史像』（原書房）がある。

【写真提供】

p. 41, 69, 89, 115, 131, 147 － ⓒ Bettmann/CORBIS

p. 7, 25 － ⓒ National Baseball Hall of Fame and Museum, Inc.

p. 167 － American Bar Association

実録 メジャーリーグの法律とビジネス
ⓒ OTSUBO Masanori 2006　　　　　　　　NDC300 viii, 213p 21cm

初版第1刷発行ー2006年4月10日

原著者 ―――	ロジャー I. エイブラム
監訳者 ―――	大坪正則
訳　者 ―――	中尾ゆかり
発行者 ―――	鈴木一行
発行所 ―――	株式会社 大修館書店
	〒101-8466　東京都千代田区神田錦町3-24
	電話　03-3294-2358（編集）　03-3295-6231（販売）
	振替　00190-7-40504
	http://www.taishukan.co.jp
	http://www.taishukan-sport.jp（スポーツ）
装丁者 ―――	大久保　浩
印刷所 ―――	藤原印刷
製本所 ―――	司　製本

ISBN4-469-26609-4　Printed in Japan

Ⓡ 本書の全部または一部を無断で複写複製（コピー）することは、著作権
　法上での例外を除き禁じられています。

スポーツ・マネジメント
スポーツビジネスの理論と実際

B.L. パークハウス 著
日本スポーツ産業学会 訳

● スポーツビジネスのマネジメントのために

B5判・296頁 本体価格 4200円

スポーツ産業論

松田義幸 著

● スポーツ産業とは何かを体系的に明らかにする

A5判・282頁 本体価格 2300円

体育・スポーツ経営学講義

八代勉、中村平 編著

● 体育・スポーツ関係の学生が、経営的なものの考え方を身につけるための入門書

A5判・288頁 本体価格 2200円

スポーツ経営学 改訂版

山下秋二、中西純司、畑攻、冨田幸博 著

● スポーツをとりまく経営実務の最前線が網羅された決定版

A5判・370頁 本体価格 2800円

ゼミナール
現代日本のスポーツビジネス戦略

上西康文 編

● 日本独自のスポーツ・マネジメントとは？

A5判・272頁 本体価格 2400円

ジグソーパズルで考える
総合型地域スポーツクラブ

NPO法人クラブネッツ 監修
黒須充、水上博司 編著

● 地域スポーツクラブ育成のノウハウを集大成

B5判・208頁 本体価格 1900円

ニッポン野球の青春
武士道野球から興奮の早慶戦へ

菅野真二 著

● こうして野球は国民スポーツとなった

四六判・256頁 本体価格 1500円

定価＝本体価格＋税5％（2006年4月現在）